NIFD 国家金融与发展实验室
National Institution for Finance & Development

中国社会科学院创新工程学术出版资助项目

Financial Risk and Regulation:
International Academic Achievements

金融风险与监管

国际研究镜鉴

主　编：胡　滨
编　译：刘　亮　尹振涛　等
审　校：星　焱　郑联盛　等

经济管理出版社
ECONOMY & MANAGEMENT PUBLISHING HOUSE

图书在版编目（CIP）数据

金融风险与监管：国际研究镜鉴/胡滨主编. —北京：经济管理出版社，2016.6
ISBN 978-7-5096-4040-1

Ⅰ.①金… Ⅱ.①胡… Ⅲ.①金融—风险管理—研究 ②金融—监督管理—研究 Ⅳ.①F830.2

中国版本图书馆 CIP 数据核字（2015）第 266308 号

组稿编辑：宋　娜
责任编辑：宋　娜　赵晓静
责任印制：黄章平
责任校对：赵天宇

出版发行：经济管理出版社
　　　　　（北京市海淀区北蜂窝 8 号中雅大厦 A 座 11 层　100038）
网　　址：www. E-mp. com. cn
电　　话：(010) 51915602
印　　刷：三河市延风印装有限公司
经　　销：新华书店
开　　本：720mm×1000mm/16
印　　张：17.75
字　　数：295 千字
版　　次：2016 年 6 月第 1 版　2016 年 6 月第 1 次印刷
书　　号：ISBN 978-7-5096-4040-1
定　　价：98.00 元

序

　　发端于美国住房次级抵押贷款市场的风险，最终演化为大萧条以来全球最为严重的金融经济危机。不论是危机之中的雷曼兄弟破产导致的拆借市场流动性枯竭，还是英国近150年来的首次大挤兑，不论是私人部门秋风扫落叶式的去杠杆，还是公共部门苟延残喘式的加杠杆，最为核心的是金融风险的累积、传递和冲击改变了原有的模式，各个经济体和金融市场捆绑成为一个风险共担实体。系统性风险及宏观审慎成为了危机的教训，美国、欧盟和英国等进行了重大的金融改革。

　　危机爆发已过去快8年的时间了，但是全球经济仍然在危机中挣扎，先是美国陷入衰退的困局，再是欧洲被拉入债务危机的泥潭，现在轮到新兴经济体的风险暴露，而美元则被认为进入一个升值的长周期，甚至一贯被认为低估的人民币也出现了贬值的预期，全球进入一个史无前例的竞争性宽松甚至是负利率时代。外溢效应及其对进入稳定的影响成为国际金融体系中的一个核心议题。

　　与全球金融危机及其外溢效应一样值得关注的变化是，中国在与全球经济、国际市场的互动中已成为一个具有系统重要性的主体。不论是危机之中的稳定器，还是危机之后的新引擎，不论是此前的四万亿大刺激计划，还是新近的供给侧改革，中国经济和金融市场已经内化为全球经济与市场波动的因子，金融风险成为双向且多次反馈的新机制。以前是配角，现在是主角；以前是被动者，现在是主导者。中国及其金融体系的地位变迁与其金融稳定的潜在涵义成为一个值得研究的问题。

　　全球金融危机后，系统性风险、外溢效益、双向反馈等将深刻改变国内金融市场及其监管体系。混业经营与分业监管、内外金融风险统筹、中央地方监管协调、金融创新与金融监管匹配、普惠金融与风险收益重构等的矛盾性逐步呈现出来。2015年以来，不论是内部衍生还是外溢冲击，股票市场、汇率市场、房地产市场等波动加剧，对外部的影响和受外部的影响都更加敏感，现有监管体系改革及其与现代金融市场体系的匹配性将成为"十三五"时期的一个重大任务。

可以看到，全球金融危机以来，与金融稳定相关的系统性风险、宏观审慎、量化宽松、外溢效应、双向反馈以及金融监管体系改革等成为了极其重要的学术以及公共政策问题。

中国社会科学院金融法律与金融监管研究基地作为首批国家高端智库——国家金融与发展实验室下属的研究机构，高度关注国际金融研究，特别是金融监管、金融危机以及系统性风险方面的研究等，本着"国际为镜，中国之鉴"的基本理念，从2013年开始组织专业人员从国际知名智库，世界银行、IMF、FSB等国际金融组织，欧洲中央银行、美联储及其分行、英格兰银行、德国联邦金融监管局等发达国家和地区中央银行和监管机构，及 Journal of Finance、Journal of Financial Stability、Journal of Banking and Finance 等期刊中，精选一些重要论文和工作报告，择其精要进行编译，形成了研究基地的"国际研究镜鉴"系列。

遵循全球金融危机的演进脉络以及公共政策的现实需求，"国际研究镜鉴"重点关注了系统性风险、巴塞尔新资本协议、宏观审慎框架、外溢效应、非常规货币政策、债务危机、普惠金融与互联网金融等领域。"国际研究镜鉴"系列及其归集出版的重要目的是在于通过跟踪全球金融危机以来风险传递的路径、政策应对的模式、金融行为的反馈以及内外机制的融合，基于学术和政策的双重视角，来为我国金融稳定、金融监管及其内外协调等的理论研究、政策研讨和实际决策提供参考。

比如，巴塞尔协议Ⅲ是全球银行业监管的标杆，对我国银行业监管的国际化和商业银行风险管理品质提升有借鉴作用；比如，系统性风险，该方向涉及金融稳定的研究、系统性风险的度量和预警，最为典型的是欧洲中央银行的风险仪表盘，这对于我国系统性风险的预警具有重要的参考价值；再比如，重点关注宏观审慎政策及其与货币政策等宏观政策的协调，当金融稳定成为央行的第三个目标之后，组织架构和功能调整成为了重大的政策需要，这将是我国未来金融管理体系改革的一个重大问题；最后是特定领域的经验支持，比如世界银行的普惠金融发展及政策支持体系借鉴，普惠金融发展指标的设计、收集、评估和政策含义等。

中国社会科学院金融法律与金融监管研究基地仍将持续关注系统性风险、宏观审慎监管、金融稳定以及特定金融领域的理论、实务及政策动态，通过微信公众号和基地网站对外发布，以期能够激发学术界的研究灵感，为理论研究、业务研究和政策研究提供一定的前期研究支持，充分发挥基地在金融监管的理论分析、业务实践和政策发展中的智库支持作用。

是为序。

编　者

2016 年 3 月 1 日

目　录

一　宏观金融与金融危机

1. 金融发展的"最佳水平"

作者：Siong Hook Law 和 Nirvikar Singh，顾嘉翕编译

导读：这项研究通过采用创新的动态面板技术为进一步了解金融与经济增长之间的关系提供了新的证据。样本来源于 87 个发达国家和发展中国家。实证结果表明，在金融与经济增长的关系上存在阈值效应。特别是，我们发现，只有达到一定的阈值条件时，金融发展水平才有利于经济增长；而超过阈值水平时，金融的进一步发展往往会对经济增长产生不利影响。这些发现表明，更多的资金不一定能促进经济增长，更强调了金融发展的"最佳水平"对促进经济增长更为重要。

大量文献通过使用计量经济学中的技术，如时间序列、面板数据以及企业层面的研究阵列探讨了金融发展对经济增长的影响。总的来说，经验证据表明，金融发展与经济增长的指标之间存在长远的正向关系。一般情况下，这些论文表明，一个发达的金融市场是促进增长，这与"更多融资，更多增长"的观念是一致的。而近年来，金融体系对于经济增长的重要性研究已经从分析金融增长本身转变到了分析金融发展的决定因素和来源方面。

然而，2007~2008 年的全球经济危机导致学者和决策者重新考虑他们之前的结论。这场危机已经说明了金融系统的故障可以直接和间接地造成资源浪费，而提倡节约和鼓励投机会导致投资不足和稀缺资源分配不当。因此，它可能导致经济停滞、失业率上升和贫困加剧。在危机期间，由于实际部门经济活动的急剧下降和金融动荡的不利影响，加深了经济学家和政策制定者对最优规模的金融体系促进可持续经济增长的研究。金融的发展的确可以促进经济增长，但是否任何规模的金融增长都有效呢？换句话说，臃肿的金融体系是否成为经济体系其他部分的累赘呢？

最近，国际清算银行（BIS）和国际货币基金组织（IMF）的研究人员提出，金融发展水平只是在一定程度上表现不错，之后它会拖累经济增长。例如，Cecchetti 和 Kharroubi（2012）发现，对于银行提供私人部门信贷的转折点是接近 GDP 的 90%。他们还发现，对整体经济增长而言，金融业越是快速增长导致经济发展越是缓慢。这一发现表明，快速增长的金融部门对于经济体系的其他部分可能具有很大影响。他们认为，出现这种现象是因为金融业与经济的其他部分竞争稀缺资源，金融业的繁荣事实上并没有促进经济增长。Arcand（2012）也强调，金融发展与经济增长的关系在高收入国家会变成负的，其中启动资金具有负效应，此时私人部门信贷达到 GDP 的 100%。这表明，经济增长与金融发展"消失"的效果是一致的，而且它们不是由产出波动、银行危机、低质量的机构或由银行监管和监督的差异驱动的。

上述两个关于金融发展与经济增长之间的非线性和非单调关系的最近研究也符合以往的实证研究，都显示出一个非线性关系。例如，Rioja 和 Valev（2004）发现，只有达到一定的水平或金融发展的门槛时，金融发展对经济增长才会产生强大的积极影响。如果低于这个阈值，效果具有不确定性。他们声称，金融发展水平——高、中、低——在金融对经济增长的影响中具有重要作用。在金融发展处于中间水平的国家，金融体系对经济增长产生较大的积极影响；而在金融发展高水平的国家，其效果是积极但较不明显的；然而，在金融发展水平较低的国家，金融体系对促进经济增长是微不足道的。Shen 和 Lee（2006）也证明了类似的非线性关系，金融发展和经济增长之间存在倒"U"型的关系，当金融发展处于一个更高的水平时，经济增长趋势会趋于放缓。

此外，现有的证据还表明，金融发展和经济增长之间的这种关系受到收入水平各不相同的影响。例如，Rioja 和 Valev（2004）发现，在一个低收入国家，金融发展与经济增长之间没有显著关系，而在中等收入国家，二者之间的关系是积极显著的，但在高收入国家则呈现弱显著。然而 De Gregorio、Guidotti（1995），Huang 和 Lin（2009）发现，相对于高收入国家，金融发展对经济增长的积极作用在低收入和中等收入国家更加显著。不同收入水平国家的金融发展和经济增长关系的研究结果之间的矛盾，以及那些金融发展和经济增长之间的非线性关系表明，有必要对现代经济增长系统下的金融和实体经济的关系进行重新评估。

原文链接：http：//www.ideas.repec.org/a/eee/jbfina/v41y2014icp36−44.html

作者单位：博特拉大学经济系（Siong Hook Law）和加利福尼亚大学经济系（Nirvikar Singh）

2. 金融体系结构的发展

作者：FSB，顾嘉翕编译

导读： 20 国集团、金融稳定委员会（FSB）和标准制定机构在发展改革以解决金融危机中暴露出的问题方面起到了关键作用，并在改革实施过程中发挥了重要作用。

近年来，20 国集团在澳大利亚的主持下，专注于完成金融监管改革的四个核心领域，主要方面有：通过巴塞尔协议Ⅲ的改革构建具有弹性的金融机构；解决"大而不倒"的具有系统重要性金融机构的相关问题；应对影子银行的风险；使衍生品市场更加安全。在这些核心领域方面相关政策的制定和实施，2014 年下半年会加快实施。澳大利亚监管机构正在努力。

在澳大利亚，政府成立了拥有广泛职权范围的金融系统。该银行在 2014 年下半年底前提交对金融体系的发展趋势探究和相关监管问题方面详细的报告。在其他方面，澳大利亚审慎监管局（APRA）完成了其实施巴塞尔协议Ⅲ流动性覆盖率（LCR）的标准，并同时公布其为国内系统重要性银行（D-SIB）的框架。

建立弹性的金融机构。众所周知，通过巴塞尔协议Ⅲ的改革以加强国际资本流动和银行的流动性标准，是全球政策应对危机的一个核心要素。巴塞尔银行监管委员会（BCBS）将会通过它的成员国继续监测巴塞尔协议Ⅲ的实施和更广泛的资本框架，并于最近发布了关于监测工作要素的报告。作为其监管一致性评估方案的一部分，巴塞尔银行监管委员会最近完成了澳大利亚第二等级的同行评审，这是一项关于司法管辖区的法规是否与巴塞尔资本框架相一致的详细检查。此外，巴塞尔银行监管委员会定期监察在其成员国银行是否满足新的巴塞尔协议Ⅲ资本要求的进展，这项工作将截至 2013 年 6 月 30 日完成。巴塞尔银行监管委员会一致认为，杠杆率和风险资本框架是相辅相成的，都是旨在限制银行部门积聚过多的杠杆风险。巴塞尔银行监管委员会还就有关修改净稳定资金比率（NS-FR）方面征询公众意见建议。最近，巴塞尔银行监管委员会同意，允许更广泛使用由中央银行提供的流动资金信贷承诺（CLFS）；发布了关于银行的 LCR 相关披露的最终要求；就如何利用国家机关在框架内使用以流动性市场为基础的指标，以评估资产是否有资格作为优质流动性资产（HQLA）在 LCR 条件下做出了进一步的指导。

系统重要性金融机构。正如之前的评论所讨论的，着力解决与系统重要性金融机构相关"大而不倒"的问题，需要依据 FSB 制定的政策框架并实施相关的措施，该框架于 2010 年由 20 国集团通过。这项广泛的政策框架涵盖了更高的资本支出、更严格的处置机制、更完善的恢复和解决方案规划，以及更密集的系统重要性金融机构的监督。与此政策框架相关的是关于评估金融机构的系统重要性方法的开发。

在 20 国集团的支持下，FSB 正领导着关于如何加强全球系统重要性金融机构的损失吸收能力（GLAC）建议的制定。GLAC 是指破产金融机构要归还的可行性，这是一个复杂的领域，涵盖了许多技术和法律方面的问题。该措施正考虑应用到 G-SIB，因此并不适用于澳大利亚的国有银行。然而，20 国集团主席以及各国际组织的成员正研究这些建议。澳大利亚当局考虑到这些复杂的问题后，进行了深思熟虑，希望这些建议得到落实，以期为 2014 年 11 月在布里斯班举行的 20 国集团领导人峰会做出贡献。

影子银行。FSB 将继续协调国际工作，加强对影子银行系统的监督和管理，并降低某些活动所带来的风险。正如以前的评论所提出的，建议在三个方面已有定论：货币市场基金、其他影子银行实体以及证券化。现在的重点是，严格按照 2013 年 9 月举行的 20 国集团领导人峰会公布的时间表的"路线图"进行实施。国际证监会组织将在 2014 年进行其 MMF 及证券建议的执行情况的审查，同时，FSB 将继续开发一个信息共享程序，作为与影子银行相关的政策框架的一部分。

OTC 衍生品市场。某些司法管辖区的跨境服务造成潜在的冲突，规则的不一致或重复仍然是一个重要的国际焦点问题。在 20 国集团财长和央行行长于 2014 年 2 月主办的会议上，20 国集团重申其承诺，将以注重结果的方式继续改革场外交易，即监管部门将在他们各自的监管和执法制度基础上，根据衍生工具的质量合理与否进行改革。这一承诺将会于最近在多个司法管辖区实施，并将其定义在国际级事项上。

其他发展方面，FSB 的一部分工作将是设立财务指标基准。将会成立由资深储备银行总裁共同主持的官方部门指导小组（OSSG）以加强上述工作。此外，之前提出的关于外汇基准的完整性问题，以及外汇基准的评估现已被纳入 FSB 的持续财务指标分析程序。FSB 将提出相关建议以改善财务指标，包括外汇的管理和监督。国际证监会组织在 OSSG 的要求下，目前正在审查国际证监会组织财务指标的关键利率基准（LIBOR，EURIBOR 和 TIBOR）管理者的执行情况。

原文链接： http：//www.rba.gov.au/publications/fsr/2011/sep/html/dev-fin-sys-arch.html

作者单位： 金融稳定委员会（Financial Stability Board，FSB）

3. 货币政策与缓慢复苏

作者：Carolyn Wilkins，匡可可编译

导读： 加拿大央行官员 Carolyn Wilkins 认为，目前全球经济复苏面临着人口老龄化、劳动力参与率下降和生产率下降等诸多挑战。为了实现可持续增长并将通胀率维持在目标区间，持续的货币政策刺激是必要的。

本文讨论的是对央行来说非常重要的三个问题：第一，为了更好地实行货币政策，我们需要知道目前的低增长是由周期因素还是结构因素构成的；第二，这些因素对中性利率产生了怎样的影响；第三，我们在尝试达到通胀目标时采用哪种风险管理方法。

周期因素显然是造成低增长的重要原因。在危机期间，总需求和产出直线下降。当工人们退出劳动力市场，企业削减投资或破产，潜在产出也出现了下滑。目前我们仍面临着居民部门去杠杆化、财政整顿和不确定性等因素的阻力。我们估计危机导致加拿大的潜在产出下降了3%。

结构性因素也在影响潜在产出：人口出现老龄化趋势、一些处于工作年龄的人离开劳动力市场、科技也不太可能带来生产率的飞跃。在未来的20年中，全球65岁以上人口将会上升80%以上，"婴儿潮"一代已经开始退休，工龄人口占比正在下降。同时，工龄人口也正在离开劳动力市场，参与率的下降反映了脆弱劳动力市场的周期效应，但这一现象也可能转化为结构性问题。在劳动力人口越来越少的情况下，一个国家的增长能力取决于生产率和创造力，但发达国家的生产率在过去的十几年内呈下滑趋势。加拿大央行采取了较为平衡的方法，我们预计企业投资将会有所改善，劳动力生产率将会较危机前略有改善，但只会达到1990年劳动力（2%）生产率的2/3左右。

加拿大和其他工业化国家的潜在产出增长将会比危机前低，我们预测未来两

年加拿大的潜在产出增长率将会略低于2%。我们认为在危机时期失去的一部分潜能将会随着企业投资的提高而恢复，但在这一点上目前还没有达成共识。"长期经济停滞说"认为世界经济面临着由结构因素造成的长期需求不足，但加拿大央行并不同意这种观点，我们认为限制增长的周期因素将会逐渐消退。

实际利率在过去的几十年内有所下降，加之目前的低利率水平，我们可以合理地认为中性利率与过去相比也有所降低。目前，投资受到了信心和需求不确定性的影响，但这些只是周期因素，结构因素决定着经济的"限速"。由于潜在产出的预期增长变低，投资回报率也会下降，回报率的下降会进而造成投资的下降，而投资下降后对资金需求的减少又会造成利率的下降。但同时加拿大的有效企业信贷息差比危机前高出了15~45个基点。

中性利率也受到了全球储蓄水平的影响。举例来说，许多新兴市场国家，尤其是亚洲国家在推行促进储蓄的政策，同时石油出口国也积累了巨额经常项目顺差。这些储蓄大多被投资于发达国家资产。

我们认为，中性利率比危机前低的主要原因是这些结构性的因素。我们认为中性利率在1%~2%，也就是说名义中性利率在3%~4%，低于危机前的4.5%~5.5%。从这个角度来看，加拿大现在的货币政策是扩张性的。我们需要这种刺激来缩小产出缺口并维持目标通胀率。但是，就算没有产出缺口且通胀达标政策利率也不一定等于中性利率。只要阻碍增长的因素仍然存在，我们就需要低于中性利率的政策利率来确保通胀的稳定。没有政策刺激，产出缺口将再次出现，通胀也有可能跌至目标以下。

长期增长停滞说的支持者认为限制总需求的因素比想象的要严重并将持续很长一段时间，如果他们是正确的话，那么实际中性利率可能是负的，现在的货币政策的紧缩程度也会比我们想象的高得多。这种可能性当然是存在的，但我们认为实际中性利率是正的，而且全球货币环境总体来看还是宽松的。

对潜在产出和中性利率的预测是我们制定政策时考虑的重要因素。除此之外，我们还将明确通胀的上侧风险和下侧风险，这也就是我们所说的货币政策风险管理方法。

随着经济的逐渐恢复，对潜在产出、经济中存在的闲置资源、中性利率和货币政策刺激的判断也变得愈加重要。如果闲置资源较我们想象的要少，货币政策刺激过度，那么通胀可能高于目标。幸运的是，央行在对抗高通胀方面有着丰富的经验。实际上，由于目前居民部门的债务水平仍然很高，我们认为提高利率的效果会比以前更好。但是，如果通胀持续低于目标，那么难度就会较大。目前利率已经很低，常规货币政策难以发挥作用。危机前我们更为关注高通胀风险，但现在我们对通胀的下侧风险已经有了更为深刻的认识。

如果我们的确面临着长期经济增长停滞，那么我们就应考虑采用不同的政策框架。其中一个选择是提高通胀目标从而使实际利率转负，但同时也将带来高通胀成本和金融失衡风险。我们也在权衡低利率环境造成的金融稳定风险，但货币政策并不是解决此类风险的主要工具，监管以及针对性的宏观审慎行为是更为有效的方式。相反的，在时机尚未成熟时退出货币政策刺激也可能造成风险。货币刺激对需求的持续恢复是非常重要的，当然结构性改革和财政政策更是至关重要。

为了使加拿大能够实现可持续增长并将通胀率维持在目标区间，我们认为持续的货币政策刺激是必要的，且根据形势的发展，在产出缺口关闭后可能也需要一定的货币刺激来维持通胀目标。

原文链接： http：//www.bankofcanada.ca/wp－content/uploads/2014/09/remarks－220914.pdf

作者单位： 加拿大央行（Bank of Canada）

4. 货币政策与储备金利息

作者：**John H. Cochrane**，桑田编译

导读：本文通过使用无摩擦模型对现有的美联储体系进行分析，得出政府不想在这个体制中失去对通货膨胀的掌控能力的结论。我们可以不通过控制"钱"来控制物价指数。没有定量的流动性价格水平的控制、央行的资产负债表没有限制、不限制私人中介，人们就可以享受"货币"资产带来的利率。

在过去的几年中，美联储（Federal Reserve System）做出了两个将从根本上改变货币政策的变化，或者说做出了两个至少在理论上会让货币政策发生变化的改变。首先，美联储需要支付的准备金利率。其次，美联储目前积累了大量的资产负债表。目前，准备金利息（Interest on Reserves）和庞大的资产负债表，连同需要支付利息的电子货币（Interest-paying Electronic Money）的扩散，都将深深地挑战着传统的货币政策分析。

面对目前的新机制（Regime），本文着重分析以下几个问题：美联储如何控制实际和名义利率？货币政策（Monetary Police）是通过哪些途径影响经济和银行系统的？通货膨胀是如何产生的？从前的标准答案都将在新的管理体制下崩塌。

从前的标准答案是通过收紧的方法。美联储通过销售国债来换取准备金。降低准备金的供应会强迫银行调低准备金需求曲线，将银行的利率提高。通过与准备金要求（Reserve Requirement）的捆绑，银行必须通过货币乘数（Money Multiplier）减少放贷和创造存款。而在新的准备金利息支付机制（Interest on-reserves Regime）中，将无须公开市场操作。银行可以继续放贷和创造货币，而不受到准备金数量要求的影响。但是如今的银行拥有很多不需要准备金的资源（Non-reservable Sources），非银行信贷市场（Non-bank Credit Markets）和影子银行体系都非常巨大，所以这500亿美元的准备金就变得没有意义了。

在这种情况下，本文继续深入经典问题：货币政策能做什么？我们什么时候对流动性满意？货币政策不能做什么？通货膨胀率将如何来确定？一个有效的货币政策将如何起到作用？并具体到了以下几个方面去深入探讨：

（1）无摩擦模型（Frictionless Model）中的通货膨胀和目标利率。

问题：美联储能否控制名义利率？在准备金利息机制（Interest on Reserves Regime）里，通货膨胀是如何产生的？

答案：在无摩擦模型中，货币政策可以制定一个名义利率目标，不需要对财政政策进行任何改变。通过设置名义利率，货币政策可以完全控制预期通货膨胀。即使有固定的利率目标，通货膨胀跟物价水平在准备金利息机制里仍是确定的。

（2）用无摩擦模型去模拟世界经济情况，美联储能否控制利率。

当然可以，美联储可以控制准备金利率，但问题是这些利率将会如何影响其他利率？本文要研究整个政府是如何通过私人的手去完成这些控制的。是通过财政部与美联储一起相协同作用，两者有个离线的距离，并通过长期债券以及量化宽松来进行调控，起到了稳定的作用。我们可以认为美联储通过买长期债券，去刺激今天的通货膨胀，用来换取未来更少的通货膨胀。

（3）真实利率和黏性价格。

货币是唯一有用的并且是有限供应的，MV=PY。但是在目前美联储的体系下，货币并不是稀缺资源。我们将在这个体系中满意目前的流动性，并使用超于需要的获取去进行流通，而且目前已经存在的情况是目标利率不再能限制货币供应了。

目前本文已经解决了一些问题和理论：政府不想在这个体制中失去对通货膨胀的掌控能力。我们可以不通过控制"钱"来控制物价指数。没有定量的流动性价格水平的控制、央行的资产负债表没有限制、不用限制私人中介，人们可以享受"货币"资产带来的利率。可以获得令人满意的流动性。同时作者采用的模型根本没有货币摩擦，以及价格水平的财政理论。这不仅理论上确定无摩擦货币的价格水平，也是目前唯一的现有理论所支持的。

本文又补充了定价摩擦，从而使货币政策能有真正的效果。本文的贡献之一就是研究财政理论的确定和黏性价格模型。其发现预期未来盈余的通胀下降会降低实际利率并增加产量。将这些结果与标准的新凯恩斯模型相比较，作者认为

"货币政策冲击"也隐含地假设了一个相协调的紧缩性财政政策。如果没有财政政策的变化，标准的新凯恩斯主义模型会由利率上升导致更多的而不是更少的通货膨胀。同时作者还发现，财政政策和货币政策之间的关系现在和将来仍然比传统公认的更为重要。美联储在这一制度中有定义目标名义利率的力量，但它是否能同时控制其资产负债表的规模，值得商榷。幸运的是，只要我们保持远高于准备金的饱和边界，其资产负债表的规模就与货币问题（Monetary Affairs）无关。准备金利息（Interest-paying Reserves）并不会导致通货膨胀，货币乘数变得毫无意义。

原文链接：http：//www.nber.org/papers/w20613

作者单位：芝加哥大学商学院 （University of Chicago Booth School of Business）

5. 房地产宏观调控政策研究

作者：Ivo Krznar 和 James Morsink，余凯月编译

导读：本文通过对加拿大政府对房地产市场调控政策来研究现有政策的有效性以及不足，最后借鉴国际经验，提出相关建议。本文主要分为四个部分，第一部分介绍了房地产市场对加拿大金融稳定的重要性；第二部分介绍了现有的房地产调控政策；第三部分检验了目前政策的有效性；第四部分提出了新的建议。

加拿大房地产市场繁荣是国内金融风险相对稳定的一个重要指标。通常情况下，房价上涨，住房按揭贷款和消费信贷都快速增加；房价翻番，房价收入和租金收入也会大幅上升。为了保障房地产市场的健康运行，加拿大政府利用政府支持的抵押贷款保险来调控住房融资。加拿大政府支持抵押贷款保险主要由 CMHC 和两个私人公司提供。其中，CMHC 是联邦政府所拥有的公司，大约占到 3/4 的份额，两个私人公司大概占到 1/4 的份额。这两家公司的保险大概可以覆盖 3/5 的按揭贷款，可见，在住房抵押贷款这一项中，加拿大政府的重大作用。

鉴于政府支持的抵押贷款保险在加拿大住房金融中起到了核心作用，按揭保险则是一个重要的宏观审慎工具，这个工具可以通过反周期方式来使用。2000 年以后，房地产市场已经得到了蓬勃发展，随着房地产和抵押贷款的激增，政府的工作重点集中到改善失衡的房地产增长。自 2008 年以来，政府通过收紧按揭保险，来控制房地产的增长。例如缩短还款最高年限、增加首付比例、引入最大债务比例以及加强对再融资、再购买的限制。

我们通过引入多元一次方程来检验宏观审慎工具的有效性，在方程中，除了考虑到宏观审慎工具，由于政策所要显现的结果有时滞，所以我们还加入了相应的滞后变量。实验结果表明，政府通过宏观调控政策抑制了信贷并且是产生直接的影响，从实验数据直观看来，按揭成数（贷款比例）明显下降。通过抑制抵押

信贷的增长，房价的增长也受到了相应的限制。从实验数据来看，抵押信贷和房价几乎呈现对应状态，上一轮的抵押信贷政策影响下一轮的房价。经验估计表明，最高按揭成数一个百分点降低 1/4 或 1/2，可以明显降低抵押信贷的增长。

加拿大政府已经通过有效的宏观审慎工具控制了信贷的增长，但是高债务家庭和高房价仍然是宏观经济运营的脆弱环节。加拿大政府应该考虑更多的宏观审慎措施。从中期来看，当局可考虑运用结构性措施，进一步改善住房金融的稳健性，如与省级监管机构合作，以加强审慎的贷款准则，以及应用相同的审慎监管向 CMHC 的私人抵押贷款保险，并提高私营部门在抵押贷款保险的作用。从长远来看，当局可以考虑消除政府在抵押贷款保险的作用，如在澳大利亚完成等。

原文链接： http://www.imf.org
作者单位： 国际货币基金组织 （IMF）

6. 房屋抵押贷款合同价格指数的宏观金融效应

作者：Isaiah Hull，顾嘉翕编译

导读： 我们研究发现新合同会通过捆绑未偿债务和房价指数的方式来排除负资产。通过校准匹配美国微观和宏观数据，我们的假设环境是一个不完整的市场模型。我们发现新的房价指数合同把违约率从原来的72%降低到了11%，并且其还扩大了年轻人和穷人的住宅自有率，但遗憾的是，这项新策将原先的平衡状态下的最低的抵押贷款利率提高了90个基点。此外，在新合同下，金融中介机构的净现金流的波动也略有增加。

在金融市场上，当潜在的抵押品的价值下跌时，一份标准的、无追索权抵押合同的价格不会自动调整。而传统合同导致的结果之一是，当房价大幅下降时将导致大量家庭呈现负资产状况。最近的实证研究表明，负资产、失业率和疲弱的资产状况会导致大量的抵押贷款违约。

因此，我们需要一份新合同，使其能通过调整房价来防止负资产导致的违约。新合同的概念是通过将房子降价的风险转移给银行的方式来降低违约的发生。如果房价一旦下降，或者一个家庭遭遇了收入冲击时，他们可以选择出售房屋，而不是违约。而在旧合同下，当一个家庭经历类似的状况时，他们既不能出售他们手中的房屋也不能停止支付供款，导致的结果就是他们不得不违反合同，从而停止还款。

本文研究了 Bewley（1983）和 Aiyagari（1994）的模型，设置了一个不完整的市场模型以研究抵押贷款违约。该模型将不再会有类似聚合不确定性的情况出现，正如 Krusell 和 Smith（1998）所言，但该模型依然会效仿固定模型利用区域经验的方式研究住房违约率的影响因素。当一个地区违约概率和房价走势同向变

化时，将会产生区域性的信贷紧缩。最后，我们通过建立模拟模型来模拟这两类合同，即标准的、无追索权的抵押合同；另一种，房价索引（HPI）合同，模拟结果表明 HPI 可以很好地消除由于家庭负资产带来的违约行为。

我们发现违约率从旧合同的 0.72%降至 HPI 的 0.11%。违约率之所以不会降至零，是因为一些家庭即使出售房屋也无法偿还本金和利息。此外，HPI 也使得消费指数增加了 5.88%，一定程度上是由于减少了对止赎程序的依赖。

原文链接： http：//www.ideas.repec.org/p/hhs/rbnkwp/0287.html

作者单位： 瑞典中央银行（Sveriges Riksbank、Riksbanken）

7. 金融全球化和可持续金融

作者：Aziakpono、M. Bauer 和 R. Kleimeier S.，孙帆编译

导读： 2008 年金融危机的长期影响依然存在于世界各经济体中，此次危机的影响和管理者、政策制定者、监管者对危机的反应是本期论文的关注点。

本期的论文均在 2013 年 5 月在南开普敦召开的"金融全球化和可持续金融"会议中提出。在会议召开之时，2008 年金融危机的长期影响依然存在于世界各经济体中，此次危机的影响和管理者、政策制定者、监管者对危机的反应是本期论文的关注点。本期的 11 篇论文分为三个主题：第一个主题是可持续银行，关注金融机构管理的相关风险；第二个主题是关于危机政策，也就是在危机阶段央行政策对金融市场的影响；第三个主题是金融全球化，关注点在国内和国际银行市场中的外部融资约束对公司的影响。

2008 年金融危机改变了监管者、政策制定者和学者对银行业的看法。在很长一段时间里，银行业的成功被过高地评价，这次危机揭示了现有的银行模式在许多方面是不可持续的。许多危机应对政策主要是宏观货币政策，目标在于促进风险分担、提高稳定性、增强金融机构的吸收能力以及改变银行治理结构。这些都有一个共同点就是建立一个更加可持续的银行系统。

第一个主题中的第一篇论文关注了银行经理人的报酬。尽管管理层激励政策起初是为了将管理者和股东的利益联系在一起，但是激励政策也被认为是冒险的驱动因素，由此促成金融危机。这篇论文建立了一个关于薪酬限制与银行风险、资产分配间的理论模型，并指出监管者可以积极运用薪酬限制的方式来达到宏观审慎的目标。在第二篇《操作风险公告中的信息不对称》论文中，作者发现银行管理和银行风险管理的力度对信息不对称的影响很小，因此银行风险披露必须要有详细明确的规定。以上两篇文章是站在总体金融机构的角度，第一个主题中余

下两篇则是关注特定的金融机构。在《社会责任基金与市场危机》一文中，作者指出与传统的共同基金相比，社会责任基金在危机中表现更佳，因为在危机中投资管理较好的公司能够表现出色。在《银行所有权结构影响借款行为吗?》一文中，作者研究了银行的所有权结构是如何影响其目标以及借款政策。总之，在第一个主题中的文章，无论是强调管理层激励政策、风险披露，还是社会责任基金和股权结构，都是为了建立一个更加可持续的银行系统。

第二个主题的焦点在政策制定者。在《利率预期、状态价格密度和欧洲银行间同业拆借利率期权的风险溢价》一文中，作者指出当不确定性很大时，投资者对央行干预的预期和对风险的厌恶程度会有所改变。当干预危机时，央行应该意识到投资者和市场对政策的反应与稳定时期不同。在《全球流动性会影响商品价格吗?》一文中，作者关注了货币政策中的流动性方面及其对商品市场的影响。作者发现全球性联合的货币政策的确能够影响商品价格，并证明了货币政策和商品价格有双向因果关系。在《评级与次级抵押证券》一文中，作者研究了市场是如何对房屋净值证券评级的。实证研究表明，在市场中根据评级来进行监管会导致结构性金融产品的错误定价。

第三个主题是金融全球化。《信贷约束和中国外企的溢出效应》一文中，作者研究了与外资合作的中国企业是否能提高生产力和附加值溢出。但这种积极作用仅存在于没有信贷约束的非国有企业。这个对发展中国家招商引资的政策启示是，无论是从国内还是国际银行，扩大融资途径是提高生产力的首要条件。《国有制、软预算约束和现金持有》一文证明了国有控股的企业能够持有较少的现金是因为在财务困境中它们能够获得来自国有银行的财务支援。这个结果表明只要银行市场被国有银行主导，私有化并不能完全消除软预算约束。

本期的论文揭露了2008年金融危机对银行、金融市场、企业和家庭带来的影响。最终，还需要经理人、政策制定者和监管者决定采纳何种见解，去努力创造一个更加可持续的金融体系。

原文链接：http：//www.dx.doi.org/10.1016/j.jbankfin.2014.09.020
作者单位：斯坦林布什大学商学院 （University of Stellenbosch Business School）

8. 全球和区域金融安全网络

作者：Changyong Rhee、Lea Sumulong 和 Shahin Vallee，匡可可编译

导读：货币合作在 20 世纪 70 年代起就开始呈现区域化趋势，亚洲危机和全球金融危机爆发后区域金融安全网的重要性进一步凸显。本文回顾了区域金融安全网的发展历程，指出了区域金融安全网面临的挑战，并就如何增强区域和国际金融安全网间的合作提出了建议。

从区域金融安全网的历史来看，区域金融安全网可以分为两类：一类是由于国际货币体系的破裂而产生的区域金融安全网，1971 年金本位的终结和 1973 年的石油危机令人们开始担忧布雷顿森林体系是否有能力保证世界金融稳定，欧洲的魏尔纳计划、阿拉伯货币基金、东盟货币互换协议以及拉美储备基金也应运而生。另一类是一系列区域性金融危机后产生的区域金融安全网，清迈协议、欧亚经济共同体反危机基金以及欧元区的区域金融安全网均属此类。区域金融危机（尤其是亚洲金融危机）使人们意识到有必要在 IMF 外建立辅助或是替代性的金融救助机制。

金融危机后全球金融安全网有了很大改进，主要表现在两个方面：一是央行货币互换安排。本轮国际金融危机爆发后各国央行不但迅速采取了非常规的扩张性政策，而且表现出了高度的合作协调精神。由于美元在国际金融体系中的中心角色，美联储在这一方面发挥了核心作用，危机期间为欧元区、瑞士、日本及英国提供了无限美元流动性。二是国际货币基金组织的贷款工具箱有了很大改善，由以前的危机后解决机制向危机前预防机制转变。

国际金融安全网的改进并不意味着区域金融安全网络重要性的降低，全球金融安全网仍面临着许多经济和政治限制，因此有必要进一步加强区域金融安全网建设，而在国际金融安全网经历重大变革和区域金融安全网形势不断变化的背景

下，国际和区域金融安全网间的合作也变得愈加重要。

强化全球金融安全网和区域金融安全网是促进国际和区域金融安全网间合作的先决条件。在全球金融安全网方面，目前的各类货币互换协议大多是临时性的、可自由决定的协议，需要得到更为有效的管理。在区域金融安全网方面，有四个方面需要改善：一是区域金融安全网的法律和金融结构；二是预警性多国借贷能力；三是改善可预测性；四是培养监测能力。

国际金融安全网络和区域金融安全网络间合作可以从以下几个方面展开：一是贷款条件和项目设计。二是实行分散和互补的监测，欧债危机暴露了现有监测系统的不足。在 IMF 监测系统之外，各地区应培养相应的监测能力，利用自身对本区域情况的了解对 IMF 的监测体系进行补充。三是建立一个多层次、多方参与的贷款框架。从原则上来说，一个有效的区域机制应具备解决小型市场波动的能力，并且只有在区域间溢出效应较大且资金需求超出区域机制能力范围的情况下才引入多方机制。

另外，除了区域与全球金融安全网间的合作以外，各国央行（主要是在货币互换协议方面）及区域发展银行的参与也是非常重要的。

目前，IMF 和 G20 已经承认了区域金融安全网络的重要性，但区域和全球金融安全网络间能否形成正面、平衡的合作与两个问题密切相关：一是 IMF 的管理和发展中国家投票权问题；二是建立基于区域货币的多极国际货币体系。使区域金融安全网络成为未来国际货币制度的一部分需要多方的努力，IMF 应被允许直接为区域金融安全网提供资金，而区域金融机制也应释放考虑其他地区的利益，并在监测与项目设计方面与 IMF 积极配合。

原文链接： http：//www.bruegel.org/publications/publication –detail/publication/
801–global–and–regional–financial–safety–nets–lessons–from–europe–and–asia/

作者单位： 比利时布勒哲尔国际经济研究所（Bruegel）

9. 信用、破产与总体波动

作者：Makoto Nakajima 和 Jose Victor Rios Rull，桑田编译

导读：本文通过建立异质代理人模型，对关于信贷的顺周期性与波动性以及获得信贷是否会平滑消费两个问题进行回答，得出获得信贷和破产申请与美国经济具有共同的借款与违约特性，以及获得信贷并不能帮助家庭平滑消费的结论。

本文主要提出了两个问题，并通过建模分析的方法用自己的观点对模拟数值结果进行了分析，其问题如下：

（1）关于"高波动性与信贷的顺周期性"的"无抵押信用贷款的标准理论"与在美国数据中发现的"高波动性与破产申请的逆周期性"是否一样？

（2）是否"明确地对获得信贷的过程进行建模"平滑了"总消费或者总工作时间"？

从研究前的角度来看，家庭借款与违约增加对经济总体波动的影响还不清楚。有学者认为获得贷款的增加使得家庭可以平滑消费和更容易忍受商业周期波动。然而，其他学者如 Herkenhoff（2014）认为，这将允许家庭延长找工作的时间，从而诱导更深更远的衰退。本文采用异质代理人模型（Heterogeneous Agent Model）来对其进行建模分析，并使用特质震荡（Idiosyncratic Shocks）来模拟盈利可能性。

对于本文提出的第一个问题，此经济模型与美国经济具有共同的借款与违约特性：借款是顺周期的，破产申请是逆周期的。破产申请相当不稳定，但信贷比其波动要小。这使作者相信，消费信贷的波动本身可能会受到冲击。

关于第二个问题，本文发现获得信贷的可能性使消费波动比较大，大约有20%的波动。对工作时间的影响波动不是很大，信贷增加的可能性只是轻微地改变工作时间的波动性，约2%。因此，整个信用制度不会剧烈地改变，从而意味

着消费有较大波动时，有机会获得信贷是伴随着投资的一个较小的波动性。需要注意的是消费行为是相反的，人们可能会觉得信贷是一个额外的工具来平滑消费。作者研究发现并非如此。其核心的机制是由于破产的高风险率导致家庭减少使用信贷，并导致了贷款利率的提高。这一发现与"获得信贷能帮助家庭平滑消费"的直觉相违背。这种直觉仅在不包括违约权利的情况下是有效的。

作者对研究进行了一些限定条件：贷款机构本身不会导致经济不稳定模型（我们假设银行的储备金利率是100%）；商业周期波动的起源是某种形式的总要素生产力（Total Factor Productivity）冲击；关于萧条期家庭状况的设定，大多数家庭状况设定为比正常差一点，一小部分的情况是很差；在美国的法律体系中，家庭容易获得申请破产。这个特性使得信贷呈现顺周期性：这意味着在繁荣时期有较低的预期破产率，因此家庭拥有更好的信贷条款进行借款。关于总体消费，只有贷款没有违约的经济具有逆周期的信贷和少量的波动性。作者还发现的另一个问题是，偶尔有非常大的经济衰退，这似乎并不重要，因此经济衰退的大小不符合我们的发现。

对于信贷与破产事实，作者用美国经济周期图表进行了相关证明。得出了以下结论：消费比投资波动较小，总量都是高度相关的。对信贷和破产，我们看到，消费信贷是相当不稳定的波动——大约三倍输出，它显然是顺周期的，虽然不如消费或投资强烈。破产是极其不稳定的，是投资不稳定的两倍，并略带有反周期性。如果我们加入2013年的数据，那么这些情况将加剧。在当前情况下，作为被当作平滑消费的重要工具的信贷顺周期，并没有起到其相应的作用。

由于没有解析解，作者用数值方法求解模型，其使用的方法是基于Krusell公司和Smith Jr.（1997）设计的近似聚集的方法（Krusell和Smith Jr.，1998）。我们的计算要求比他们更加复杂。在他们的算法中，平衡的计算需要确定的要素价格和无风险利率，这需要一个价格和数量的联合测定（或劳动工资，或持有债券与无风险利率）和资金预测。在我们的模型中，不仅要预测资金共同确定工资和劳动量，同时也预测贴现债券价格的所有类型的借款人和所有的债务。其研究发现，在经济衰退时期，放款人提高默认保费、利率与贷款金额相关。因为放贷人认为在经济不好的时期，违约率会上升。当利率上涨时，家庭借贷减少，就会使得在萧条期平均贷款率下降。

研究过后一些问题依然存在。信用在作者的模型中经济的波动仍然较低，这就指出信贷的可能性本身就可能是一个商业周期波动的来源。此外，破产申请呈现得太过顺周期性，表明在这其中还有一些作者不明白的微妙之处。

原文链接：http://www.bbs.pinggu.org/a-1659143.html

作者单位：费城联邦储备银行（Federal Reserve Bank of Philadelphia）和明尼苏达大学（University of Minnesota, Twin Cities）

10. 金融稳定研究

作者：**Mr. Viñals** 和 **Mr. Eyzaguirre**，余凯月编译

导读：目前，学者们对于金融系统稳定性的研究虽然有了很大的进步，但是也存在很多不足。以后金融系统稳定性的研究必然会注重相关法律的建立，加大对公共银行、小银行的监管，提升金融一体监管的战略地位。

金融稳定研究这篇文章是国际货币基金组织和世界银行金融部门的联合评估计划的研究成果，这篇文章以萨尔瓦多银行 2010 年 4~5 月的数据为基础进行研究。

萨尔瓦多银行虽然没有直接暴露在 2008 年的金融危机中，但是，萨尔瓦多银行的几个主要母银行受到 2008 年金融危机的冲击，这就直接导致萨尔瓦多子银行受到更为严格的风险管控，需要提取更多的风险资本。美国经济衰退，加之 2009 年大选的不确定性，加剧了美国人民的风险厌恶情绪，直接导致了信贷的供需变化和银行的不良贷款率上升以及盈利率下降，即使如此，整个银行业在面对宏观调控下也显得十分自如。从此种现象可以看出，虽然 2008 年银行受到金融危机的直接或者间接冲击，但是整个银行业基本上是健康运行的。

根据金融系统稳定性评估，到目前为止，提出的改进建议有很多。针对银行，监管者提出更高的资本充足率要求，同时增强各机构的偿付能力和加强地方性银行的重组重建。但是，萨尔瓦多破产法尚未颁布，安全网尚未建立，更为重要的是，银行最重要的贷款规定尚未颁布，如贷款如何分类以及如何分类监管，这是银行最重要的风险管控。由此可以看出，对金融稳定性研究所提出的建议是有限的。

目前所提出的金融系统监管办法有待进一步加强监管机构间的合作，防止监管套利。监管当局应该联合保险、银行以及其他金融机构，成立一个统一的监管

主管，形成更强大的监管力度，同时实现公平监管，这个权力应该交给中央银行。唯一的主管将会减少监管漏洞和监管套利。但是，监管机构之间的合作与合并需要一系列相关政策的推行，以此来保证有效率的监管。遗憾的是，到目前为止，我们还未达到这一步。

国家支付系统的控制应加强，并形成区域支付和结算的统一规定。实时发布的全额结算系统（RTGS）大大提高了大额支付安全。然而，这需要确保操作控制和中央储备银行储备系统得到充分的监督。而中央银行法修订应针对支付和结算系统实施区域性条约。

还应该加强对小银行的监管，虽然由于规模小等原因，小银行尚未进入金融监管体系，但是一旦这些小银行受到的冲击超过其能承受的阈值，势必会造成很大的影响。因此，一旦超过阈值，小银行应该向金融体系监管汇报，寻求合适的解决方法，维护银行业的稳定性。我们可以针对这些不受体系监管的小银行设立一些辅助监管，例如，为了保护消费者的利益，要求这些银行增加透明度，防止其过度负债。

在新一轮加强监管的条件下，公共银行将会扮演越来越重要的角色，扩大中小企业和基础建设的资金来源。例如，萨尔瓦多当局在面临整个国家信用下降的情况下，宣布公共银行将制定一系列的战略计划来扩张信贷，保证国家经济的正常运行。同时，这些扩张计划以不扭曲市场为目标，公共银行的决策将会受到政府的监管和控制，也会受到平衡风险控制和市场自身调节的影响。

从金融系统稳定的整体性来看，健全的资本市场是抵御金融冲击的根本保证，多样化的资本市场能扩大融资的来源，降低系统性风险，这就需要综合的改革。由于金融改革在过去的十年里处于瘫痪状态，萨尔瓦多的证券监管存在相对较低的标准，市场发展已受到约束。新的投资基金法和资本综合改革法案的通过将帮助扩大投资者投资路径，促进区域一体化。金融深化可以增加私人投资和经济增长，从而增强经济抵御冲击的能力。

原文链接： http：//www.imf.org
作者单位： 国际货币基金组织（IMF）

11. 金融市场稳定性回顾

作者：澳大利亚储备银行，陈锦宏编译

导读： 先进经济体金融系统的发展在过去六个月以来总体来说比较乐观，然而新兴市场的情况却有所恶化。随着经济数据的好转，大部分主要银行系统的情况持续改善。在美国，好转的经济预期使联邦储备开始逐步实施正常化货币政策。对于金融稳定来说这是一个正面的发展，因为长期的强刺激性货币政策会使投资者产生过高风险的投资动机。然而，高度可调节的货币政策也有风险，因为上升的收益会增加投资者和借贷者的风险，如果市场的利率过高就会引发金融市场的大幅度波动。

欧元区持续的疲弱会干扰初期的经济复苏。面对银行低下的盈利能力和恶化的资产表现，欧洲央行银行体系的全面检查是欧元区在 2014 年关键的事情。检查应该会最终帮助重塑欧元区银行体系的市场状况以及增强收支平衡状况。如果在欧洲出台能保住其国家不受银行影响的办法之前，主要资本下滑未能得到控制，就有可能会产生对经济复苏的新干扰。

2013 年中期产生的对一些新兴市场的担忧在 2014 年 1 月底卷土重来，主要是针对新兴市场容易受影响、受损害的问题。然而这些主要是集中在个别国家和中国经济的发展前景和不确定性上。2013 年，股票市场的大幅波动发生在有较大流动账户贸易逆差、较低外汇储备和累积的通胀压力的经济体中。对于大部分的新兴经济体来说，资金流出变得更适度，资产价格的调整也反映出正常水平。这些都伴随着更长时期对金融状况的调节。

在 2013 年，澳大利亚的银行体系继续表现强势。资产表现逐渐提升，伴随着坏账和有质疑的债务下降，这些都令其盈利能力有所提高。四大银行看似很善于利用内部资金以达到 2016 年要面对的更高资金要求。自 2015 年起，银行需要

达到 APRA 新的流动性要求，其目的是要提高银行处理流动性压力的能力。然而，自金融危机之后，银行已经再次评估了其资金提供的架构。新的流动性规定会继续影响银行债务的构成。

总的来说，保险业的盈利能力在 2013 年维持强劲势头。从按揭借出机构的表现来看，虽然已经在 2013 年下半年有所提升，但相比其他保险从业机构还是有点疲软。随着银行坏账和有疑问的债务降低，加上中度的信贷增长，银行的盈利前景变得更差。对于金融稳定来说，更重要的是银行不要过度地增加它们的风险偏好或者放宽贷款标准。有一点值得注意的是银行的房贷，纵然上涨的房价和更多的贷款是宽松的货币政策造成的必然结果，但是这也支持了住房建设，也有潜在可能会鼓励楼市的投机活动。

2013 年总体家庭财政状况没有什么变化，财政压力的指标也都维持在较低水平。相比 10 年前，家庭采取更加谨慎的理财手法，即家庭财产继续增加，存款比例和 2014 年持平，在到期前更快地还清按揭。然而，随着家庭负债率还在历史高位、失业率有所攀升，家庭金融的恢复需要持续谨慎的借款和储蓄行为来支撑。

在商业领域，不良的指标如破产和不良贷款在 2013 年都有所改善。在商业地产市场，投资者似乎热度增大，特别在写字楼地产部分，虽然租金下降，但 CBD 的价格在几个城市都有上升。

澳大利亚对全球金融系统改革的参与正在深化，除了是 G20、金融稳定理事会成员，澳大利亚还承担了 2014 年 G20 主席的职责。澳大利亚明确了 2014 年 G20 金融管理的重心，意在完成下列四个核心改革区域的主要方面：通过巴塞尔协议Ⅲ建设弹性的金融机构、讨论"大而不倒"问题、讨论影子银行的风险，以及如何使衍生品市场更加安全的问题。

原文链接：http：//www.rba.gov.au/publications/fsr/
作者单位：澳大利亚储备银行（Reserve bank of Australia）

12. 流动性冲击、治理、系统性风险和金融稳定

作者：Luci Ellis、Andy Haldane、Jamie McAndrews 和 Fariborz Moshirian，陈锦宏编译

导读：本文由四部分组成：第一部分讨论宏观金融市场稳定；第二部分分析银行风险因素；第三部分介绍多种关于市场流动性风险的建模方法以及关于系统流动性风险的综合分析；第四部分主要讨论影响公司治理的因素和政府应该如何监管金融机构。

关于宏观金融市场稳定方面，Ellis、Haldane、McAndrews 和 Moshirian 的论文包含了一些与 SIFs（全球系统重要性金融机构）和 D-SIBs（国内系统重要性银行）相关的观点和因素，有助于治理和全球金融稳定。Borio 在他的论文中通过金融周期模型来研究企业经营状况的波动，他建议使用新的方式来解释金融危机对模型的影响，并确定金融危机对若干政策带来的挑战。

Mercado 和 Park 使用金融压力指数（FSI）分析金融危机跨境传递，他们的论文旨在测试新兴市场经济金融压力指数的决定因素，并评价传递给新兴市场经济的金融冲击。研究结果表明，市场震荡可以从发达经济体传播到新兴市场经济体，也可以在新兴市场经济体之间进行区域性传播。

在银行风险因素分析方面，本文对多种造成银行风险的因素进行了分析，Betz 等提出了一个预测欧洲银行业个别银行出现危机的模型。研究发现，个别银行的脆弱性指标可以用来预测个别银行出现危机的风险水平。Koch 在论文中利用协整分析研究德国大型银行在面对全球金融危机时所做出的反应。发现不同类型金融市场的大型银行在面对风险动态时做出的反应也会不同。Li 在论文中探讨了治理公司的各项措施对企业效益的影响，并认为公司间的相互监督可以限制市

场所承担的风险，从而降低市场的整体脆弱性。

在市场流动性风险模型以及系统流动性风险的综合分析方面，本文专注于系统流动性风险的分析，以及相关风险如何进行跨市场传播。Jobst 在论文中设计了一种 SRL（Systemic Risk-adjusted Liquidity）模型来推测流动性风险的发生概率。他研究了在压力期间，单个银行的融资决定与整个系统的流动性危机之间有什么联系，并认为 SRL 模型能够更加有效地从宏观审慎的角度测量流动性风险。Lanfield 等研究了英国银行的同业系统，尤其侧重于跨市场的银行连接是如何创造构建的。他们专注于两个银行间网络信息的披露和融资情况，并讨论这些网络对金融稳定和系统性风险的影响。Qian 等通过研究中国股市流动性的共性，发现较高的流通股供应量造成了更大的流动性共性，并直接导致中国的投资者需要面对更高的系统性风险。除此之外，他们还考察了限制流动性对中国企业融资能力和流动性风险的影响。

关于影响公司治理的因素以及政府应该如何监管金融机构，本文最后一个部分着眼于公司治理和政府监管对银行风险的影响。Anand 等分析了银行债务担保计划成功的周边条件。通过 Global games approach 推导出担保计划对发生银行违约和主权违约的事前概率，以及两者同时发生的事前概率。研究发现，政府透明度和银行披露程度的增加有助于降低银行风险。此外，研究发现，无息准备金要求能够实现显著的汇率走势。

原文链接： http://www.sciencedirect.com/science/article/pii/S0378426614001794

作者单位： 澳大利亚储备银行（Reserve Bank of Australia）、英国中央银行（Bank of England）、纽约联邦储备银行（The Federal Reserve Bank of New York）、澳大利亚商学院（Australian School of Business）和新南威尔士大学（UNSW）

13. 金融稳健指标和银行危机

作者：Matias Costa Navajas 和 Aaron Thegeya，刘亮、尹振涛编译

导读：我们利用多元 Logit 模型测试了有效的金融稳健指标，广泛的宏观经济指标和机构指标是否能准确预测危机的发生。最终我们认为一些金融稳健指标和系统性银行危机的发生之间存在显著的相关性，并提出了一些指标作为银行危机发生的预警指标。

获取潜在的金融或银行业冲击的预警信号话题自 2007 年全球金融危机爆发以来已经变得越来越重要。在这方面，一个关键的需求已经出现，即测试金融和银行部门目前的监管工具和稳健指标，同时也看看他们如何加以改善。

金融稳健指标（FSIS）包括一组衡量一个国家金融体系的健康指标。原则上，这些指标的变化应该可以说明金融业的潜在弱点，从而作为宏观经济政策的工具。但是，鉴于最近的危机，很显然，金融稳健指标没有被广泛地用于此目的。

我们利用多元 Logit 模型测试了有效的金融稳健指标，广泛的宏观经济指标和机构指标是否能准确预测危机的发生。预计将通过两阶段模型来测试指标的波动是否与相关的危机事件的发生有关：在第一阶段，通过研究某些国家的时间趋势，对金融稳健指标进行线性回归分析；在第二阶段，对银行业危机事件的金融稳健指标残差进行对数回归分析，得出滞后同期的宏观经济指标的差异，并将其作为复合治理指标。

Laeven 和 Valencia（2012）将银行危机定义为两种结果：第一，发生银行危机的显著性事件，例如挤兑，破产或清算；第二，因银行发生损失，国家采取干预政策。在分析中，如果银行危机发生，我们使用银行危机变量编码为"1"的二进制变量，否则为"0"。

结果表明一些金融稳健指标和危机之间存在显著的相关性。具体而言，监管资本对风险加权资产（CAR）及股东权益回报率（ROE）的回馈显示与银行危机的发生存在显著的负同期相关。此外，净资产收益率滞后是危机的显著指标。虽然这种分析的采样周期来自 2007 年的全球金融危机，但这些结果反映了 Čihák 和 Schaeck（2007）的研究结果，他们在 20 世纪 90 年代进行了全球性危机的分析。

我们第一次使用金融稳健指标，并且根据国际公认的方法收集数据集。我们采用一个连贯的综合基准的方法来确保各个国家内部和外部经济领土内的金融部门风险可以准确地被指标来衡量。重要的是，这意味着金融稳健指标对经济和金融业的冲击超出了给定的国内经济敏感度。不同于任何以往的文献对金融稳健指标的分析，聚集和整合的原则也让金融稳健指标具有更好的跨国可比性。

此外，本文测试了一套比以前文献中测试更有效、更广泛的金融稳健指标的数据集。尽管目前我们通过可用的数据分析了 6 核心的金融稳健指标，但是国际货币基金组织收集的 12 核心和 28 种激励型金融稳健指标数据构成了对未来研究丰富的基础。当运行简化形式的模型时，强调研究结果虽然表明了金融稳健指标和危机之间的相互关系，但是我们不通过估计派生结构模型建立因果关系。

对银行危机的决定因素存在着大量的研究。Demirgüç-Kunt 和 Detragiache（1998）利用多元 Logit 模型探讨了其宏观经济指标与银行危机的出现有关。他们的研究结果表明，危机往往发生在低增长、高通胀和高实际利率的环境。有趣的是，他们还发现，有明确的存款保险制度的国家特别危险。

使用金融稳健指标作为潜在的银行业危机指标的第一项研究是由 Čihák 和 Schaeck（2007）提供的。他们第一次测试了金融稳健指标来解释银行危机的出现。然而，他们使用的金融稳健指标并未在普遍接受的国际方法的条件下进行，因此，一些金融服务机构不能做直接比较。类似 Demirgüç-Kunt 和 Detragiache（1998），他们运行了一个多元 Logit 模型，以宏观经济金融稳健指标作为解释变量。他们发现了资本充足率及不良贷款率为系统性银行问题提供了有关信号，此外，银行的净资产收益率也可以作为预测危机发生时机的指标。

原文链接：http://www.imf.org/external/pubs/ft/wp/2013/wp13263.pdf
作者单位：国际货币基金组织（IMF）

14. 金融稳健指标和金融周期的特征

作者：Natasha Xingyuan Che 和 Yoko Shinagawa，尹振涛编译

导读：金融稳健指标与金融周期特征之间存在紧密的联系。在经济实践中，金融危机与金融机构破产，都推动了监管者对"财务稳健性"的关注。需要指出的是，提高财务稳健性可能会恶化经济下行周期的信贷紧缩，这对当前中国的金融监管具有较大的启示作用。

全球金融危机的出现已经凸显了研究银行资产负债表与经济周期之间关系的重要性。2008 年的金融危机以及几个主要的金融机构和银行监管机构的崩溃，都引发了许多国家对财务稳健性的推动。银行被要求增加资本、增加流动性，因为业界普遍认为强大的金融稳健指标（FSIS）意味着更安全的银行。关于强大的金融稳健指标（FSIS）与更具弹性的银行体系相关的假设是直观的。以资本资产比率为例，拥有较高的资本—资产比率信号的银行在资产方面具有更高的风险承受能力。同样，流动性资产比率显示多少流动资金可用于银行，以满足其现金预期和意外需求。该比率越高，银行越能够还清其短期债务。在个人银行层面，更多的财务稳健性可能意味着更安全的银行，而这似乎合乎逻辑的推测。

然而，在微观层面上完全理性的行为可能不会导致在宏观层面上最佳的结果。银行的财务稳健性集体增加不会自动转化为一个更安全的金融体系。事实上，当信贷和货币供应量开始缩减以及在信贷周期的收缩阶段，银行的财务稳健性提升可能加剧经济周期的衰退。推理如下：为提高自有资本与资产比率，银行可以收缩资产（主要是贷款及证券），或筹集更多的资金，或两者都做。要缩小资产，在之前的贷款被支付过的情况下，银行可以放出更少的贷款，而这直接降低了信贷投放量，或者导致出售证券，这将压低企业的资产价格，使它们更难借到贷款，两者都间接降低了信贷经济。在经济低迷时期，筹集资金是比较难做到

的，同时间接地降低了信用系统，因为在宏观层面，对银行来说更多的资金意味着私营部门的其余部分经费少，但这种影响可以说是相当小的。类似的理由适用于提高流动性资产比率。在经济繁荣时期，增加流动性与资产比率可以提高银行的投资组合的价值。这通常不是真正处于经济低迷时期，增加流动性资产更像是在进行流动性和其他类型的资产，包括贷款之间的权衡。

总之，提高财务稳健性比率可能会恶化在信贷周期的衰退阶段下经济收缩或信贷紧缩，而其信贷减震效果在繁荣时期可能得到补偿。现在的问题是相关的金融服务机构如何衡量金融体系的稳健性？本文认为，金融稳健指标具有非常显著的相关性。通常，高度资本化的银行具有足够的流动性，一般来说，在某些意外的冲击下，会比其他银行更好应对风险。问题的关键是时间，银行体系应该对未来的冲击做好充分准备，并在顺境时提高其财务稳健水平，而不是在危机发生时，争先恐后地使金融体系变得"更安全"。

我们探讨这种说法是否具有实证基础。研究发现，信贷周期的下坡过程中，增加的资本资产比率和流动性资产负债率越高，信贷收缩的幅度规模越大。银行在衰退开始时具有更大的资本和流动性，信贷收缩的结果要么较短或较温和。

我们也观察了外汇与资本总额（NOP 资本比率）和未平仓净额（NOP）的比值周期性变化带来的影响。可能产生的影响是双重的。首先，其国外资产匹配的外国负债（低 NOP）会使得银行具有较低的风险和外汇风险，而这可能在经济低迷时期提供额外的稳定性。其次，由于国外负债不因汇率变动，而导致比国内负债产生更强烈的波动，拥有大的负的未平仓头寸（平仓净额负债）的国家可能更容易受到资本外逃和低迷经济的影响，因此可能有更多的动荡周期。研究发现，由更高的 NOP 资本比率和较低的 NOP 资本比率绝对值引发的下滑是温和的，而由更高的 NOP 持续时间引发的上涨则不太显著。

原文链接：http：//www.imf.org/external/pubs/ft/wp/2014/wp1414.pdf
作者单位：国际货币基金组织（IMF）

15. 金融、发展和稳定
——从危机中得到的教训

作者：Thorsten Beck，顾嘉翁编译

导读： 从最近的危机中吸取的关于融资、发展和稳定三个方面的一些特别的教训。讨论了金融创新带来的利益和风险，以及应对这些风险的监管措施；金融和全球化对实体经济的影响，以及政府提供信用担保的作用。

2007~2009 年的全球金融危机和持续的欧元区危机已经揭示了金融机构和市场在现代市场经济中的作用愈加薄弱。目前，针对危机后经济体的最佳规模，不仅在功能和金融体系方面存在根本性的争论，而且在结构方面也有一定的争议。金融创新、金融全球化的风险和收益以及政府在金融部门中的作用角色方面等一系列问题被提出。这场危机也引发了监管改革的进程，这导致了更严格的资本和流动性要求，包括活动的限制和税收，而这些仍在讨论之中。

关于这个特殊的问题，多篇论文均涉及与全球金融危机和持续的监管改革过程有关的具体问题。具体而言，关于这个特殊问题的相关论文讨论了金融创新的好处和风险，包括 CDS 保障和证券化以及监管框架；金融和全球化对实际经济成果的影响，以及政府在提供信贷担保中的作用。现已存在的理论和实证论文，反映了在这两个领域中的进步。这些文章也有助于我们更好地理解金融机构在金融创新和金融深化中的作用，以及对经济增长、稳定和调节三方面的作用。同时，还包括政府对经济部门的作用。

金融危机前的共识是，基于市场的融资肯定是有益的，而通过技术进步和放松管制引发的金融体系扩张，由于高上升空间的存在，几乎没有下跌风险。然而，金融危机前的文献记载了金融深度的水平与经济增长呈现积极的关联，而信贷的快速增长是一个可靠的危机预测指标。虽然金融创新导致了金融体系在世界

各地迅速扩张，同时对家庭和企业效益做出了重要贡献，但是这种扩张也带来了新的风险，因其没有将个别投资者认为的最重要的风险考虑进去。金融危机已经使公众对金融体系产生了相当负面的看法，导致过分强调金融创新和金融市场的风险，并要求强有力的监管措施。由于纳税人资金困难，以及近期危机高昂的经济成本已使得群众呼吁制止金融创新。

长此以往，对于一般的金融机构和市场而言，金融体系将被认为是经济发展系统性危机的根源。而基于同样的机制，金融体系有助于克服机构的问题，提高资源分配的作用将被忽视。金融深化需要承担风险和风险转换以及代理问题。此外，其自我激励周期会诱使市场参与者采取更大的风险，而不是某些可持续的、有效转移风险的措施，这些最终会导致金融的脆弱性。为了实现金融深化理想水平的目标，我们首先需要专注于所有市场参与者的激励作用。其次，再关注监管框架的问题。但是相关研究表明，我们所面临的经济方面的挑战并没有多到足以约束财政，反而能够利用它实现实体经济的利益。

关键人员在金融体系中的激励是很重要的，包括那些投资人、借款人、监管机构和政界人士。对于监管改革进程方面，全球各地都面临严峻的挑战。因此，建立激励机制的方式将是私人与社会的利害相一致。更具体地说，金融机构和市场参与者采取冒险的决策所造成的潜在损失风险必须内化。这使得微观和宏观的审慎监管框架需要进行调整，以适应金融体系新的结构和风险。然而，这一改革进程也必须考虑到监管机构并不是仁慈的社会计划者，它们需要固有的激励与约束。

原文链接： http://www.elsevier.com/locate/jfstabil

作者单位： 伦敦卡斯商学院（Cass Business School）

16. 危机中金融机构的结构性分析

作者：Ren Raw Chen、N. K. Chidambaran、Michael B. Imerman 和

Ben J. Sopranzetti，陈锦宏编译

导读： 本文提出了一种结构性信用风险模型 (Lattice-based Structural Credit Risk Model)，这种模型利用股票市场信息和金融机构负债结构来分析违约风险。该模型被用来研究雷曼兄弟破产前的违约概率。研究结果表明，早在 2008 年 3 月，雷曼兄弟公司就已经失去在两年内获得外部资本的能力。该模型可以被当作观测早期财务风险的诊断工具，也可以被当作用来解决大型复杂金融机构风险来源的规范性工具。

金融危机再次证明了，目前对金融机构新型风险管理工具的迫切需求，2008 年雷曼兄弟公司风险管理和监管机构对其监管的失败都很好地证明这一需求的必要性。我们提出了一个新的结构性风险模型，该模型包含了 Geske (1977) 以及 Leland 和 Toft (1996) 的框架因素。这一模型被用于对雷曼兄弟公司破产的分析，通过使用市场数据 (股票价值、股票波动) 和公司债务结构计算远期违约概率，并为金融机构提供早期预警。模型还可以测算降低危机中的金融机构违约风险至可接受程度所需的股权资金注入金额，以及基于违约风险所需的折扣 (Haircuts) 以及抵押要求。

在我们的模型中，我们将违约定义为一个内生边界，达到该临界点后企业无法再继续筹集基金。为了估算经济违约风险，我们先从金融机构的资产负债表开始分析。首先，值得注意的是金融机构大部分的资产和负债都具有很大的流动性，我们应该首先剔除这一部分，找到非流动性净资产水平。其次，考虑公司非流动性债务的到期时间和优先等级。最后，将企业管理资本结构政策和债务到期后的再融资政策添加到模型当中。通过结合债务结构、债务再融资以及违约可能性等具体信息，很多限制金融机构结构性风险模型适用性的障碍得到了克服。

通过人工收集的方式，我们建立了有关雷曼兄弟公司负债的完整数据信息（包括到期时间、优先等级等）。经过对债务到期结构进行分析，我们得到了雷曼兄弟公司违约可能性的完整结构，并根据这一结构计算出远期违约概率。远期违约概率的演变表明，早在2008年3月，雷曼兄弟公司就已经失去了两年内获得外部资本的能力，雷曼兄弟公司的债权人也同时提出增加抵押的要求。此外，在2008年春季，雷曼兄弟公司曾试图增加股权资本，但增加的股权资本远不足以降低企业的违约风险。我们的估计表明，雷曼兄弟公司需要注入至少15亿美元才能将违约概率降低到5%以下。

综合来说，导致雷曼兄弟公司破产的主要"催化剂"有：负债比例过高；过度依赖于短期债务；抵押不足；失去融资能力。

综上所述，我们的研究结果与监管机构的怀疑相一致，过度依赖短期资金和抵押价值不足，会进一步加剧高负债所带来的危险程度，并导致资金不足和过度风险。

展望未来，我们的结构性风险模型可以被监管机构和企业风控部门用来诊断财务困境，规范大型复杂金融机构解决风险来源的方式。

原文链接： http://www.sciencedirect.com/science/article/pii/S0378426614001447
作者单位： 罗格斯大学商学院（Rutgers, the State University of New Jersey-New Bruswick and Newark-Business School）

17. 金融危机、银行风险与政府金融政策

作者：**Mark Gertler**、**Nobuhiro Kiyotaki** 和 **Albert Queralto**，匡可可、刘亮编译

导读： 本文建立了一个涵盖金融中介部门的宏观经济模型。模型中银行的风险敞口是一个内生的选择，可借此模型对基本面风险的认知和政府信贷政策对金融系统脆弱性的影响进行量化的评估。

本轮美国经济衰退（又被称作大衰退）的一个主要特征是金融媒介功能的严重中断。影子银行体系的彻底垮台以及整个金融体系承受的重压导致了融资成本剧烈的上升。随着雷曼兄弟的倒闭而达到顶峰的融资成本被认为是造成 2008 年秋天耐用品消费大幅下降以及随之而来的产出和就业率严重收缩的元凶。

经济学家面临的挑战是，建立一个不仅能够涵盖这一现象，而且能够被用来分析货币和财政当局用来稳定信贷市场的一系列非常规手段的模型。目前已经有相当多的文献尝试将金融因素纳入宏观经济数量分析框架。这些文献的共通点是尝试将 Bernanke 和 Gertler（1989）以及 Kiyotaki 和 Moore（1997）中的金融加速器机制扩展至金融中介机构（银行），从而得以对金融中介功能的中断进行分析。

本文将建立一个包含中介部门的宏观经济模型。在这一模型内银行不但可以发行短期债务，还可以发行股票，这样一来银行的风险就变成了一个内生的选择。这样做的目标是建立一个不但可以捕捉金融机构面临过度风险时的危机，还可以解释这些机构为什么要采用高风险资产负债表结构的模型。本文的基本框架是基于 Gertler 和 Karadi（2011）以及 Gertler 和 Kiyotaki（2010）的研究。本文对这些框架中银行和储户间的代理问题进行了拓展，从而使金融中介可以在短期债务和股票之间做出有意义的选择。归根结底，一个银行对其资产负债表结构的选择取决于它对风险的认识，而对风险的认识又取决于经济基本面受到的干扰和对政府政策的预期。

　　首先，我们将运用这个模型来分析不同程度的经济基本面风险是如何影响银行的资产负债表结构和总均衡的。然后，我们对每种风险环境下发生金融危机的可能性进行分析。但当对风险的认识较低时，银行会选择高杠杆化经营，这将增加整个经济体发生危机的可能性。

　　其次，我们对危机期间的信贷政策进行分析。在 Gertler 和 Karadi（2011）的基础上，我们对雷曼兄弟倒闭后美联储为了稳定金融市场所进行的大规模资产收购进行了分析。在这一框架内，央行在危机期间拥有一个优势，即可以通过发行短期国债轻易获得资金。相反，私人部门中介机构则受限于自身资产负债表的缺陷。因此，尽管央行在资产购买方面也许并不如私人部门有效率，但是这种信贷政策是可以有效缓解危机的。

　　这一框架的创新之处是可以涵盖此类信贷政策在道德风险方面产生的副作用。我们发现，可预期的信贷政策会诱使银行采用风险更高的资产负债表，从而危机期间所需的信贷市场干预规模也就更大。这一结论为用于抵消可预期信贷政策造成的银行过度承担风险现象的宏观审慎政策的分析奠定了基础。

原文链接： http://www.sciencedirect.com/science/article/pii/S0304393212001638

作者单位： 纽约大学经济学系（Department of Economics, New York Universi ty）、普林斯顿大学经济学系（Department of Economics, Princeton University）和美国联邦储备委员会国际金融部（International Finance Division, Federal Reserve Board）

18. 大萧条时的银行倒闭和经济产出

作者：Jeffrey A. Miron 和 Natalia Rigol，尹振涛译

导读： 为了应对 2008 年金融危机，宏观经济政策制定者制定了一系列旨在防止大型综合性金融机构倒闭的政策。美国财政部和美联储之所以采取这些行动，是因为它们认为银行倒闭会加剧产出下降，而不是仅反映已经产生的产出损失。这种观点符合信贷市场不完善基础上的经济模式，但是，关于产出损失造成的反应是否严重，这其实是一个经验性的问题。本文通过重新回顾伯南克在 1983 年所做的关于大萧条的分析，探讨了银行倒闭和产出之间的关系。我们发现，几乎没有迹象表明在此期间，银行倒闭对产出产生了大幅或持续的影响。

为了应对 2008 年金融危机，宏观经济政策制定者制定了一系列旨在防止大型综合性金融机构倒闭的政策。最重要的是，美国财政部直接对银行进行注资，以应对危机。此外，美联储为了扩大其资产负债表，购买了大约 1.3 万亿美元的抵押贷款支持证券（Fuster 和 Willen，2010）。联邦住房金融局（Federal Housing Finance Agency）托管了房利美（Fannie Mae）和房地美（Freddie Mac）。此外，财政部还给每个机构提供了 100 亿美元的资金。

美国财政部和美联储之所以采取这些行动，是因为它们认为银行倒闭造成的不仅是已经产生的产出损失，还会加剧产出的下降。这个想法源于 Bernanke 和 Gertler（1985），并已经得到了一定的实证研究（Bernanke，1983；Bernanke 和 James，1991）。大部分经济学家支持美联储和财政部的政策，他们认为大规模的银行倒闭会加剧经济衰退程度。甚至有人推测如果不对银行进行救助，则可能会导致另一次大萧条。

然而，政府援助濒临破产的银行是有成本的，而且援助是否有助于减缓经济衰退尚无法确定。最为重要的是，援助政策会产生道德风险，使银行做出向风险

过高的项目或部门贷款和投资的决策。从更广泛的意义上说，救助将增加不确定性。银行需要等待决策者来决定是否以及由谁来摆脱困境，因而会延迟恰当的经营调整，并产生寻求救助产生利润的战略行动或可能奖励政治联系的银行（Politically Connected Banks）而非系统重要性银行。

在评估救助的效用时，要知道银行破产对产出造成的影响程度有多大，这一点很重要。如果破产对经济产出有很大的影响，那么即使会产生一定的成本，救助也是必要的；如果破产对产出的影响比较温和，在这种情况下，救助行动就不太有说服力。

本文通过重新回顾伯南克在 1983 年所做的关于大萧条的分析，探讨了银行倒闭和产出之间的关系。伯南克（1983）表明，在大萧条期间，银行倒闭会对产出产生重大影响。但我们认为这一理论的数据支持还不够。部分原因是很难确定破产是否导致或反映产出损失，还因为即使在最宽泛的假设下，大萧条期间的银行倒闭似乎并不会造成很大或持续性的影响。

我们对大萧条的理解正如伯南克、弗里德曼、施瓦茨所证实的，在经济低迷时期，货币因素发挥了重要作用。但银行倒闭过程中，比较重要的似乎一直是通过影响货币供应量，而不是通过信贷融通渠道。但是本文还没有直接解决在最近的金融危机期间，如果财政部和美联储还没采取行动预防破产，银行倒闭会不会造成比已经发生的衰退更深或更长时间的经济衰退。这是因为这两种情况在很多重要的方面是不同的。也许最重要的是，银行在大萧条期间发生的破产主要是大量的小银行，而这些小银行的破产在最近的危机中似乎还卷入了少量大型的、相互关联的银行。此外，本文还较少涉及政策对那些规模庞大以至于不可能倒闭的银行是否有效。

一定程度上，美国大萧条时期的经验——尤其是关于银行倒闭，在此金融危机期间起到了显著的、独特的作用，而这些被认为是美国财政部和美联储采取相关行动的知识基础。如果在大萧条期间提供的经验对那些规模庞大以至于不可能倒闭的银行失效，那么什么历史时期提供的证据有效呢？

原文链接： http://www.nber.org/papers/w19418

作者单位： 美国国家经济研究统计局（National Bureau of Economic Research）

19. 欧元区内的资本外逃：冷静应对恐慌性抛售

作者：Matthew Higgins 和 Thomas Klitgaard，顾嘉翕编译

导读： 在 2011 年和 2012 年上半年，欧元区国家，如希腊、意大利、葡萄牙和西班牙出现了大规模的资本外逃。尽管此次事件更像是一次国际收支危机，然而造成的国内信贷收缩却不如往常同等规模的资本外逃所造成的影响严重。为什么呢？一个重要原因是，很多由欧元区内央行集体授信的外逃资金使央行出现了赤字；另一个原因是，收支平衡的融资模式和那些增加商业银行流动性的政策是相配对的。如果不这样，边缘国家将不得不由于国外资本的突然撤出而承受更严重的损失。

国外私人投资者在 2011 年和 2012 年上半年全面退出市场。在此期间，外国投资者抛售的西班牙资产高达 224 亿美元。外国投资者也获得了相当大的资产清算带来的财产。在希腊、意大利、葡萄牙，这些清算资金总数达到了 5160 亿欧元。更详细的数据还表明，组合资产受到的影响最大，这个资产组合除衍生品外，包括主权债券、票据和个人证券投资。国外投资者还清偿了相当大的投资，包括银行贷款及其他外围资产（Periphery Assets）。同时，外围投资者通过购买更多的国外资产增加了资金净流出。其结果导致私募基金的净值提升到了 6770 亿欧元。类似地，由于前期大量资金的流入，国外投资者在退出时也非常迅速，在许多实施固定或管理汇率的国家掀起了一阵收支平衡危机。

资本外逃的情况在 2012 年夏天得以结束。投资者从欧洲央行（ECB）行长德拉基（Draghi）2012 年 7 月的讲话中重拾了信心。欧洲央行准备不惜一切代价支持欧元。紧接着 8 月公布的较为完善的货币交易计划表明欧洲央行可以为外围主权债券市场提供金融支持，而这些也符合欧洲稳定机制的金融调整或预防方

案。对 2012 年下半年整体而言，由于外国投资者投资带动的销售额缩减到 35 亿美元，而外围投资者转而销售他们国家投资者持有的金融产品，并把所得款项带回国内。结果是只留给外围投资者少量的约为 50 亿欧元的资金净流入。

外围国家如何能够在 2011 年和 2012 年上半年的资本外逃中筹资近 7000 亿欧元？一部分解释是官方通过调整贷款为希腊和葡萄牙提供了所需的资金，而西班牙和意大利的筹资完全或大部分来自 TARGET2，即欧元区结算系统（Euro Area Settlement System）。特别是，TARGET2 会自动使央行为那些由于资本外逃导致商业银行储备流出的国家扩大跨境支付信用。

进一步的解释是私人资本流动如何融入国际收支的整体。交易被细分为两类：有关交易的商品和服务的当前账户以及投资和贷款交易的金融账户。通过计算，当前财务账目总和应该为零。毕竟，如果一个国家出现外汇逆差就必须吸引外国资金的流入，以弥补差额。

考虑到希腊在 2011 年和 2012 年上半年的发展状况，在此期间，希腊接受的国外资本净输入达到 250 亿欧元的金融项目顺差。然而，私人投资者带走了 1100 亿欧元，造成了 135 亿美元的融资缺口。大部分资金缺口是由欧盟机构和国际货币基金组织（IMF）的 117 亿美元的调整性贷款来填补的，而其余约 19 亿美元的缺口是由 TARGET2 填补的。

意大利和西班牙也开始在 2011 年和 2012 年上半年实施积极的金融账户余额管理，尽管这对部分国外私人投资者而言将是一个巨大的不利条件，但是，对于这些国家来说，所产生的资金缺口将几乎由 TARGET2 填充，其中，意大利约为 2740 亿欧元的资金缺口、西班牙约为 358 亿美元的缺口。总而言之，外围国家在此期间增加了 6650 亿欧元在 TARGET2，约为官方公布资金额的 4 倍。

用一个例子来解释 TARGET2 的交易机制。当西班牙居民用支票支付对德国公司的购买，这张支票的清算是通过转让西班牙商业银行的准备金（结算余额）到德国的商业银行。这种转让是通过欧洲央行体系这一伞形组织的内部央行匹配交易。在这个例子中，德国央行（Bundesbank）将有一份应收的权益，而西班牙央行（Banco de España）则有一份相应的责任。在给定时间内，一国的 TARGET2 余额是涉及其他欧元区国家的支付净额。TARGET2 系统内部的展期是自动的。欧元区内央行没有为 TARGET2 余额计提的保证金，也没有限制其规模的制度规范。目前，西班牙在 TARGET2 中累积最多，意大利紧随其后。

运用开放式的支付信用来提升 TARGET2 的可用性，是支持多国货币联盟所需的基础设施的一部分。限制 TARGET2 的使用会使负债达到跨境交易危险区。一旦达到限额，受灾国的银行支票在欧元区其他地区将不再有效。很难说，各国在这样的安排下会使用共同的货币。

由于缺乏相关的政策措施，商业银行准备金的外流将会导致银行系统的缩减。为了防止严重的信贷紧缩，外围央行通过创造新的商业银行对银行储备的抵押品，扩大了它们的再融资操作。欧洲央行的政策变化有助于支持扩大再融资。特别是，欧洲央行已经采取措施数次扩大合格抵押品数量，而这些措施的影响是显而易见的。在西班牙和意大利，央行信贷的变化对商业银行是最明显的，而这些国家具备最大的银行存款准备金的流出。

原文链接： http：//www.libertystreeteconomics.newyorkfed.org/2013/10/capital-flight-inside-the-euro-area-cooling-off-a-fire-sale.html

作者单位： 纽约联邦储备银行新兴市场和国际事务部（Emerging markets and International Affairs Department of Federal Reserve Bank of New York）、纽约联邦储备银行研究和统计部（Research and Statistics Department of Federal Reserve Bank of New York）

20. 金融危机后亚洲的恢复

作者：Phakawa Jeasakul、Cheng Hoon Lim 和 Erik Lundback，肖洁编译

导读： 事实证明，金融危机发生后亚洲市场恢复十分迅速。但是，为什么亚洲的生产表现比其他地区都要好呢？本文说明，较好的初始条件和较低的外部金融脆弱性保证了亚洲市场的迅速恢复。危机前的关键因素包括适度的信贷扩张、对存款资金的依赖、银行资产质量的提高、外部融资的减少以及经常账户的改进。这些改进反映了 20 世纪 90 年代末亚洲金融危机的教训，亚洲金融危机有助于重塑公共政策和私人部门的行为。例如，在宏观审慎政策被公认为是维持金融稳定工具的重要组成部分之前，一些国家就加强了宏观审慎政策的使用。这些国家还革新金融法规，加强对金融机构的监管，这些措施有助于在全球金融危机之前降低家庭和企业的风险。展望未来，亚洲正处在应对更加动荡的外部条件和更高风险溢价的调整过程中。通过其从危机中吸取的经验和教训，亚洲经济将能更好地应对跨境资本流动增加和世界经济一体化带来的新风险。

2007 年，美国次级抵押贷款违约引发了严重的金融危机，波及亚洲和世界的其他地区。到 2008 年 10 月底，随着全球流动性状况的不断恶化，银行和其他处于全球金融系统核心的金融机构缩减了海外市场，贱卖资产并且退出了全球信贷市场，于是贸易融资枯竭，全球需求暴跌。主要发达国家在 2008 年第四季度经济停滞。受全球信贷紧缩的影响，亚洲和世界其他地区的产出急剧下降。

全球金融危机的影响让人们回想起 10 年前席卷亚洲的创伤。2008 年末，实体经济中资本流出的规模和崩塌与亚洲金融危机高峰时期所经历的一样。亚洲金融危机不断积累，随后伴随着银行和企业的剧烈去杠杆化，在韩国、印度尼西亚、马来西亚、菲律宾和泰国全面爆发，造成了显著的生产下降、企业倒闭、失业和贫困现象。

然而，这一次亚洲的情况和其他类似的经济体情况不同，也不同于 10 年前的情况。因为亚洲没有全面爆发金融危机或破坏性的外部调整。亚洲经济比较有弹性，能够保持系统的稳定，而欧元区遭遇了历史上最严重的经济和金融危机，其他主要发达经济体则要努力重新站稳脚跟。一些国家如澳大利亚、中国和印度尼西亚的经济持续增长；而另一些国家，如韩国、马来西亚和新加坡，在全球金融危机爆发时经济产量急剧下降，随后强劲恢复。

为什么亚洲更有弹性，并且它将继续恢复？本文对亚洲在全球金融危机中具有弹性的因素进行了分析。本文试图研究，相对于世界其他地区，亚洲更好的初始条件是否能够帮助其在全球金融危机中迅速恢复。我们使用 OLS 回归估计各因素的边际影响。这就为未来国际社会致力于金融部门的改革提供了重要的经验教训。事实上，在美联储将终止定量宽松政策的影响下，投资者将撤离亚洲地区市场，因而亚洲更加迫切需要减少宏观金融的脆弱性并加快监管改革。

亚洲受到了全球金融危机的冲击，但由于处于有利地位，亚洲经济仍保持弹性。这里的一个重要原因是亚洲金融危机的经验，它是改进公共部门政策和私人部门行为的一个关键因素。亚洲金融危机引发了广泛的财政和结构改革，增强了银行和企业的抵抗力。亚洲金融危机也证明了健全的宏观经济政策是确保经济和金融繁荣的必要条件，如财政赤字和通货膨胀。在制定政策时，考虑金融和外部失衡也是至关重要的。主要的改进措施包括调节信贷扩张和减少金融体系的杠杆水平，使之与经济基本面更加一致；加强银行系统的资产质量，维持可持续的经常账户平衡，因而包含了对外国资金的依赖，并积累足够的外汇储备来缓冲资本流入的突然逆转。在宏观审慎政策被公认为是金融稳定工具的一个重要组成部分之前，亚洲国家就利用宏观审慎工具进行了这些改进。金融调控和监管框架的调整迫使家庭和企业的风险行为发生了变化。这些初始条件的增强使得亚洲的生产具有弹性。此外，亚洲还受益于它是一个快速增长的区域，同时贸易伙伴的增长也帮助亚洲快速恢复。

长远来看，从经验中学习是一个持续的过程，可以使亚洲加强抵御未来风险。因此，与亚洲金融危机相同，全球金融危机为亚洲提供了一个契机，学习如何应对新的挑战，特别是从增加跨境流动和更多的与世界接轨中汲取经验。亚洲在最近金融市场的动荡中受到了显著冲击，它的反弹证明我们应该不惜一切代价避免过度自信。

原文链接：http：//www.imf.org/external/pubs/ft/wp/2014/wp1438.pdf

作者单位：加利福尼亚大学（University of California）和世界银行（World of Bank）

21. 基于 DSGE 模型的金融危机研究：MAPMOD 方法的应用

作者：Jaromir Benes、Michael Kumhof 和 Douglas Laxton，肖洁编译

导读： 本文结合了另一篇相关的技术类文章，利用了一种名为 MAPMOD 的新方法，用以研究过度信贷扩张带来的金融漏洞，并支持宏观审慎政策的分析。在 MAPMOD 方法中，银行贷款增加了购买力，从而加快了实体经济的调整。但过度的风险贷款损害了资产负债平衡并且埋下了金融危机的隐患。银行为了应对损失只能提高利差，紧缩信贷，对实体经济产生了不利影响。这种特点使得模型能够捕捉危机前和危机期间的金融周期。

我们结合了一篇技术文章（Benes，Kumhof and Laxton，2014）利用 IMF 发明的新方法——MAPMOD 来支持宏观金融和宏观审慎的政策分析。另一篇技术类文章表述了 MAPMOD 的理论构造，而本文则显示了 MAPMOD 的模拟特性。MAPMOD 方法专门用来研究过度信贷扩张和资产价格泡沫带来的漏洞，同时还用来研究为了防止和应对这些漏洞而采取的宏观审慎政策。

正如许多世界领先政策机构最近的理论和实证研究所示，宏观审慎政策的关键权衡点在于一方面要减少金融危机的风险，另一方面要减少在正常时期宏观审慎政策的成本。因此，设计框架的关键在于明确金融部门和宏观审慎政策的作用。作者认为需要对传统的线性动态随机一般均衡模型（DSGE）进行较大改造。DSGE 模型在 2007 年金融危机前被认为是传统的货币政策分析模型。目前已有一些进步，但仍有许多工作要做。在作者看来，一个需要注意的地方是银行所起到的作用，特别是银行资产负债表的作用。其中包含银行资产在吸收贷款损失方面、银行贷款在增加金融消费和投资购买力方面，以及银行存款作为主要交易中介的作用。这些目标都受到资产负债风险的影响，因而在银行资产负债表、借款人资产负债表和危机中的实体经济中产生了高度的非线性反馈。

MAPMOD 能够展现银行和银行负债表的基本特性，并且全球的非线性模型能够捕捉到危机前和危机阶段的金融周期。Claessens、Ayhan 和 Terrones（2011）以及 Borio（2012）表明，金融周期可以描述为信贷和资产价格，这些指标的快速增长是未来金融危机的早期预警，同时信贷紧缩和房价泡沫则是经济衰退、复苏缓慢的标志。然而，Claessens、Ayhan 和 Terrones（2011）也发现并不是所有的信贷扩张都会带来金融危机。此外，实际上很难从根本上区分"稳固"（"好的"）和"过度"（"坏的"）信贷扩张和资产价格泡沫。MAPMOD 方法就是用来区分信用扩张的"好"和"坏"。此外，它还让我们能够研究替代的宏观审慎政策，不仅包括在应对危机直接冲击时起到的作用，还包括在预防危机中起到的作用。例如，如何使它们对银行的吸引力减小，从而减缓信贷扩张。

我们研究了 MAPMOD 方法的模拟特性。MAPMOD 方法专门用来研究过度信贷扩张的漏洞，支持宏观审慎政策分析。模型的特点是，相比传统的可贷资金模型，银行在宏观经济的传导机制中起到了更大的作用。在现实经济中，银行不必等到存款后再进行贷款，相反，它们在新的贷款中还创造了存款。换句话说，只要银行资本充足，并预计贷款有利可图，它们就能够迅速扩大资产负债表。如果银行对经济环境的估计是准确的，那么银行就能够获利。但如果银行的评估较为乐观，银行和借款人的资产负债表就可能产生巨大漏洞。如果经济有一个负面冲击，那么银行就会陷入严重危机，对经济的影响也是非线性的。这种危机的一个特点是银行对于经济恶化的反应不是更高的贷款息差，而是较大的削减贷款。

该模型的一个重要特点是能够模拟不同情形下具有重要金融部门的情况，并且考虑了资产负债表的非线性特征。我们模拟了对生产力增长、银行贷款风险、资产价格偏离基本面、银行股权和国外利率的冲击。同时，还模拟了宏观审慎政策的变化，包括最低资本充足率和银行资本金要求的周期变化。

需要强调的是，MAPMOD 模型根据金融周期对参数进行了校准。非线性和预防金融危机部门政策的存在带来了估计困难的问题。众所周知，非线性模型的估计需要大样本来确定函数形式，以及验证非线性的存在性。宏观审慎政策分析模型的小样本存在两个问题：第一，我们已经证明在对金融部门进行建模时，非线性问题十分关键；第二，基于 MAPMOD 模型的宏观审慎政策成功地减缓了经济周期的大起大落，减少了能够用来估计的实证观测值。在选择模型结构和参数时，我们必须通过现有的多个经济体的实证经验做出判断，而不能通过单一国家的特定数据进行估计。

原文链接： http：//www.imf.org/external/pubs/ft/wp/2014/wp1456.pdf
作者单位： 国际货币基金组织（IMF）

22. 监管改革对新兴市场和发展中国家的影响

作者：FSB，匡可可编译

导读： 金融稳定理事（FSB）、国际货币基金组织（IMF）和世界银行于 2012 年 6 月发布了监管改革对新兴市场和发展中国家（EMDEs）的影响的研究报告。这份报告从巴塞尔协议Ⅲ资本和流动性框架、OTC 衍生品市场、全球系统性重要金融机构（G-SIFIS）等方面对 2012 年 6 月以来监管改革对新兴市场和发展中国家的影响进行了分析。

（1）巴塞尔协议Ⅲ资本和流动性框架。总的来说，EMDEs 广泛支持通过巴塞尔改革方案来增强银行系统抗冲击能力，但他们仍为一些国际活跃银行的去杠杆化感到担忧。报告认为，尽管监管改革将改变国际银行的借贷行为，但宏观条件的不同和母国银行系统的健全性仍是决定外资银行是否对新兴市场和发展中国家贷款的主要因素。当短期的危机影响逐渐减退后就可以更清晰地辨别监管改革等因素造成的全球金融体系的长期结构性改变。

在资本要求方面，巴塞尔协议Ⅲ资本框架的实施正在进行中，并将于 2019 年 1 月完成，而新兴市场和发展中国家的主要担忧包括：①东道国和母国在母行和子行间某些资本工具的确认问题上需要进行适当合作；②风险管理以及母行子公司间资产风险权重分配上的差异可能导致同样的新兴市场敞口的风险权重不同；③巴塞尔协议 2.5 的实施可能造成国际活跃银行对新兴市场和发展中国家主权债券的减持；④依赖信贷—国民生产总值比例来触发逆周期资本缓冲（银行在经济上行周期计提资本缓冲，以满足下行周期吸收损失的需要）可能并不适用于某些信贷增长周期波动较大的国家。

在流动性要求方面，新兴市场国家和发展中国家面临的挑战包括：高质流动资产的匮乏可能造成对此类资产的贮藏，从而阻碍国内资本市场的发展；流动性要求对银行长期借贷行为（如基础建设融资）的影响；各类负债和表外义务流出率的校正可能造成的激烈揽存竞争等。

（2）OTC 衍生品市场改革。在 OTC 衍生品市场改革方面，新兴市场和发展中国家的主要关注是这些改革举措对国内金融中介的影响以及母国和东道国间的协作问题。改革意味着成本的增加（如新增资本和保证金要求），因而可能影响国内市场的发展和终端用户的融资供给。另外，为了避免监管要求的重复和矛盾，跨境合作和信息共享也是非常重要的。部分新兴市场和发展中国家还指出目前这些市场的监管制度安排仍在进化过程当中，存在多个机构共同监管的现象。

（3）全球系统性重要金融机构相关政策措施。新兴市场和发展中国家的主要担忧包括：全球系统性重要金融机构在新兴市场和发展中国家的运作规模的减小和中介成本的上升，尤其是在那些国内银行体系主要由外资构成的国家；全球系统性重要金融机构的母国和东道国间的利益和成本分配不对称问题（取决于新增资本的持有地等因素）。新兴市场和发展中国家还指出全球系统性重要金融机构的母国应积极参与到危机管理小组（CMG）解决方案和策略的设计当中。

（4）银行结构性改革举措。近期欧洲和美国实施了一些国际金融监管改革之外的改革举措（如美国"沃尔克法则"禁止商业银行利用自有资本进行自营交易），其主要目的是将金融安全保护网局限于金融系统核心部门，降低商业银行和投资银行间的相互传染风险，以及增加系统性重要金融机构的可分解性。但是，一些新兴市场和发展中国家担心这些改革措施将对国内金融市场带来潜在的负面影响。报告认为，实行这些改革举措的大多是主要金融中心，虽然其金融稳定的提升也将为全球经济和金融系统带来正面影响，但是这些政策也有可能造成成本的增加并带来监管套利空间，从而导致国际活跃银行的商业模式和全球运作形式的改变。

金融理事会将对监管改革对新兴市场国家和发展中国家的影响进行持续的监测。其主要目的在于分享 EMDEs 开展监管改革的经验教训，增强处理意外情形的能力。

原文链接： http://www.financialstabilityboard.org/publications/r_130912.pdf
作者单位： 金融稳定理事会（FSB）

23. 全球金融危机的监管反应：一些敏感的问题

作者：Stijn Claessens 和 Laura Kodres，肖洁编译

导读：我们利用最近和过去危机的经验，确定了在创造稳定有效的金融体系过程中存在的问题。改革需要遵循三个原则：明确从全面的系统角度解决市场失灵；了解并将参与人激励融入监管使其与社会目标相一致；承认危机爆发的风险一直存在，部分原因是一些未知因素，如临界点、故障线或者溢出效应。基于这三个原则，需要进一步确定改革的具体领域。政策制定者可能会抵制但还是要微调监管，因而"不伤害"的方法是比较好的。由于风险继续存在，危机管理需要成为系统设计的一个组成部分，而不是事发后的临时决策。

我们确定了在创造稳定有效的金融体系过程中一些关键的改革问题。本文利用近期和过去金融危机的经验教训进行理论分析和实证研究。改革的总体目标是明确的：用最有效的方式降低未来系统性金融危机的可能性和成本，也就是说用最低的成本换取经济增长和福利增加。本文认为最重要的理念和实践中的挑战是政策制定者（市场参与者）需要在监控风险和金融体系改革时将系统作为一个整体考虑。虽然很多政策制定者采纳了这种理念，很多人仍然质疑其实用性。但是这场危机明确表明，即使有着看似完善的金融监管机构、运作良好的金融市场、多元化的风险分担和强大的制度基础设施，系统性风险仍然会在某个时间出现并且未被发现和解决，从而造成巨大破坏。

虽然改革已经在某些领域取得了一些进展，但改革的一般方法仍然是基于一个过时的并且在很大程度上被否定了的监管概念框架上，这一框架没有考虑风险的"系统性"，因而会遗漏一些重要风险。现代金融体系的系统性风险是内生产生的，不能通过单个金融机构的资产负债表表现出来或者由特定市场或资产价格

进行度量，特别是这些指标是静态的或是事后的。现代金融中间过程加入了新的元素，这些元素不适合用传统、基础的方法来制定微观审慎、基于银行或是市场的监管，同时对特定机构或市场进行监督。在这种情形下，系统性的方法显得更为重要。改革的方法需要更加全面——检查机构、市场、参与者、地区和不同类型风险（如市场、信用、流动性和操作）之间的相互作用。此外，改革方法需要充分考虑到一项规定在其他方面的副作用，包括地区内和地区间的。

除了缺乏对系统性风险的关注，还有很多其他因素造成了改革的落后：缺乏具体的分析框架和适当的数据来评估不同法规和法规之间可能的成本和收益，这使得改革进度不清晰；缺乏可行的方法来实行改革。我们已经认识到知识和数据方面的限制始终存在，但我们认为应该更加明确地承认这些限制。结果应当是政策制定采取"贝叶斯"方法，在知识较为充分的地区实行改革，而在其他地区采取试点的方法，通过投入数据、分析等资源找到最适合的改革方案。最终我们应该认识到，制度、政策和一些其他约束都会影响到最终的改革选择以及这些规定在何种程度上实施。尽管如此，金融危机还是有可能发生。因此，同样在地区内和地区间需要加强危机管理（包括解决方法和明确的责任分担）。

我们首先回顾了对近期金融危机最普遍的解释，这些解释大多强调造成以往金融危机的共有因素以及一些新产生的原因。但每种原因的重要程度并不明确。本文还回顾了主要的金融改革，特别突出了那些改革重大的地区。

本文第三部分描述了在预防未来危机时的主要困难，包括三个方面：以系统性角度解决市场失灵和外部性问题；完善各级激励机制（包括市场参与者、监管人和监管机构）；改进数据和分析方法减少未知性。本文认为这些一般性原则不足以确定改革的具体措施，因此最后提出了进一步的建议以便在所有的约束条件下改进金融政策的制定。也就是说，我们不制定具体的措施，只是简单地提供坚持原则的方法。

接下来的部分评估了在以上部分中确立的三个方面的进展：第一，追求全系统角度——采用宏观审慎政策，减少顺周期性，关注影子银行和场外衍生品市场；第二，鼓励审慎银行，解决"大而不倒"的问题，提高监管治理，更好地实现国际金融一体化；第三，利用更多数据进行更好的分析。不幸的是，对近期和历史经验的严格理论分析仍然十分缺乏。同样的，新型监管和要求对于新的金融危机风险影响的证据也十分缺乏。因此，我们认为在设计改革的过程中，政策制定者应该对分析、实际操作和数据的短缺以及剩下的已知或者未知的不确定性有明确的认识。

本部分传递了一个明确的信息：我们无法预防未来所有的金融危机，因此，我们需要把危机管理和解决方案作为改革议程的一部分。最后一部分总结了一般性的经验。

有些人可能会期望能够完全预防金融危机。但就目前的情况来看，这是不可能完成的任务。危机后的改革通常是不完整的。不能全面改革的原因是危机通常仅仅暴露了明显的缺陷，却忽略了那些潜在的深层次的原因。此外，改革是一项长期工程，需要大量时间进行建设、讨论、改进和实行，并且在改革过程中公众会抱怨损失，金融部门会游说以阻碍那些有可能造成他们利润下降的改革措施。这些都造成了改革力度减弱。当眼前的危机消失后，加强危机管理也就不再显得十分迫切。

事实上，尽管存在监管改革，许多风险激励仍然存在。因此，想要改革成功，需要更好地理解人们的思想和行为。此外，还需要了解之前预防危机的措施并未成功的原因。同时，仔细观察不同的风险迹象，聆听不同声音也十分重要。在危机发生前，可能有少数人观察到了危机来临，他们要么没有激励去阻止危机发生，要么无法用他们的想法说服他人。

最近的金融危机使得许多政策制定者和学者相信金融部门需要进行改革，以减小金融危机的频率和强度，造福社会。为了实现这些目标，改革必须考虑如何进行利益分配和风险分担，这需要重新考虑治理策略和激励机制。治理变革将十分复杂，需要考虑股东利益和制定规则的过程。

在危机后几年的这个时刻，金融改革议程也仅仅进行到了一半。正如前文中提到的，一些改革方向正确却不够深入，其他改革要么会造成冲突，要么会带来意想不到的后果。政策制定者将继续面临严重的限制：复杂的治理框架、不利的政治经济结构、有限的知识和对改革政策的严格反对。除了更好地理解参与人激励和政治经济改革，我们如何能够从分析和实证角度取得较大进步？接下来我们能够做的就是考虑监管改革的两个方面：一方面是知识掌握的程度——从"知"到"未知"；另一方面是形成监管的实践能力——从"可执行的"到"不可执行的"，如图 1 所示。当然，这两个方面是不可分离的，因为一项政策是否可执行也依赖于对知识掌握的程度。

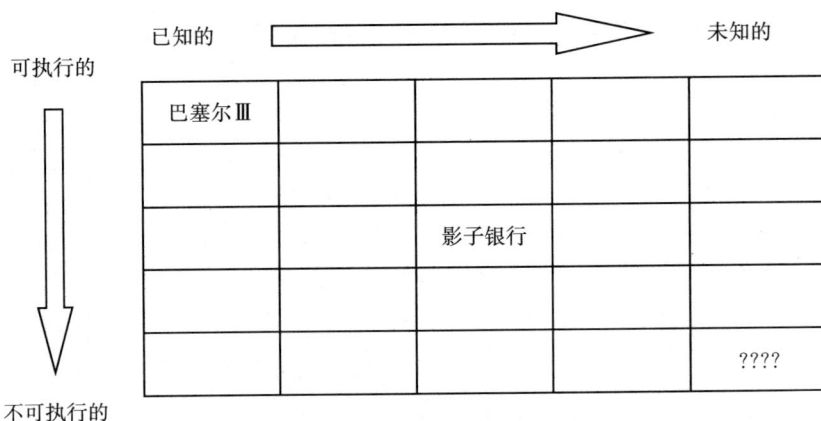

图1 已知的和可执行的

到目前为止，"知"和"可执行的"已经成为焦点，因为它们相对容易。对银行资本的监管是个很好的例子。人们已知更多的资本缓冲有助于减轻资本损失，因而有很多针对银行资本的监管措施。对于这方面的规定比较好定义，也比较好解释和完成。沿着图1矩阵向下的问题可能是影子银行。我们已经知道危机中在这一领域金融机构是如何操作的，并且类似银行的机构是如何产生的，但由于模型和数据有限，仍有一些内容是未知的。基于此的监管政策只能是部分可行，因而影子银行监管的改革进度较慢。

在矩阵的下象限还有很多需要注意的地方：在这一区域对问题的理解以及可执行的政策都十分缺乏。例如，很多人可能对股票市场、外汇市场和 ETF 市场的自动化交易的速度和程度不满意，但我们不知道改进交易执行系统是否弊大于利。

真正的问题就是如何能够获取更多的知识和经验以能够沿着矩阵对角线继续往下走。进一步措施是设计连接系统性风险度量和缓解工具的方法。到目前为止，这是没有将工具变为"系统性"的一个相对简单的方式。如果监管者能直接观测到每一个单独机构或参与人对系统性风险的边际贡献，那么监管者就能设计出成本减少这种边际贡献，从而减少外部性。

尽管这一点十分明确，需要强调的是这一切都需要正确的信息和分析，如果没有这些基本模块，再好的政策也不能够实行和发展。这里激励机制将会再次起到作用。保密协议，从持有数据和信息到保密个体机构的风险信息，这些都会阻碍金融系统的演变和发展。独立、可靠的机构，不论是国内的、地区的还是全球的，都必须有法律和行政上的保证，才能够收集足够的数据，识别可能产生的风险。

最终，总结减少风险需要的三个经验：

（1）尽管危机以来已经取得了进步，政策制定者需要在风险监管控制和管理方面更多地考虑系统性的因素。这一系统性因素不仅包括多形式的分析，同样也是监督整个金融体系的一个过程。系统性分析还要采用宏观审慎工具来解决市场失灵和外部性。

（2）激励问题还没有被充分纳入现有法规当中。只有理解了市场参与者的激励机制并且将监管和激励同时考虑才能更好地解决问题。在这里，给定信息约束，没有充足的数据和分析，调整监管规则的可能性较低。因此，监管机构会采取"不伤害"原则制定政策——当有效性信息缺失就会采取符合基本原则的简单措施。

（3）风险和不确定性依然存在，部分是基于有意识的风险汇报考虑，部分是由于本身存在未知的不确定性，因此需要更多的数据和信息。因此我们需要一个"B计划"——在预防措施失效和风险发生时需要危机管理计划。这一计划需要作为金融体系设计的一个重要组成部分，而不是事后的临时决策。

有了这些基本的组成部分，我们相信会迎来一个比当下更快的发展和进步。

原文链接： http：//www.imf.org/external/pubs/ft/wp/2014/wp1446.pdf
作者单位： 国际货币基金组织（IMF）

24. 银行资本、监管与金融危机

作者：CrisisJoão C.A. Teixeiraa、Francisco J.F. Silva、Ana V. Fernandesb 和 Ana C.G. Alves，陈锦宏编译

导读：本文对资本监管的要求和银行资本结构的关系进行了研究。我们使用了 560 家银行 2004~2010 年的数据，调查了银行的类型、区域、国际金融危机等因素对银行资本结构的影响。研究结果表明，资本监管要求并不是决定银行资本结构的一阶因素。

最近的国际金融危机造成了全球经济衰退，并对非金融企业的投资决定和其资本结构造成了显著的影响。这次金融危机对银行业的影响更加明显，与非金融企业不同，监管对银行的各项经营活动起到了非常重要的作用，金融危机之后，监管机构对银行的监管措施也做出了相应的调整。银行的资本结构必须遵守巴塞尔协议 Ⅰ、Ⅱ 和最近巴塞尔协议 Ⅲ 中的资本要求。因此，对银行资本结构决定因素的研究就显得格外重要。例如，银行的资本结构是否完全由监管要求决定？如果不是，是哪些因素决定了银行的资本结构？影响银行资本结构的因素和影响非金融机构资本结构的因素是否相同？

为了回答以上问题，我们研究了 23 个国家的 560 家银行（379 家美国银行，181 家欧洲银行）2004~2010 年的运营数据。数据涵盖了 2004~2007 年金融危机发生之前和 2007~2010 年金融危机发生之后的两个阶段。研究发现，银行的资本结构不完全由监管决定。事实上，结果显示，影响银行资本结构的因素和影响非金融机构资本结构的因素具有很强的相似性。我们发现，银行的超额权益资本与银行的增长机会、盈利、股息和风险正相关，与规模和抵押品负相关。宏观经济因素，如 GDP 增长、通货膨胀、国家股票市场的波动和利率期限结构，也会对银行的资本结构有一定的影响。

  我们已经确认了区域效应的存在，也就是说，银行总部所在区域会对银行的资本结构产生影响。结果显示，欧洲银行平均而言，拥有更多的超额权益资本①。从图 1 中我们可以看出，2004~2010 年欧洲银行的平均权益比率都高于美国银行，特别是在金融危机发生前后。对于大多数银行的特定变量及这些变量对银行的超额权益资本影响都取决于银行的区域性。除此之外，我们还证明了大部分银行的超额权益资本变量同样受到银行类型的影响。例如，从图 2 中我们可以看出，小型银行的平均权益比率明显高于大型银行的平均权益比率。

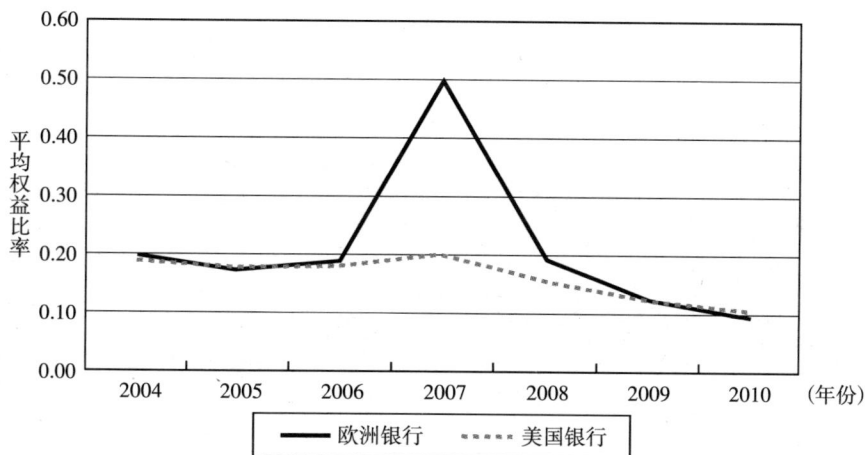

图 1　区域效应

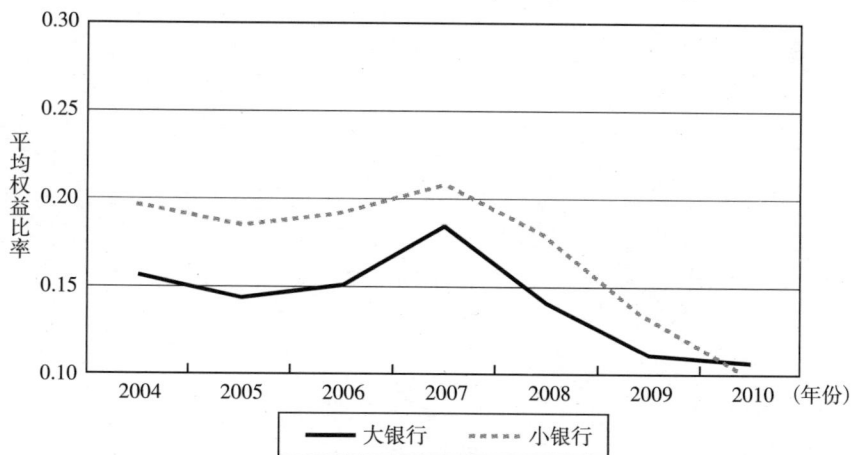

图 2　规模效应

---

  ① 超额权益资本——银行资本结构中，权益资本的比重超过了监管机构所要求的比例。

　　本文提供的研究证据表明，最近的国际金融危机对银行的超额权益资本起到了非常重要的作用。我们发现，在危机期间银行相对拥有更少的权益资本，而且，一些变量对银行权益资本比率的影响能力在金融危机期间也发生了变化。我们测试研究了监管措施对银行超额权益比率的影响，研究表明，虽然监管不是决定银行资本结构的一阶因素，但一些监管措施依然会对超额权益资本造成负面影响。并且监管措施在金融危机期间将起到更显著的效果，对超额权益资本的影响也超过平时，这种影响具有一定的瞬时效应，危机过去之后影响会相对减弱。

　　我们的研究成果可为监管部门和银行管理者提供一些参考。本文确定了影响银行的资本结构的因素，并强调，监管要求不是影响银行资本结构的一阶因素，还有一些其他决定因素需要考虑。我们相信未来可以通过对更多国家（包括发展中国家）银行进行深入研究，从而进一步完善提高本文的研究成果。

原文链接： http：//www.sciencedirect.com/science/article/pii/S1062940814000035
作者单位： 葡萄牙亚速尔群岛大学 （University of the Azores）

25. 金融危机对金融监管的启示

作者：Gerard Caprio Jr.、Vincenzo D'Apice、Giovanni Ferri
和 Giovanni Walter Puopolo，余凯月编译

导读：目前，金融危机引发新一轮对银行的监管，对于新监管市场上有三种态度，有支持、有反对，也有中立。根据本文的研究发现，巴塞尔委员会提出的更高资本覆盖对于传统的银行是不合适的，会造成经济发展放缓。为此，监管者应该根据近年来风险呈现出的新特点，制定更为合适的监管政策。

众所周知，1930 年的经济大萧条使许多传统的宏观监管理论受到了挑战。2008 年金融危机的爆发不仅牵涉整个金融体系，而且还对整个实体经济造成巨大的冲击。这使得以前的监管理论又一次受到质疑。因此，监管当局急需一套宏观原则和微观操作相配套的监管模式。

现在，改革监管当局和金融市场主要参与者有着不同的意见。巴塞尔委员会提出要加强整个金融系统稳定性监管，并认为由此带来的利益要大于成本。而银行则认为这种监管原则会大大加剧金融媒介的成本以及整个金融体系的成本，不利于银行发展。作为一些中立的研究机构则认为，巴塞尔委员会为了创造更有活力的市场而提出的监管政策还有待考证。

在本文中，我们将研究银行的一些标志性指标，如经营模式、资金筹集战略、效率指标、稳定指标以及盈利指标，并从这些指标中分析出金融危机的预警指标。我们将着重研究跨国别、跨银行风险预警指标，最终以研究结果为依据提出审慎监管对策。

在研究跨国别风险预警指标上，我们将运用概率模型，对选取的独立指标赋予相应的权重，最终得出可能出现风险的概率。文章采用的指标有：利息净收益率、资产收益率、股权收益率、存贷比、银行资产与 GDP 比率。除此之外，本

文还选取了金融管制指标、私人监管指标、资本监管指标、进入银行门槛指标、宏观监管指标5个监管指标。

在研究跨银行风险预警指标上，同样建立概率模型，对选取的独立指标赋予权重，得出风险发生的概率。本文采用的指标有资产收益率、股权收益率、成本收入比率、利息净收益率以及存贷比。在这里将不考虑监管指标，因为这些指标只存在于跨国别研究的层面上。通过跨银行风险预警指标的研究，我们检验到跨银行风险预警指标在跨国别风险预警指标中得到体现。除此之外，还检验到跨国别风险预警指标虽然在发展过程中得到不断完善，但是其包容面还是不够充分，对有的指标有所忽视。

通过对1996~2006年以及2008年的数据进行分析，我们最终得出如下结论：

（1）越是传统的银行越没有引发风险的可能性，并且其在金融危机的影响下有较快的自动恢复能力。这里传统的银行是指具有较高的利息净收益的银行。对于这类银行，巴塞尔委员会如果要求其提升资本覆盖率，会加大其运营成本，在这种情况下，这类银行可能有两种选择：一种是会增加贷款的利率；另一种是会减少整体的贷款量，从而减少贷款所需的资产覆盖。这都会造成经济发展的放缓，对实体经济产生不利影响。

（2）在经济危机过后，监管当局所采用的低利率刺激措施，很可能会激励银行去从事更多的非传统业务，这会增加银行的风险暴露。

（3）根据不同年份的数据对比我们发现，在近几年内，银行的风险越来越体现在复杂的非传统业务上，这类业务不容易被监管，监管当局应该针对这些业务采取新的监管措施。

监管者在对银行进行监管时，应该权衡经济发展和金融稳定之间的关系，力图建立符合现代金融发展的宏观监管原则和微观监管操作工具。

原文链接： http://www.dx.doi.org/10.1016/j.jbankfin.2014.03.001

作者单位： 威廉姆斯学院（Williams College）和意大利银行业协会（Italian Banking Association）等

26. 沃尔克法则对欧央行的启示

作者：Douglas J. Elliott 和 Christian Rauch，余凯月编译

导读：在金融危机过后，美国颁布了沃尔克法则，此法则的主要核心内容是禁止银行从事自营性质的投资业务，以及禁止银行拥有、投资或发起对冲基金和私募基金。该法案既得到了一部分人的支持，也遭到一部分人的反对，文章将从5个具体问题分析沃尔克法则的利弊，并从中得到对欧央行的启示。

沃尔克法则的支持者认为，该法则有利于降低系统性风险，因为该法则会限制银行以及其分支机构从事高风险的业务，如自营交易，这会使得银行回归更为保险的传统业务。沃尔克法则的反对者认为，此法案会增加交易成本，造成金融市场上流动性不足等问题，还有一个值得注意的问题是，银行有的信托项目会被误认为是银行的自营项目，这会使得这部分投资者不能获取相应的收益，违背了沃尔克法则保护投资者权益的目的。下面从5个问题分析沃尔克法则。

（1）沃尔克法则的最初目的。

沃尔克法则最初提出是为了使美国避免再一次出现金融危机。从开始讨论，沃尔克认为银行的交易模式是银行不稳定的来源，他认为，由于政府保证和中央银行干预，银行会产生很大的道德风险，所以必须禁止这些高风险的自营投资业务，银行的最主要功能还是要进行存贷资金融通。

（2）沃尔克法则最终颁布的方案。

在危机发生以前，银行通过自营部门或者是通过承销活动获取资金，再利用自身交易优势进行自营投资，投资所获收益或者亏损都由银行自身承担，为了避免银行自营投资投机，沃尔克法案最终列举了一部分业务是绝对禁止的；一部分业务在一定范围内是禁止的；还有一部分业务是豁免的、可以进行的。沃尔克法则会根据银行不同的规模以及特殊业务制定不同的监管方案，但总体原则是所有

银行都必须遵循沃尔克法则。

（3）沃尔克法则的潜在收益。

沃尔克法则有4大主要收益：首先，禁止银行进行自营投资活动会降低银行从事高风险的业务，从而使得整个银行系统更为稳定。其次，禁止银行某些业务会压缩银行的规模，从而降低银行业的系统性风险。再次，禁止银行发起对冲基金可以降低银行在这项业务上的违约概率。最后，沃尔克法则的一个间接收益在于沃尔克法则的适用会增加银行监管的透明度，会降低银行未来的风险。

（4）沃尔克法则的潜在成本。

沃尔克法则的适用同时也存在4大成本：首先，银行将从某些市场活动中撤出，即使这个时刻市场有很大的需求，银行也不能提供，这使得银行将面对极大的损失。其次，银行会因为从事业务范围的减少而不能更好地利用多样化来分散风险，同时也会减少收入的来源。再次，虽然沃尔克法则禁止了银行的某些业务，但是这种方式并没有真正隔绝风险的来源。最后，沃尔克法则并没有直接解决银行的主要风险及信用风险。

（5）银行目前的应对方式。

针对沃尔克法则，美国的银行采取了结束或者售出自营投资业务。摩根钟2010年9月率先宣布结束其自营交易，高盛集团紧随其后也选择了同样的策略。虽然沃尔克法则只是针对美国的银行，但是很多国际银行也采取了相应的行动。欧洲的银行监管委员会采取了类似沃尔克法则的监管方法。例如，禁止一些大型系统重要性金融机构从事自营业务和对冲基金业务，其主要是想通过区分银行证券业务和非证券业务来达到降低风险的目的。

如前文所述，虽然沃尔克法则针对金融危机做出了很大的贡献，但是自营性业务是一种非常模糊的概念，重叠性太强，其执行的弊大于利。希望欧洲的监管者会着重解决怎样降低银行的一般性风险，而不是试图区分自营业务和非自营业务，通过测量风险以及测量银行承受风险的最大值，找出解决方法才是最好的监管方式。

原文链接： http://www.econstor.eu/handle/10419/96515

作者单位： 布鲁金斯学会（Brookings Institution）和法兰克福大学（Goethe University Frankfurt）

1. 银行信贷风险

作者：Di Junye Li 和 Gabriele Zinna，陈锦宏编译

导读：为了分析银行的联合违约行为，我们开发了一个多变量信贷风险模型。通过该模型，我们可以了解银行信贷风险中有多少比例是由于系统性信贷风险造成的。我们分析了美国银行和英国银行的系统性信贷风险的演变过程。在这两个国家，系统性信贷风险随时间推移会发生大幅变化，系统性信贷风险约占银行信贷风险的一半以上，这也导致了高风险溢价的结果。此外，我们还发现英国的主权风险和银行系统性信贷风险密切相关。

本文主要研究在 2008~2013 年，美国银行和英国银行的银行信贷风险。为此，我们开发了一个多变量信贷风险模型，来捕捉银行的联合违约行为。发生系统性事件的概率会随时间推移而变化，而且不同银行暴露在这种系统性风险下的程度也不尽相同。国家的整体经济、政治、社会等环境因素可能导致多家银行同时出现违约，但也有一些特殊事件只会导致某个特定银行出现单独违约行为。所以，我们在研究中将导致信贷违约的风险类型分为两类：系统信贷风险和银行特定风险。我们设计的模型，可以帮助我们弄清银行违约风险中分别有多少是由系统信贷风险和银行特定风险造成的。由于投资者会面临意想不到的系统信贷风险和特定风险强度的变化，所以他们也会要求不同的违约风险溢价。

通过研究分析，得出了以下结论：

第一，美国的银行和英国的银行在系统性信贷风险的演变过程中拥有很多共同点，当然与此同时也存在不少差异。美国和英国银行的系统性信贷风险都受到一系列主要政治和经济事件的影响，但是各自的反应程度并不相同。美国和英国的银行的系统性信贷风险都在 2009 年达到最高点，但是英国银行的系统性信贷风险对雷曼兄弟公司违约行为的反应相对美国的银行更加迅速，而且反应持续时间也更长。除此之外，两国的银行系统性信贷风险同样也受一些金融变量的强烈影响。值得注意的是，企业债券息差和德国 CDS 息差的增长会导致两国银行的系统性信贷风险的大幅上涨。与之相反，股市上涨和中期政府债券收益率上升则会导致系统性信贷风险下降。

第二，我们发现系统性信贷风险平均占全部银行信贷风险的一半左右，但这一比例随时间推移有较大的波动。在英国的银行中，像汇丰银行、渣打银行和巴克莱银行的系统性信贷风险占总信贷风险的比例较高；桑坦德银行、苏格兰皇家银行和劳埃德银行集团的银行特定风险占比要高于系统性信贷风险。在美国银行中，富国银行、摩根大通集团和花旗集团的系统性信贷风险占总信贷风险的比例较高，美国银行、高盛集团和摩根士丹利的系统性信贷风险占总信贷风险的比例相对较低。CDS 息差中的系统性风险部分通过高风险溢价来体现，而后者又主要受股市和政府债券收益率的驱动。例如，当股市下跌或者五年期政府债券的收益率上升时，美国和英国银行的风险溢价也会上升。而且对于许多英国银行，股票市场波动性的增加，会导致风险溢价的同步上涨。由于投资者需要面临一些相关联的银行违约行为，所以投资者也需要获得较高的收益作为补偿。这一发现对政策制定具有重要意义，因为它表明，即使是很小的系统性风险的降低也可以通过降低风险溢价来处理，从而对银行的资金成本产生较大影响。

第三，本文还对主权风险和银行系统信贷风险之间的关系进行了研究。我们发现，英国银行面临的系统性信贷风险和英国的主权风险类似。而美国的银行面临的系统性信贷风险是美国主权风险的三倍。这个结果可以反映出英国的银行业规模相对英国经济规模比重较大，而且英国的银行系统性信贷风险与英国主权风险关联性更强。

原文链接： http：//www.papers.ssrn.com/sol3/papers.cfm？abstract_id=2347961

作者单位： 法国高等经济商业学院（ESSEC Business School）和英格兰银行国际金融部（Bank of England–International Finance Division）

2. 货币政策对央行监管银行作用的影响

作者：**Vasso P. Ioannidou，顾嘉翕编译**

导读：本文分析了美国联邦储备系统联合货币监理署办公室和联邦存款保险公司（Federal Deposit Insurance Corporation）协同监管的机制。这三个机构之间，美联储是唯一一个负责货币政策的机构。因此，美联储的监管行为将会与其他两个机构的行为进行比较。研究结果表明，美联储的货币政策行为确实改变了它对银行业的监管行为：货币政策指标影响了美联储的监管行为，但不影响其他两个机构的行动。

在大多数国家，央行在金融体系的管理中扮演着一个重要的角色。然而，由于中央银行的主要任务是维持价格稳定，那么其他的"可选任务"，如银行业监督是否仍由其担任的问题，一直引发学者和政策制定者之间的争论。例如，政策制定者在英国、日本和北欧几个国家最近撤销了他们的中央银行在银行监管方面的责任，而（经过长时间的辩论）欧洲中央银行也将没有监督的责任。在美国，联邦储备系统只负责部分监督银行业的责任，目前，国会中出现各种提议针对巩固监管职责而设立新的独立的联邦监管机构，从而将其从美国联邦储备理事会（美联储，FED）中分开。

理论上，相关参数已经被开发处理以支持两个函数的结合。这些论点假设了中央银行的监管职责会影响货币政策。然而，到目前为止，几乎没有经验证据表明其存在，因为银行监管数据长期以来大部分仍然属于国家机密。由于数据的限制，大部分的早期研究只提供间接证据。例如，Heller（1991）、Goodhart 和 Schoenmaker（1992）比较了中央银行在有无银行监管职责情况下的通货膨胀率。他们发现，国家中央银行在履行监管职责时比平均情况出现更高的通货膨胀率，这个证据支持了"利益冲突"假说。然而，联合政权下的高通货膨胀率不一定是由中央银行的监管所引发的。此外，使用描述性统计下的国际比较自然会受到不同的国家在其金融体系的结构以及商业周期时间和程度上的差异影响。

我们研究了货币政策的职责是否会影响中央银行在银行监管中所扮演的角色，如果是这样，又是如何影响的？这个问题已经利用美国银行监管和监督的分段结构系统得以解决。具体地说，所有参保的美国商业银行和储蓄银行都会选择以下机构之一作为主要联邦监管主体，即联邦存款保险公司（FDIC）、办公室货币监理署（OCC）或者联邦储备系统（FED）。美联储的主要职责是执行货币政策，其他两个机构已经没有这样的义务。因此，我们将使用联邦存款保险公司和OCC作为对照组，分析美联储的监管行为与其他两个机构的行为的关系。银行监管的分析集中在一个特定的方面，即通过实行正式的监管行动以帮助银行应对金融危机。这是银行监管的一个重要方面，即可以使用公开可用信息和构造一般程序和标准以提供一个公共的比较基础。

为了执行这个比较，我们将创建一个独特而丰富的数据集。正式行动文件中收集的信息与银行级别的财务业绩指标（构造使用报告数据）及全国或地区经济的指标相结合。产生的不平衡面板包括方方面面，即所有在美国投保的商业银行和储蓄银行以及1990年期间所有正式行动。

估计结果表明，美联储的货币政策职责确实改变其银行监管行为。特别是，货币政策的立场被联邦基金利率所影响，其他短期利率也会影响美联储的监管行为，但不影响其他两个机构的行为。由于货币政策重要指标只针对美联储，他们不太可能会对商业周期产生影响。然而，这种可能性将通过灵敏度分析的方法进行正式测试以确定是否"传统"的商业周期的指标（如实际GDP的增长率和国家失业率）的变化是否会以同样的方式影响银行监管。事实证明，这些指标与上述三个主管机构都有关联，而不仅是美联储。此外，另一个显著性检查结果表明，美联储的独特的行为不能归因于货币政策会对其监管责任产生更大的影响；其结果显示保持不变，甚至控制了每个银行的利率风险敞口。

原文链接：http：//www.elsevier.com/locate/jfi

作者单位：蒂尔堡大学商学院（Tilburg University Business School）

3. 中小企业融资与银行系统的稳健性

作者：**Zsolt Darvas**，顾嘉翁编译

导读：欧盟近期出现了中小企业融资困难的问题，欧洲南部信贷总量下降，同时中小企业贷款利率较高。而可能出现的市场失灵、较高的失业率和欧元区整体的风险恶化，使得中小企业融资问题在很大程度上成为欧洲金融领域的重中之重。欧盟先前的一些举措只能够帮助欧洲一小部分的中小企业，而欧盟如今的状况非常严峻，如果在这方面还只是加强原有的这些措施，是不可能有所突破的。欧盟只有通过修复银行资产负债表和恢复经济增长，才能帮助中小企业更好地融资。银行疲弱的资产负债状况会减少贷款，而持续疲软的经济状况会增加信贷风险，从而减少中小企业对信贷的需求和银行以合理价格提供贷款的意愿。本文将探讨如何促进中小企业融资。

中小企业融资问题在欧盟并不十分普遍，但在欧洲的一些地区，特别是南部欧元区国家却显得尤为显著。南部欧元区成员国面临着一些结构性挑战，即信贷总量的下降和更高的贷款息差。形成的原因有很多，如必要的去杠杆化、信用风险较高、中小企业生产效率低、银行的弱势地位以及严重的经济衰退带来的影响。这些原因造成了主权国家和银行间关系的恶性循环。

到目前为止，欧洲关于中小企业融资已经提出了许多方案，但只有一小部分中小企业的融资达标。尽管欧洲采取了一些举措，但中小企业融资的问题，特别是在南部欧元区成员国中仍继续恶化。加强资源的分配肯定是有益的，但是这似乎仍不能帮助中小企业融资实现重大突破。在不修复银行资产负债表和恢复经济增长的情况下，通过有针对性的措施来帮助中小企业获得资金只能取得有限的成效。

目前，有三个具有针对性的方案能改善中小企业的融资条件：①建立更多直

接融资的公共机构，如欧洲投资银行、商业银行贷款或公共担保贷款；②加强中小企业贷款证券化，通过担保或者实施欧洲央行资产购买计划；③控制央行资金长期处于低利率条件下，以扩大贷款净额。这些方案并不相互排斥，而且可以同时应用，但是这些方案的普遍问题是银行可能建立激励机制，为不太可行的中小企业发放信贷，这将导致资本配置的扭曲，就像日本曾经那样。

欧洲投资银行（European Investment Bank，EIB）针对中小企业提供更多贷款，目前看来是合情合理的，特别是在当前银行面临着提供信贷困难的情况下。但欧洲投资银行贷款有一定的局限性，我们认为相比 2014 年批准的 10 亿欧元，现在欧洲投资银行应提供更多的资金。资产证券化可以帮助中小企业贷款与私人投资者将这些贷款从银行的资产负债表中擦除，从而提供更多的贷款。但目前市场正处于非正常的时刻：虽然中小企业贷款证券化在意大利和西班牙已经相当普遍，但几乎没有证券化产品投放在市场投资者身上，其中一大部分被它们的发行银行所保留，用来回购与欧洲央行再融资。最有可能的原因是，该等证券的风险/收益/流动性特征对投资者并不具有吸引力。

公众支持证券（如担保的形式）将导致银行将大部分的风险转嫁给公共部门，而这是不可取的，也会导致公共支持的降低。公众支持证券并不能解决发生在欧洲南部的银行高融资成本的问题。只有在具有令人信服的证据的前提下，欧洲央行采取措施才有利于中小企业，而非像此前通过购买证券从而导致更多的信贷风险。如果这样，会给欧洲南部带来多少好处还不清楚。考虑到银行疲弱的资产负债表和高融资成本以及糟糕的经济形势，中小企业贷款还是有风险的。

美国中小企业贷款证券化实际上并不存在，但自 2009 年底以来，美国中小企业融资已越来越有成效，可能的原因是早期的银行整顿和有效的经济增长政策。只有通过合理的设计方案，进行长期的有针对性的央行贷款，银行才能增加其对中小企业的净借贷，同时可以降低银行的信贷风险，也有利于银行满足巴塞尔协议Ⅲ的净稳定资金比例的要求。

对上述三个支持中小企业获得融资的方式应该进一步探讨，但这并不妨碍承认对促进中小企业获得融资而言，银行整顿和有效的经济增长政策是最好的工具。欧洲央行应促进银行整顿和资产重组。在接管监督职能后，欧洲央行可以通过努力，用各种方法进行资产质量审查来促进银行资本重组。虽然更加扩张性的欧洲央行货币政策本身不会解决经济增长的问题，但可以促进欧洲经济的复苏。

原文链接： http：//www.bruegel.org/publications/publication –detail/publication/
785–banking–system–soundness–is–the–key–to–more–sme–financing/

作者单位： 布达佩斯考文纽斯大学（Corvinus University of Budapest）和匈牙利科学经济研究所（the Institute of Economics of the Hungarian Academy of Science）

4. 银行在银行间市场中的压力

作者：**Puriya Abbassi、Falko Fecht 和 Patrick Weber**，顾嘉翕编译

导读：2008 年 10 月，欧元体系对其流动性可提供的主要再融资操作（MROs）进行分析，并通过以此得出的可变利率来竞标央行储备和用作支付凭证。除了 MRO 供应商，银行在欧元区还常设一个部门，用来从欧元体系的借贷投资人中寻求最后贷款人的援助。由于最后贷款人利率在主要再融资操作（MROs）的规定中通常在关键政策利率的 100 个基点以上，所以对最后贷款人的追索权是反映银行紧急流动性需求的一个很好的指标。

我们使用了一个专门的数据库，它包括了每家银行在欧元体系中的主要再融资操作（MROs），以及其对最后贷款人追索权的出价。我们可以通过一个为期一周的回购得出银行对流动性方面的支付能力；我们可以认为银行的支付能力是衡量银行对最后贷款人追索可能性的指标。我们的研究结果表明银行对流动性方面的支付能力确实反映了该银行在银行间市场的融资条件及其支付能力可以作为银行危机的早期预警指标。

一项关于通过观察中央银行在银行的回购中竞价行为的研究发现了相关银行在银行间市场的摩擦。该文献指出套利因素的存在促使银行为了自身充足的流动性而积极竞价，一旦他们支付更高的价钱，就可以在银行间市场上占优。因此，银行激烈竞价应该可以反映银行间市场上的资金紧张，或者更准确地说，应该是银行面临资金的约束和银行间市场上的预期变动。这表明银行的竞价行为可以作为一个早期预警指标来反映个别银行的流动性危机。

我们通过观察银行每周主要的关于最后贷款人的追索权的再融资操作行为，采用响应倾向模型来研究欧元体系下的银行的竞价行为。最后贷款人允许欧元区银行以惩罚性利率隔夜拆借优质抵押物，类似美联储的贴现窗口。因此，任何追

索最后贷款人机构的行为都可能导致银行在银行间市场面临紧张的局面和流动性短缺。

我们发现，银行由于竞价造成了更大的加权平均利率，不仅有利于银行在竞价中寻求最后贷款人，也有利于衡量下一个主要的再融资操作期间内的借用边际贷款的概率。而在银行间市场不确定性升高的时期或危机时期，一般不会导致这些结果。控制隔夜拆息的变化和每月的时间固定效应不会改变我们的研究结果。

这些发现非常重要，原因有两个：第一，我们认为央行和银行业监管机构可以使用银行的竞价行为作为银行的具体流动性挤压应力指标。第二，我们认为银行为了流动性而进行的竞价行为导致的银行间市场的摩擦是受到机会成本或套利因素的驱动，而不是战略考虑的结果。招标边际中标利率（预期拍卖截止率）是一种内生性的拍卖，可以最大限度地减少在拍卖筹集的成本。这样的话，那么更积极的竞价可以反映较高的预期边际中标利率或更多的不确定预期的边际中标率。然而，我们的研究表明，拍卖会上的积极竞价和银行边际贷款之间有很强的相关性。虽然一个银行的竞价行为可能会受到战略考虑的影响，但是从 MLF 的角度来看，银行已经没有可替代的再融资方案。因此，我们的研究结果表明，投标行为很大程度上是由银行具体的流动性需求所驱动，而不是一味地求胜心或出于出价高低的影响。

我们通过调查欧元体系下每家银行的主要再融资操作（MROs）和最后贷款人得出银行在欧元区市场上寻求再融资和追索权的压力水平的一个指标。首先，我们认为央行和银行业监管机构可以使用银行的竞价行为作为银行的具体流动性挤压应力指标。其次，相关文献分析了银行的流动性拍卖的竞标行为，揭示摩擦在银行间市场的普遍性。然而，我们的研究结果表明积极竞价和欧元体系下银行的最后贷款人融资之间有很强的相关性。此外，银行求助于 MLF 表明银行流动性的挤压，这无疑是非常明确的战略行为。所以，我们认为投标行为很大程度上是由银行具体的流动性需求所驱动。

原文链接： http：//www.bundesbank.de/Redaktion/EN/Downloads/Publications/
Discussion_Paper_1/2013/2013_10_22_dkp_40.pdf？ __blob=publicationFile

作者单位： *德意志银行（Deutsche Bank）和法兰克福金融与管理学院*
（Frankfurt School of Finance and Management）

5. 杠杆率要求对提高银行稳定性的作用

作者：**Ilkka Kiema** 和 **Esa Jokivuolle**，肖洁编译

导读： 巴塞尔协议Ⅲ引入了非风险加权的杠杆率要求（LRR），这是对以资本要求为基础的内部评级（IRB）的重要补充。LRR 纠正了当贷款被错误评估时可能产生的模型风险。我们研究了 LRR 对于放贷策略和银行稳定性的影响。研究表明，LRR 可能会导致采取低风险策略的银行进行高风险贷款来进行多元化投资组合，直到 LRR 不再是资本的严格约束为止。如果 LRR 低于银行的平均 IRB 要求，银行的总资本成本不会增加。然而，由于多元化使得银行投资组合更加类似，整个银行业在每一类贷款中可能会面临更大的模型风险，这可能会损害银行业的稳定性。作为平衡，我们的校准模型选取了高于目前 LRR 的值。

新巴塞尔协议Ⅲ框架引入了杠杆率要求（LRR），它被作为以风险为基础的内部评级法（IRB）的银行最低资本金要求（巴塞尔协议Ⅱ引入）的重要补充。根据目前的 LRR 标准，银行必须储备不低于 3% 的无风险加权总资产，包括资产负债表以外的项目。

巴塞尔银行监管委员会认为，LRR 会帮助建立银行系统的过度杠杆化，对于风险要求的博弈引入额外的防范机制，并帮助解决模型风险。对风险要求的博弈不仅包括有问题的操作，如给贷款过低的内部评级以降低资本要求，还包括合法形式的监管资本套利。LRR 通过提供一个全方位的资本要求降低了这些操纵行为的激励。

本文重点介绍了巴塞尔委员会在巴塞尔协议Ⅲ中引入 LRR 的动机，即在 IRB 资本需求中存在模型风险的可能性。在巴塞尔协议Ⅱ和修订后的巴塞尔协议Ⅲ的框架中，这些要求都是基于 Vasicek（2002）提出的渐进单风险因子模型。如果这一模型是正确的，那么银行能够以 99.9% 的概率成功覆盖意外损

失。为简单起见，我们考虑存在两种贷款类型的竞争性银行业。两种贷款类型为低风险和高风险贷款，其风险由 Vasicek 模型决定。Repullo 和 Suarez（2004）已经使用这样的模型设定来研究巴塞尔协议 II 要求的配置效应和福利效应。

正如 Repullo 和 Suarez（2004）所述，若 IRB 要求是模型中唯一的资本要求，银行有动机专注于低风险贷款和高风险贷款中的一种。这是因为银行有义务利用资本和利息覆盖违约贷款的损失，这两类专业金融机构很有可能一个失败而另一个不会失败。在这种情况下，拥有混合投资组合的银行需要利用高风险贷款来弥补低风险贷款的损失，反之亦然。因此，为了充分利用有限负债，银行更愿意专注于某一种贷款。正如 Repullo 和 Suarez（2004）所描述的那样，我们将专业化的银行市场看作是真实世界中银行业的简单代表。在实际经济中，有些银行的投资组合风险足够大，以至于 LRR 对其无关紧要，而对于其他银行 LRR 则是一个严格约束。我们将 LRR 加入模型设定中，推广了 Repullo 和 Suarez（2004）专业分工的结果，并证明有些银行会持有固定比率的低风险和高风险贷款，而其他银行仅持有低风险或高风险贷款，这取决于模型的均衡状态。

从这些结果中得出的最重要的信息是：对于较低的 LRR，银行可以通过调整内部的贷款来应对，而不会显著影响贷款利率。特别的，对于先前从事低风险贷款的银行，如果加入 LRR 将会提高融资成本，可以通过增加高风险贷款保持盈利。而之前从事高风险贷款的银行可以进行一些低风险贷款，从而使得更多的银行持有低风险贷款，减少仅持有高风险贷款银行的数量。在不考虑模型风险时，这会增加福利和银行稳定性。这样调整低风险贷款和高风险贷款适用于当 LRR 小于或等于银行业所有贷款的平均风险资本要求时。对于较高的 LRR，银行既要调整贷款策略又要进行利率调整，这时银行的资本总额会增加，在这种情况下，我们需要权衡从银行稳定性增加中获得的福利增加和从银行资本成本增加中导致的福利损失。

在讨论模型风险时，假设经济主体（监管机构、银行和贷款客户）根据贷款违约概率的一般估计决定各自行为，将模型风险定义为一般估计是错误的可能性。更具体的来说，假设某些银行贷款的违约概率高于经济主体的估计。我们的模型思路来自 Gennaioli 等（2012），这篇文章中引入了被称为"本地思考"的一些偏误，使得经济主体忽略了一些罕见风险。这种违约概率冲击的例子可以是美国次贷危机和欧洲主权债务危机。

我们发现，由于杠杆率要求既有正面的多元化影响，又有负面的污染效应，因此，其引发的贷款重组是一把"双刃剑"。例如，若被视作"低风险"的贷款实际上风险高于高风险贷款，同时 LRR 不会使得银行增加总资本，那么重组将会导致原来仅持有低风险贷款的银行转而持有高风险贷款。此时，高风险贷款的风险相对较小，但仍然受制于较高的资本要求。因此，一方面，多元化使得原来持有低风险贷款的银行更加稳定；另一方面，贷款重组同时使得持有低风险贷款的银行数目增加。我们的数值模拟结果表明，假如 LRR 设定在使得银行通过贷款调整而无须调整贷款利率的范围内时，福利会增加。在我们的模型中贷款分为两类，如果要 LRR 达到这一水平，它必须等于银行业中所有贷款的平均 IRB 资本要求。

我们研究了巴塞尔协议Ⅲ框架中，在风险资本要求的基础上加入 LRR 对于信贷分配和银行稳定性的影响。我们考虑了一个专业化的银行部门，持有高风险贷款组合的银行代表不会受到 LRR 的直接影响，而持有低风险贷款组合的银行代表 LRR 对其有严格约束。在我们的设定中，银行的专业化源于有限负债。但是当银行由于其他原因进行专业化时（如银行在进行客户筛选时的特殊功能和信息优势），我们分析的基本逻辑仍然有效。

我们发现，如果 LRR 低于银行业平均水平的风险资本要求，那么低风险和高风险贷款利率基本保持不变。这是因为 LRR 只对专注于低风险贷款的银行具有严格约束，因此银行业能适应更多的银行持有低风险和高风险贷款。对高于上述水平的 LRR，低风险贷款利率会显著地增加，高风险贷款利率会下降。由于银行资本的增加，银行倒闭的情况会减少。然而，当存在模型风险时，也就是当贷款的违约概率存在一个不能预计的冲击时，较低的 LRR 甚至会降低银行的稳定性，这违背了监管目的。如果模型风险与低风险贷款相关，那么模型风险较大时会降低银行的稳定性。这是由于对于较高的模型风险，更多银行持有低风险贷款所得到的利益要小于银行的资产出现问题带来的损失。如果未预期到的模型风险涉及高风险贷款的违约概率，那么由于这种污染效应，当前较低的 LRR 始终会增加银行倒闭的情况。

当模型风险涉及低风险贷款时，本文分析的福利含义是可以提高 LRR，直至 LRR 与银行业的平均资本要求相等。在这一点上，银行可以通过调整资产组合来适应较高的 LRR，因而资本的边际成本可以忽略。最重要的优势是银行的稳定性会有所提高。

原文链接：http：//www.ecb.europa.eu/pub/scientific/wps/date/html/index.en.html

作者单位：赫尔辛基大学（University of Helsinki）和芬兰银行（Bank of Finland）

6. 银行资本金与危机期间的银行风险

作者：Aigbe Akhigbe、Jeff Madura 和 Marek Marciniakb，匡可可、刘亮编译

导读：本文研究发现在此次金融危机中，资本金较高的银行的股价下滑幅度更大，另外拥有更多资本的银行的 β 值更高，股价波动也更大，与资本信号假说相符。虽然资本通常被视作一种风险缓冲，在金融危机期间更高的资本水平并不能够弥补资产风险过高的银行的预期损失。那些持有的有价证券更少，对服务费收入依赖程度更小的银行在金融危机中遭受了更大的损失。此外，那些规模更大、在危机前运营和股价表现更差以及对服务费收入依赖程度更小的银行的风险危机期间上升更为显著。

2007~2009 年的金融危机后商业银行的风险评估受到了广泛关注。监管机构加大了监控力度并对一部分银行进行了压力测试。银行管理者在监管机构的督促下对银行风险进行评估，并采取了能够降低风险的策略。银行股东们对银行的监督变得更为密切并对投资状况进行了调整。

虽然银行业的整体股价在金融危机期间一落千丈，但各个银行的股价表现之间还是存在相当大的差异。为什么有些银行受金融危机的影响更大呢？

我们将指出几个能够有效代表银行在金融危机中的脆弱性的可测量特征并对其进行实证检验。如果银行管理者和监管机构能辨别出导致银行股价在金融危机期间受到较大影响的因素，则可以改进监督机制，避免银行陷入财务困境。而能在金融危机期间减少市场价值整体下降带来的负面影响的银行将能够更加轻易地从市场上获取资金。

在危机期间受损的不仅是股价，银行股的波动性也有了显著上升。美国银行日均回报的平均标准偏差在危机前为 15.88%，危机期间上升到了 42.36%。我们还将评估银行体系整体风险水平是否与它们在危机前的特征相关，这样我们就能

识别出那些可以使银行免受金融危机影响的管理策略。

我们最重要的发现是资本金较高的银行在金融危机期间受到的冲击更大，主要原因是在银行资产状况上的高度信息不对称。在基于风险的资本金要求框架下，投资者只能用资本金来对银行资产风险做出判断。危机期间，银行资产的市值普遍缩水，高资本金会释放出负面的资产质量信号。金融危机带来的恐惧会使投资者从自认为资产风险敞口较大的银行撤出资金。危机期间股价的大幅下跌加剧了这种恐惧，因为股价大幅缩水的银行将很难通过发行股票来补充资本。

我们还对一些银行特征与此次危机期间的银行风险之间的关系进行了检验。危机期间资本金更高的银行的非系统性风险更高，β值和非系统风险的上升也更为显著，为资本信号假说提供了实证支持。危机期间对服务费收入依赖度较大的银行的风险相对较低，危机期间风险水平相对危机前风险水平的上升幅度也较小。另外，在危机前运营和股价表现更好的银行在危机期间的风险相对较低，危机期间风险水平相对危机前风险水平的上升幅度也较小。

研究结果在金融危机期间的银行风险方面有一定的原则上的启示。我们的研究结果支持资本信号假说，即投资者会认为资产风险更高的银行才会需要更多的资本。由于资产质量与资本金相关，在经济不景气时银行的资本比率将释放有关其不良贷款损失情况的信号。虽然在经济正常运行的情况下高资本金可以抵消更高的坏账损失，但在金融危机期间却并非如此。这一结果并非否定现有的资本金要求，但却表明了银行资本金本身并不是应对资产风险和金融危机期间市场恐慌的完美手段。此外，当银行的股价大跌时通过发行更多股票来填补坏账损失是不可行的。危机期间最需要补充资本银行往往也是那些融资最困难的银行。虽然提高资本金要求也有一定的道理，但仅凭这一手段并不能避免银行危机的再次发生，令银行管理者的薪酬激励机制与股东的长期利益一致将会更为有效。这样一来，监管者便可以专注于防范银行承担过度风险，而不是忙于用更多的资本金来应对不良贷款损失。

原文链接： http：//www.sciencedirect.com/science/article/pii/S0148619512000392

作者单位： 阿克伦大学（University of Akron）和佛罗里达大西洋大学（Florida Atlantic University）

7. 政府对银行贷款损失准备的监管作用

作者：Ellen Gaston 和 In Won Song，刘亮编译

导读：各国在实施国际财务报告准则（IFRS）时，对银行贷款损失拨备使用两种不同的方法：国际会计准则（IAS 39）和巴塞尔协议标准。本文论述了在贷款损失拨备中所运用的不同的会计和监管方法，以及管理者在面对不同的视角和缺乏来自 IFRS 的指导时所面临的挑战。这表明监管者能在帮助银行实现监管和资本金要求的同时也遵守会计准则。

各国在实施国际财务报告准则（IFRS）时，对银行贷款损失拨备使用两种不同的方法：国际会计准则（IAS 39）和巴塞尔协议标准。自 1988 年第一个巴塞尔资本协议以来，这两个规则一直争论不休，且它们在银行贷款损失准备金方面起到的作用几乎相同。IAS 39 基于已发生的损失模型来确认减值损失根据，它只允许识别客观证据支持的信贷损失。但是这种方法在识别减值损失时被普遍认为"太少且太迟。"所以，IAS 39 在信用风险审查和资本充足率评估方面经常不符合监管要求。

固有的"双重方法"系统是银行会计和监管机构之间的不同观点。会计和审计专业人士负责确保减值损失识别和按照 IFRS 准备财务报表。然而，银行监管者在负责评估信用风险和实施资本充足率时不仅需要决定银行的总体规定是否充分和及时，也需要在必要时尽可能弥补会计和监管要求间的差距。

虽然 IAS 39 在国家为实现 IFRS 时信贷损失识别方面是很重要的，因为其监督角色能评估银行信用风险和实施资本充足率，以及确保足够的和及时的贷款损失拨备，但是会计不应是贷款损失拨备和信贷风险管理时的唯一准则。除了银行，会计专业人士、外部审计师和银行监管机构也有权确定不良资产配置和测量的水平。他们基于整体评估银行的信用风险管理流程和方法来判断供应量是否充

足。至关重要的是，通过确保足够的和及时的贷款损失拨备，监管者需要评估银行的信用风险和执行他们的资本充足率。

尽管 IFRS 9 已经发表，IAS 39 将继续发挥其指导作用，直到 IFRS 9 在 2018 年生效，其中监管者在 IAS 39 下遇到的有关准备金问题可以继续在 IFRS 9 下发挥作用。在金融稳定委员会（FSB）的要求下，20 国集团、BCBS 和国际会计准则委员会进行了一个非常重要的项目来取代已发生损失会计模型与基于预期损失模型为基础的信贷损失识别。尽管 IAS 39 被批评在识别减值损失的反应"太少且太迟"，IFRS 9 将更好地通过调节监督和会计需求的关系来更加及时和迅速地识别信贷损失。然而，新模型是否能够达到预期仍有待观察。由于新模式的进展缓慢，IAS 39 还将比预期存在更长的时间，并将在未来几年继续被应用，直到 IFRS 9 在 2018 年最终取代 IAS 39。这意味着监管者在 IAS 39 下实施贷款损失拨备中的重要作用，正如本文所讨论的。此外，一些供应量方面的问题和挑战目前仍将可能在 IFRS 9 下存在。

此外，监管者在审慎监管和会计准则时拥有权力、意愿和行动能力以及专业技术是至关重要的。监管者应该在帮助银行理解这两种方法在不同的情况下的概念和实际之间的差异方面发挥积极作用，并帮助其解决具体问题。此外，监管者尤其需要考虑到不精确的贷款损失准备金评估的性质。从最近的国际货币基金组织的金融部门评估项目（参加）的审查证据表明，银行监管者采取了各种各样的管理方法，确保充足的准备金。

原文链接：http：//www.imf.org/external/pubs/ft/wp/2014/wp14170.pdf
作者单位：国际货币基金组织（IMF）

8. 银行资本要求：调整通道

作者：Benjamin H. Cohen 和 Michela Scatigna，刘亮编译

导读： 本次金融危机爆发后，各国银行资本充足率稳步上升。本文以来自发达和新兴经济体的 94 家大银行为样本的研究对象，发现留存收益占风险加权资本比率的较大份额，但在降低风险权重方面所起的作用相对较小。

一般而言，银行继续扩大其贷款，但贷款增长在欧洲银行中相对较慢。较低的派息和（对于发达经济体银行）更广泛的贷款息差，造成了银行对用留存收益来构建资本的能力。那些能够走出危机的银行具有较高的资本充足率和更强的盈利能力得以进行更多的贷款。

自本次全球金融危机以来，私营和公共金融部门压力陡增，它们都希望构建更大的高品质的资本缓冲以减少它们的投资组合的风险。我们考察了许多模式，关于自危机爆发以来有关银行如何获得更高的风险加权资本比率。一个关键的发现是，大部分的调整是通过留存收益的积累，而不是通过借贷或资产增长急剧调整。发达经济体的银行自 2009~2012 年增加了 8% 的资产，而新兴经济体银行提高了 47% 的资产。然而，欧洲银行比其他地区的银行较缓慢增加它们的贷款。在发达经济体中，尽管是次要的，但相对于总资产的风险加权资产的减少也起到了一定作用。很多趋利性的银行进行了更快的资产扩张和放贷。一些证据表明，那些从危机中走出来的银行具有相对较低的资本水平，它们更倾向于追求资产缓慢增长的调整策略。

我们研究了银行许多不同的策略，使得银行可以增加它们的资本充足率。此外，我们还研究了这些策略的不同宏观经济效应。其中关于一些潜在的宏观经济影响都以何种方式发生，我们在这方面搜集了广泛的证据，密切地关注了所采取的 94 家全球性银行样本的调整路径。其中，资本比率的变化被分解成反映在资

本变化和资产中的因素，然后所有这些细节会被进一步研究。

巴塞尔协议Ⅲ的调整过程还没有完成，但是，大多数银行已通过留存收益的积累实现大部分的调整更新。发达经济体的银行降低股利支付作为这个过程的一部分。新兴经济体的银行都享有很高的盈利及资产增长，但在使用它们的高收益项目来增加自己的资本比率时还存在问题。发达经济体的银行受益于更广泛的小幅净息差。但营业费用的减少似乎并没有起到多大作用。在严格的资本标准下，银行似乎并没有急剧缩减资产或增加贷款。然而，银行在危机后的几年过程中开始具有较强的盈利能力或较高的资本充足率增长。

目前，欧洲银行的部分贷款增长有明显的不足，虽然欧洲的银行正在以现金和证券的形式积累其他资产。一些银行，尤其是在欧洲，已经削减了它们的交易组合。我们尚需进一步的研究来了解这些不同的调整策略之间的相互作用，并追踪其宏观经济效应。重中之重的是，我们需要更密切地关注调控的相对作用，宏观经济因素、主权风险以及已经由欧洲银行的资产负债表调整过的遗留资产的处置。

原文链接： http：//www.bis.org/publ/work443.htm
作者单位： 国际清算银行（BIS)

9. 对银行资本监管的重新考虑：关于规则、监管机构和市场纪律的新制度

作者：Connel Fullenkamp 和 Céline Rochon，顾嘉翕编译

导读：银行资本标准尽管已经经过多次修改，但其基本缺点依然存在，资本要求的规则需要更加简单明了，其更应该作为资本要求框架的一个重要组成部分。我们提出一个新的资本监管制度用来替代现有的银行监管的三大支柱，新的监管制度认为普通股应被纳入资本监管，而风险加权资产应该被废弃。根据本文提出的监管方法（s，S），资本要求应该被分配到机构基础上，并按照即期标准，将纠正措施纳入（s，S）方法中。

全球金融危机和随后的经济衰退显示出严重的银行监管问题。一些最关键的发现包括以下的问题：第一，出于各种原因，银行证明遵守巴塞尔资本标准，还并未积累过多的实际或有效的杠杆率。例如，一些机构从事大规模监管资本套利，而另一些人则利用场外衍生品掩盖或扭曲他们真正的影响力。第二，金融危机风险被认为实际上对许多机构造成严重的损失。例如，在此次危机中，流动性风险是金融传染的主要动力之一。第三，不同来源和类型的风险具有的相关性意味着估计损失分布相对于实际经验过于乐观。第四，银行监管框架应该做到既能避免"大而不倒"的机构（针对 TBTF）的出现，也要为他们解决财务困境提供足够的指导。

由于危机的规模巨大，监管反应也是巨大的。数千的银行新规定自金融危机后开始出现。在国际层面上，过去的几年里，巴塞尔资本标准经过了大量的修改和添加，现在被统称为巴塞尔协议 2.5 和巴塞尔协议 III。新规定也继续出现在国家层面。《多德·弗兰克法案》在现有的美国银行业监管体系上增加了几千页的新的银行监管要求。例如，英国维克斯的报告中建议在欧盟实行新规定。利卡宁的

报告中也指出在不久的将来可能产生具体的规定，其旨在改变银行业务结构。这些新规定普遍增强了，而不仅仅取代现有的银行监管。此外，这些努力一般都集中在修改原则性要求，即银行必须遵循的规则上。另外，还新增了原则2和原则3，分别负责监督和市场纪律。但原则1在数量和意义上的改变显示了巴塞尔协议的修改还是主要集中在银行层面。

如果能有效解决以往出现的问题，对监管协议的修改所做的努力将是非常值得的。但关于这个新规则对银行资本监管方式的影响是否有效还需时间证明。此外，新规则通常是政治上应对危机的权宜之计，这样社会在没有充分考虑替代方法的情况下更倾向于新规定草案。我们相信继续对银行资本监管如何应对危机进行广泛的讨论是有好处的，无论未来监管会走向什么方向，本文旨在鼓励继续探讨监管的可实施性方法。

在本文中，我们对当前银行资本监管的方向提出相关问题，并针对这些问题提出一种解决框架。特别是，我们认为，对银行和银行家推动实施更多的规则的效果低于对银行监管者施加更多的责任。换句话说，关于对未来银行资本规定方面，我们建议注重巴塞尔协议Ⅲ的原则2而不是原则1。此外，我们制定了以原则2为核心的监管框架。然而，我们认为，这种方法在没有重大修订原则3（市场纪律）的情况下不能成功，即无法通过目标市场直接审查银行监管机构以及银行和银行家。我们相信，我们的框架将更好地解决金融危机的根本原因，此外，在当前的银行资本监管方法的基础上我们将有更好的机会实现所追求的目标。

原文链接： http：//www.imf.org/external/pubs/ft/wp/2014/wp14169.pdf

作者单位： 国际货币基金组织（IMF）

10. 银行监管和国际金融市场稳定

作者：Gordon J. Alexander、Alexandre M. Baptista 和 Shu Yan，陈锦宏编译

导读： 为了促进国际金融稳定，巴塞尔银行监管委员会（2006）提出了一个框架，通过设定最低资本要求来控制世界各地大型银行交易账户中存在的尾部风险（Tail Risk）。但依然有很多银行在最近发生的金融危机中遭受了严重的损失[①]。研究发现，通过该框架所设定的最低资本要求有着显著的顺周期性[②]，这使得银行在可以提高风险的同时不必担心会遭到资本处罚。作者认为巴塞尔框架的设计不当，无法有效地促进金融市场稳定。

巴塞尔框架要求大型银行使用风险值（Value-at-Risk，VaR）来衡量交易账户（Trading Books）中的尾部风险，从而决定相对应的最低资本要求。与此同时，银行还需要进行压力测试（Stress Testing，ST）作为风险值的补充。最终，通过风险值（VaR）和压力测试（ST）的结果来设定各个银行的风险额度。

那么究竟巴塞尔框架是否会允许银行的交易账户存在极大的尾部风险而不必担心会面临资本处罚呢？为了回答这一问题，我们对该框架衡量风险的三组限制（Constraints）在控制银行交易账户尾部风险时的有效性进行了测试。三组限制分别是风险值（VaR）、压力测试（ST）和风险值以及压力测试的组合（VaR & ST）。测试结果显示，第三组限制在控制风险上要相对好于前两组，但根据巴塞尔框架，这三组限制在选择投资组合时都会允许大量的尾部风险存在。除此之外，我们发现该框架所设定的最低资本要求有着显著的顺周期性，金融危机时期

[①] 苏格兰皇家银行（RBS）和瑞士银行（UBS），在 2008 年分别报出了 85 亿英镑和 258 亿瑞士法郎的交易损失。

[②] 顺周期性：金融危机时期的最低资本要求明显高于平时。

的最低资本要求明显高于平时。由于这些原因，我们对巴塞尔框架的有效性提出了质疑，认为该框架无法通过相对应的最低资本要求有效控制交易账户的尾部风险，从而促进金融稳定。

我们建议通过另外三种不同的方法来确定银行的最低资本要求：第一，监管机构可以通过条件风险值（CVaR）来决定最低资本要求。在我们的模型中，通过正确使用 CVaR 来设定最低资本要求的监管框架，可以完全避免银行冒这个风险。第二，监管机构可以根据多个置信水平（Confidence level）的风险值（VaR）来决定最低资本要求。第三，使用更高的置信水平（如使用 99.5% 代替该框架所使用的 99% 的置信水平）。与此同时，因为使用巴塞尔框架，所以也同样需要考虑压力测试（ST）的结果。通过以上三种方法得出的最低资本要求的顺周期性，要弱于按原先的巴塞尔框架得出的最低资本要求的顺周期性（通过 VaR，99% 置信水平得出）。

由于意识到巴塞尔框架存在的不足，监管方也已经提出了几项改革意见。首先，多德—弗兰克华尔街改革和消费者保护法案（2010）对美国银行的交易账户的组成进行限制。其次，巴塞尔银行监管委员会（2011）提供了一个使用风险值及受压风险值来决定交易账户最低资本要求的新监管框架。巴塞尔银行监管委员会（2012A）提议使用受压条件风险值（Stressed CVaR）而不是风险值及受压风险值来确定最低资本要求。

由于本文研究的数据范围截止到最近的金融危机，所以这几项改革的有效性还需要进行进一步的检验才能确定。

原文链接： http://www.sciencedirect.com/science/article/pii/S0261560614000035

作者单位： 明尼苏达大学（University of Minnesota）、乔治·华盛顿大学（The George Washington University）和南卡罗来纳大学（University of South Carolina）

11. 银行监管促进国际金融稳定的有效性

作者：Gordon J. Alexander、Alexandre M. Baptista 和 Shu Yan，陈锦宏编译

导读： 2006 年，为了促进国际金融系统的稳定，巴塞尔银行监管委员会提出了一个监管框架。通过对世界各地的大银行设定最低资本要求，来控制这些银行交易账户中存在的尾部风险。然而，在最近的金融危机期间，依然有许多银行遭受了严重的损失。由此我们对该框架的有效性表示质疑，本文探讨了是否会因为巴塞尔框架没有针对性的惩罚措施而导致银行提高交易账户中的风险。研究发现，通过该框架所设定的最低资本要求有着显著的顺周期性。因此，我们认为这种着眼于设定最低资本要求来控制交易账户尾部风险的监管框架无法有效地促进金融市场稳定。

根据巴塞尔框架的要求，大型银行使用风险值（VaR）来衡量交易账户中的尾部风险，然后通过风险值（VaR）决定银行的最低资本要求。与此同时，银行还需要进行压力测试，将压力测试结果作为风险值的补充。最终，通过风险值（VaR）和压力测试（ST）的结果作为参考依据，从而设定各个银行的风险额度。

那么巴塞尔框架是否会允许银行的交易账户存在极大的尾部风险而不必担心会遭到资本处罚呢？为了回答这个问题，我们测试了（2006）巴塞尔框架衡量风险的三组限制（Constraints）在控制银行交易账户尾部风险时的有效性。这三组限制分别是风险值（VaR）、压力测试（ST）和风险值与压力测试的组合（VaR和ST）。测试结果显示，第三组限制（VaR和ST）在控制风险上要相对好于前两组，然而测试结果发现根据巴塞尔框架，无论选择上述的哪组限制，在选择投资组合时都依然会允许大量的尾部风险存在。此外，我们还发现，根据巴塞尔框架（2006）所设定的银行的最低资本要求有着明显的顺周期性，也就是说，在金融危机发生的期间，银行对最低资本的要求要明显高于平时。由于多方面的原因，我们对巴塞尔框架的有效性提出了质疑，认为通过该框架无法借助与之相对应的最低银行资本要求来有效控制交易账户中存在的尾部风险，从而实现促进金融稳定的初衷。

经过测试分析后，我们建议通过其他三种不同的方法帮助每家银行设定最低资本要求。方法一，金融稳定的监管机构可以通过（CVaR）来决定最低资本要求。在我们的模型中，通过正确使用 CVaR 来设定最低资本要求的监管框架，可以完全有效避免银行冒这个风险。方法二，监管机构可以根据多个置信水平（Confidence Level）的风险值（VaR）来决定最低资本要求。方法三，我们可以使用更高的置信水平来降低顺周期性，（例如使用 99.5%代替该框架中所使用的99%的置信水平）。除此之外，因为使用巴塞尔框架，所以也同样需要参考压力测试（ST）的结果。研究结果显示，通过以上三种方法得出的最低资本要求的顺周期性，都要弱于原先按巴塞尔框架得出的最低资本要求的顺周期性（通过VaR，99%置信水平得出）。

金融监管机构已经意识到了该巴塞尔框架中的不足之处，同时也已经提出了几项改革意见。首先，出台了《多德·弗兰克华尔街改革法案》和《消费者保护法案》对美国银行的交易账户的组成进行限制。其次，巴塞尔银行监管委员会（2011）提供了一个使用风险值及受压风险值来决定交易账户最低资本要求的新监管框架。巴塞尔银行监管委员会（2012A）建议使用受压条件风险值（Stressed CVaR）替代风险值及受压风险值，来确定对银行最低资本要求。

因为本文研究的数据范围截止到最近的金融危机，所以这几项改革的有效性还需要未来进行进一步的检验才能确定。

原文链接：http：//www.sciencedirect.com/science/article/pii/S0261560614000035

作者单位：明尼苏达大学（University of Minnesota，Twin Cities）、乔治华·盛顿大学（The George Washington University）和南卡罗来纳大学（University of South Carolina）

12. 中国银行系统能否在不牺牲贷款质量的情况下保持增长?

作者：Jean-Pierre Fenech、Ying Kai Yap 和 Salwa Shafik，刘亮编译

导读： 在经历了 20 世纪 90 年代末亚洲金融危机后，中国银行业经历了一段显著增长时期。其间，国有商业银行发挥了重要作用，吸引了大量国外投资者积极投身于这种持续的经济发展。我们测算了银行在全球金融危机前后的违约距离，发现银行整体并没有面临显著的压力水平，违约距离和信贷增长之间的关系是积极的。我们也发现，在后全球金融危机时期，虽然外资银行已经减少了它们的贷款，但还是不可避免地陷入财务困境。中国的银行体系和其贷款质量直接关系到房地产的价值和政府支持的基础设施项目。显然，中国银行业的稳健发展一定程度上取决于这些项目能否产生足够的现金流来偿还银行贷款。

中国银行业已经从 10 年前的危机中恢复过来了。其中，在 2009 年，净利润上升至 6684 亿元，比 2008 年增加了 30.6%。目前，中国是全球主要的经济强国之一，并在 2010 年底超过日本成为全球第二大经济体。其中，五大国有商业银行（中国银行、工商银行、建设银行、农业银行和交通银行）的净利润增长了29%，中小型股份制银行增长了 30%。目前，有 18 家中国银行列于世界 500 强银行的名单上，五大行中有三家银行在资本和盈利能力方面位于世界顶尖行列。然而，强劲的经济增长对中国银行财务稳健性的影响尚不明确。因此，我们的研究目的是通过实证调查来证明这样的信贷增长是否是以银行稳健性为基础而实现的。

多年来，中国通过改革试图推出独特的银行系统，2001 年加入世界贸易组织后引发了银行体系的重大改革，包括设立一个独立的银行监管机构，即中国银行业监督管理委员会（银监会）。从计划经济逐步转型为一个更加开放的市场型

经济，中国银行业已经具备了自己的特性。Loechel 和 Packham（2010）强调了许多中国银行业应该继续解决的问题。最主要的问题是国家对银行绝对控股的运作模式导致银行明显失去其主导地位。国有商业银行的贷款政策和相关做法极有可能成为国家整体社会政策的延伸。这种现象可能会潜在地创造国内银行和外资银行之间在中国经营不平等的竞争环境。

我们研究的另一项动机是本地银行之间日益增多的外商直接投资。Hericourt 和 Poncet（2009）认为外商直接投资可以帮助国内私人公司在面临财政和法律上的障碍时绕过它们。虽然中国监管部门会反对这种说法，但是外商直接投资对整个银行体系的影响仍然是一个正在研究中的领域。考虑到全球金融危机（GFC）以及 2008 年宣布的金融刺激方案，银行稳健性和信贷增长之间的相关性仍然未经检验。

有关中国银行体系的利率计算制度规范是我们另一个研究动机。不像西方经济体，其存款和贷款利率之间的息差是由市场决定的，在中国其是由中国人民银行（央行）监管的。自 2002 年以来，央行提高了存款和贷款利率。不过，目前尚不清楚通胀的问题是如何影响利差的。因此，名义利率可能会导致储户的负实际利率。2008 年 2 月，人民银行固定存款的最高利率为 0.72%。而以消费物价指数计算的通货膨胀率在 2007 年为 4.8%，2008 年为 8%，因此活期存款的实际利率从 1.52% 下降到 -4.08%，然后到 -7.28%。

此外，相对于其他国家，中国的低劳动力成本是另一个继续进行这项研究的动机。而随着通胀渗透中国经济，员工要求增加工资，导致其原有优势中长期内不太显著。劳动力成本上升的影响可能潜在地发展成为一个主要的障碍，影响银行的进一步改革以及中国经济的快速发展。

原文链接：http：//www.sciencedirect.com/science/article/pii/S1042443114000353
作者单位：莫纳什大学（Monash University）

13. 中国银行体系改革对上市公司投资和现金流敏感性的影响

作者：Ying-Ju Tsai、Yi-Pei Chen、Chi-Ling Lin 和 Jung-Hua Hung，刘亮编译

导读： 本文研究了中国银行体系改革对上市公司投资行为的影响。我们发现，国有控股上市公司以政治为导向的投资问题大多是由于外资在中国银行业的参与管理。文章充分利用各方面信息来进行分析，以保证研究结果的稳健性。中国银行体系迫切需要改革，尤其是在提高资源配置效率、缓解国有控股上市公司的投资扭曲、降低非国有控股上市公司融资难度等方面。

2001 年，中国加入世界贸易组织（WTO），推进了经济金融的一些重大转变，也逐步开放了外资银行经营。中国在加入世界贸易组织时承诺的开放措施包括处置不良贷款、引进国外战略投资者、放宽信贷和利率控制以及私有化和国有银行公开上市。政府逐步允许外国投资者持有少量国有银行股份，并逐步放松投资或持股上限，以期望外国投资者给中国国内银行提供更多的资金、管理经验、业务操作和专业知识。此外，在金融法规进行修订和监管制度得到完善之后，推动国有银行上市也可以改善银行业公司治理和增加透明度。

本文探讨了外资银行进入中国后给中国内资银行带来的影响，并探讨了中国加入世贸组织后给其金融体系带来了哪些变化。外资银行进入中国后，增加了中国银行业的信贷总额，这有助于减轻对上市公司的财务约束。通过参股国有银行，从而改善了国有银行的公司治理结构并缓解了资金紧张的局面。外资银行的进入，形成"鲶鱼效应"，促使内资银行提高工作效率，形成更加以客户为中心的新的金融服务模式。

外资银行参与国内银行的管理有助于缓解一些可能引致腐败的或具有政治导向的投资。Jia（2009）认为，外资银行的进入可以提高中国国有银行的激励机

制，使得它们的借贷行为表现得比较谨慎，从而一定程度上缓解国有银行的委托代理问题。

本文实证研究了银行体系改革后上市公司投资和现金流量之间的关系。数据来源于2001~2010年中国上市公司的抽样调查。其他学者对国有控股上市公司和非国有控股上市公司（包括政府政治和政策性贷款）之间不同所有制的特点进行了研究，而我们的研究集中于银行体系改革对企业投资行为的影响。银行体系改革为我们提供了一个"天然实验"，通过该"实验"，我们可以探索中国政府在金融资源分配方面是否拥有足够的监管力度。

主要结论如下：第一，在银行系统的改革上，中国上市公司遵守一个平坦的投资—现金流"U"型曲线。第二，国有控股上市公司具有政治导向的投资问题可以通过国有银行的外资参与管理而得到一定程度的缓解。对于非国有控股的上市公司出现的具有良好的投资机会但缺乏投资资金等问题，可以通过外资银行的资金注入进而增加银行贷款和补充监测的方式使问题得到缓解。

我们还研究了银行改革之后，上市公司投资和债务之间的关系。因为银行贷款是中国企业外部融资的一个重要来源。我们的研究结论表明在确定企业的投资决策时，现金流和杠杆率发挥了重要作用。

原文链接： http://www.dx.doi.org/10.1016/j.jbankfin.2014.04.022

作者单位： 中国台湾"国立中央"大学工商管理系和中原大学财务系

14. 杠杆率的顺周期性对美国银行业的影响

作者：Elena Beccalli、Andrea Boitaniy 和 Sonia Di Giuliantonioz，余凯月编译

导读：本文研究了杠杆率的顺周期性对美国银行业的影响。通过对 2001~2010 年的数据观察，我们发现，银行的资产证券化受到杠杆的顺周期影响。除此之外，我们还发现，商业银行参加证券化也有一个顺周期的趋势。为此，本文支持巴塞尔协议Ⅲ提出的宏观审慎监管应该包括杠杆约束。

2007 年金融危机的爆发，使人们认识到金融界高杠杆式金融风险的主要来源，许多金融专家指出杠杆的顺周期性，即杠杆增加，总资产增加，作为一种商业周期上扬或者下滑的放大机制，同时增加了金融风险。在本文中，我们将更关注资产证券化的杠杆作用，大量使用证券化深深改变了银行的业务。具体而言，证券化使得银行从传统的发起举办方式转移到发起分销模式。为此，证券化改变了商业银行对于杠杆的态度。此外，表外资产证券化作为融资套利的来源，看似未增加账面上的杠杆，事实上大大提高了真实的杠杆率。

在本文中，我们选取 73 家美国银行在 2001~2010 年的数据，利用面板回归方程，检验杠杆的顺周期性对美国控股银行的影响。通过研究我们发现如下几点：

（1）杠杆率对于不同银行的影响程度不同，这取决于它们的业务性质以及资产证券化程度。证券化程度越高的银行，杠杆率越高，投资银行的杠杆率高于一般的商业银行。

（2）杠杆的顺周期性不完全从资产负债表中体现，因为美国的会计准则允许资产负债表项目的低估。

（3）顺周期的杠杆程度比原有的杠杆率要高，金融危机以前，商业银行以及投资银行有很大的动力去追逐高杠杆率，这些银行利用表外资产证券化的方式去增加顺周期杠杆率。

（4）对于表外资产，投资银行以及商业银行更乐意追寻更高的杠杆率，而不是按照固定的杠杆目标政策。

（5）证券化推动杠杆率的顺周期性。危机前，证券化活动的商业模式很好地解释了顺周期性；危机期间，可能是由于证券化的自发减少从而降低了杠杆率。

原文链接： http：//www.dx.doi.org/10.1016/j.jfi.2014.04.005

作者单位： 米兰圣心天主教大学（Università Cattolica del Sacro Cuore）和塞斯托—圣乔凡尼商会（Sesto San Giovanni）

15. 论信用渠道的重要性：美国银行 危机的实证研究

作者：Chunping Liu 和 Patrick Minford，肖洁编译

导读：本文研究了能否通过在标准的新凯恩斯模型中加入信用渠道，从而能否更好地解释美国宏观经济数据，包括银行业危机。我们使用间接推理的方法从统计上评估模型模拟结果与现实数据的差距。结果发现，加入信用的模型明显优于标准模型。在危机中，信用冲击是造成产出差距变动的主要原因。

2007 年爆发的银行业危机和随之而来的 2009 年大萧条使得很多经济学家和政策制定者开始怀疑标准新凯恩斯经济模型的有效性，因为这一模型无法解释这次的金融危机，同时由于模型中不包含银行部门，因而也无法解释银行业的行为。当然，标准新凯恩斯模型成功地解释了近年来美国的经济周期行为，包括经济危机（Liu 和 Minford，2012）。此外，如果在模型中加入产出趋势的变化，那么这个模型能够较好地解释危机以来的经济行为，包括产出趋势变动的永久影响（Lee、Meenagh 和 Minford，2012）。但是银行业冲击是造成最近一次金融危机的主要因素，因此模型中缺少银行部门是一个巨大缺陷。因此，基于最近 De Fiore 和 Tristani（2012）的工作，本文研究在模型中加入银行部门能够在多大程度上改进模型对美国数据的拟合程度，并且这一扩展模型能否解释近期美国经济的表现。近期的很多研究使用了 DSGE 大型加总模型并加入银行部门解释经济危机（Christiano、Motto 和 Rostagno，2010；Gilchrist 等，2009；Jermann 和 Quadrini，2012；Lee、Meenagh 和 Minford，2012）。本文使用了 DSGE 的小型加总模型。

我们预计加入了银行部门的模型能够在很大程度上改进原有模型，并且能够解释银行业大萧条。这一结果同样适用于解释经济周期。若要描述整个经济周期的影响，则需要加入产出趋势的变动，本文没有处理这一方面的问题。

在本文余下内容中，第二部分列出标准模型并进行扩展；第三部分解释了基于间接推理的检验过程，这里我们利用模型对现实数据的模拟程度来评判模型好坏；第四部分计算传统版本的模型；第五部分重新对模型进行估计以更好地拟合数据并且对新版模型进行检验；第六部分解释危机时期的模型结果并与其他基于危机的研究进行比较；第七部分总结。

本文比较了标准新凯恩斯模型和加入了信用渠道的扩展模型对美国经济表现的解释能力。样本时间段是从 1980~2010 年，包括了最近的金融危机。发现这两个模型都能够较好地解释美国经济的变化，但是加入了信用渠道的扩展模型能够更好地拟合数据。我们在使用扩展模型解释经济危机时，发现金融冲击是造成银行业危机的主要因素。无论使用简化型还是结构型冲击，金融冲击都能够解释大约 2/3 的产出差距变化。这一结论与其他研究经济危机中经济波动的结果相一致。这些研究分析了产出趋势的变动和其他的一些变量，这些变量被认为是造成危机中产出变化的主要因素。

当然，本文中的金融冲击是外生的，因此还需要进一步研究造成这些冲击的因素。尽管如此，金融冲击会造成经济危机的事实不足为奇，并且没有什么方法能够抑制这些冲击。本文为危机中冲击的影响建立起了量化方法。

原文链接： http：//www.business.cardiff.ac.uk/sites/default/files/E2012_22.pdf

作者单位： 诺丁汉商学院（Nottingham University Business School）和加的夫商学院（Cardiff University）

16. 美国、欧洲与中国的银行与非银行信贷

作者：Nicolas Véron，匡可可编译

导读：银行和非银行金融中介在金融体系中扮演的角色以及两者间的相互影响是近年来最受关注的问题之一。在过去几年中，美国、欧洲和中国的银行和非银行信贷平衡发生了截然不同的改变。

在美国，非银行融资渠道在减轻银行业重组和去杠杆化造成的负面影响上发挥了重要作用，使美国免于陷入持续的信贷紧缩。金融危机后，经纪人/做市商已经在美国金融体系中消失，约 500 家银行破产，银行业经历了深度重组和去杠杆化，但数据显示危机后美国银行信贷的收缩在很大程度上被活跃的债券市场和其他非银行中介所弥补。危机后严格的银行监管和即将实施的巴塞尔协议Ⅲ改革令非银行金融机构（包括大型资产管理公司）在美国金融体系中的位置变得愈加重要。

欧洲的情况正好相反。银行系统的重组和去杠杆化进程还远远没有完成，而且，与美国的情况不同，欧元区银行借贷的缺口并没有被债券发行所弥补，甚至在债券市场更为发达的英国也是如此。欧元区主权债务和银行业务之间的恶性循环造成了市场分割现象，导致欧元区各国的中小企业面临着两极化的借贷条件。欧洲的中小企业不能直接从债券市场上融资，中小企业信贷证券化也并不发达，一些国家对非银行租赁业务还有限制，中小企业融资相当困难。总的来说，欧洲以银行系统为主导的金融体系使得信贷条件与本地政府的财政状况紧密相关，不但拖累了经济增长，也没有为系统性稳定做出贡献。

在中国，近年来债券市场和信托公司等非银行金融中介出现了迅猛增长，2012 年下半年首次出现非银行信贷供给规模与银行信贷供给持平的现象。虽然

现在评价快速增长的非银行信贷对金融稳定的影响还为之过早，但截至目前，银行信贷为那些难以从国有银行获取资金的机构拓宽了融资渠道，为经济增长做出了一定的贡献。

综上所述，政策制定者应该取消对那些可持续非银行信贷中介的限制，对部分可能造成系统性风险的影子银行活动的防范不应导致对所有形式的非银行信贷的抑制。

原文链接： http：//www.bruegel.org/publications/publication-detail/publication/781-bank-versus-non-bank-credit-in-the-united-states-europe-and-china/

作者单位： 布鲁盖尔研究所（Bruegel）

17. 金融危机前后新兴市场银行所有权和信贷增长的比较

作者：**Guodong Chen** 和 **Yi Wu**，陈锦宏编译

导读：本文利用银行级别数据，研究了 2008~2009 年全球金融危机前后新兴市场银行的信贷增长的情况，并分析了银行所有权结构对信贷增长的影响。研究结果表明，外国银行持股能够增加银行所有权多样性，降低单个国家因素对银行的影响。除此之外，由于国有银行在全球金融危机期间所起到的反周期作用，国有银行在银行系统中持有一定的股份可以为银行在经济低迷期提供一定的正面保障。

自 20 世纪 90 年代以来，新兴市场国家银行板块的所有权结构发生了巨大的变化。1999~2009 年的 10 年，外国银行持有发展中国家的银行资产所有权比例从 26% 上升至 49%，与此同时，政府持有银行资产所有权比例从 28% 下降至 19%。2008~2009 年金融危机期间，全球银行信贷增速都大幅下跌，但由于银行所有权结构和银行所在地区的不同，各类银行的表现也有许多差异。

在亚洲，2009 年外国银行信贷下降比例超过国内私有银行。在拉丁美洲和欧洲新兴国家，2010 年外国银行信贷增速也落后于国内银行的信贷增速。相比之下，拉丁美洲和欧洲国有银行在金融危机期间起到了一定的反周期作用（也有一些证据说明亚洲国有银行在金融危机期间也起到了一定的反周期性作用）。此外，在金融危机之后，拉丁美洲国有银行的信贷增速高于私有银行的信贷增速。

扩张性的货币政策通常会推动信贷的增加，银行拥有资本的上升能提高银行的盈利能力，因为银行可以拥有更多的流动资产。在资金来源方面，拥有更多资本的银行对小额存款的依赖程度相较其他银行更高，但同时信贷增速也同样高于其他银行。有证据表明，在金融危机期间，小额存款在作为资金来源支撑拉丁美

洲和亚洲信贷方面起到了非常重要的作用。 此外，在新兴欧洲国家，金融危机期间拥有良好监管的银行，其信贷增长速度快于其他银行。

与此同时，银行总行的一些特点，如成本收入比率、客户存贷款比率等特点会影响到其分行的信贷行为，但在一些区域这种间接影响也可能并不显著。另外，外国银行的国别属性也会对信贷行为产生影响。在拉丁美洲，西班牙银行信贷业务在危机期间遭到了非常大的打击。

目前已有许多学者研究了银行行为与其所有权结构之间的关系。有观点认为，一方面，通常外国银行持股有助于银行分散风险、提高竞争力和运营效率。外国银行在过去发生的几次金融危机中，通过提供资本和其他方式对稳定银行业绩起到了一定的正面作用。但另一方面，也有观点认为外国银行的参与也让借款人暴露在汇率风险和外国金融冲击的风险之下。就好像在2008~2009年，金融危机本源自发达国家，但外国银行通过提供信贷等方式在一定程度上帮助了金融危机从发达国家传播至其他国家。在国有银行持有银行所有权的问题上，有学者认为国有银行的借贷行为通常是出于政治方面的考量，而且也对国有银行的运营效率表示担忧。

我们的研究结果表明，多家外国银行持股能够有效增加银行所有权多样性，降低单个国家因素对银行的影响，这种所有权结构有助于分散风险。除此之外，由于国有银行在全球金融危机期间所起到的反周期作用，国有银行在银行系统中持有一定的股份可以为银行在经济低迷期提供一定的正面保障。

原文链接： https://www.ideas.repec.org/p/imf/imfwpa/14-171.html
作者单位： 国际货币基金组织（IMF）

18. 关于实施巴塞尔监管框架的进展报告

作者：国际清算银行，顾嘉翕编译

导读：我们从 2011 年 10 月开始公布巴塞尔委员会的进度报告，并每半年发布一次。此外，我们的报告包括了关于成员国在巴塞尔协议Ⅲ规定的资本规定方面的完成情况的评估。

我们列出了巴塞尔协议Ⅱ、巴塞尔协议 2.5 和巴塞尔协议Ⅲ规定的关于每个巴塞尔委员会成员于 2014 年 3 月底前的各项规则的进展情况。我们从 2011 年 10 月开始公布巴塞尔委员会的进度报告，并每半年发布一次。此外，我们的报告包括了关于国内在巴塞尔协议Ⅲ规定的资本规定方面的完成情况的评估。

2012 年，巴塞尔委员会开始实施监督管理一致性评估方案（RCAP），用以监测其所制定标准的进展情况，并评估和分析其监管结果。作为该计划的一部分，委员会会定期监视基于风险的资本要求的实施情况，并对全球和国内系统重要性银行的流动性覆盖率（LCR）和杠杆率做出相应的要求。对于那些不属于委员会成员的司法管辖区，国际清算银行的金融稳定局也于 2013 年 7 月发表了有关巴塞尔协议Ⅲ的采用状况的调查结果。

关于对巴塞尔协议Ⅲ一系列标准执行情况，委员会最近发表了关于澳大利亚、巴西和中国就其实施的巴塞尔协议Ⅲ中基于风险的资本规定方面的评估报告，以及对瑞士、新加坡和日本的评估。此外，报告中还包括了对欧盟和美国的初步评估。

目前，委员会正在进行评估加拿大、欧盟和美国关于资本规定的实施情况，对中国香港与墨西哥的评估将于 2014 年开始。至于监管结果的分析，委员会于 2013 年 12 月发布了每个巴塞尔委员会成员国关于巴塞尔协议Ⅱ，巴塞尔协议 2.5 和巴塞尔协议Ⅲ规定的关于在 2014 年 3 月底前的资本规定进展情况的第二份报告，该报告主要是关于风险加权资产的计量。此外，关于风险权重的银行账面资产的报告在 2013 年 7 月发布。

巴塞尔协议Ⅲ在基于巴塞尔协议Ⅱ和巴塞尔协议 2.5 的规管架构基础上，提高了其监管的框架。下面的分类是巴塞尔实施监管时采用的流程和规则：

（1）法规草案未公布：目前没有公开的法律、法规或其他官方文件草案，规定了关于国内监管规则计划中的内容细节。包括委员会成员国在资本规格方面的实施情况，也没有具体规则内容的详细情况。

（2）法规草案发表：已经拥有公开的法律、法规或其他官方文件草案，例如，进行公众咨询及立法审议工作。

（3）最终规则公布：成员国法律或监管框架已经完成，并已经获得批准，但仍不能适用于银行。

（4）最终规则生效：成员国的法律和监管框架已经应用到银行。

为了支持和补充报告，我们在文中还提供了关于委员会考虑在每个司法管辖区实施的下一个步骤和实施计划的摘要信息。

原文链接： http：//www.bis.org/publ/bcbs247.htm
作者单位： 国际清算银行（BIS）

19. 巴塞尔协议Ⅲ：监测报告

作者：巴塞尔银行监管委员会，匡可可编译

导读：为了确定巴塞尔协议Ⅲ框架对银行的影响，巴塞尔银行监管委员会建立了一个基于风险资本比率、杠杆比率和流动性指标的监控框架，监测对象为各国监管机构选取的具有代表性的金融机构。本次报告对截至2013年6月底的最新进展进行了分析，主要发现为大型国际性活跃银行的风险资本缺口进一步减少。

报告的信息是由单个银行在自愿和保密的基础上向国家的监管机构提交的。共有212家银行参与了这项研究，包括103家1组银行和109家2组银行。第1组银行是一级资本超过30亿欧元且在国际上活跃的，其他的所有银行归为第2组。

在资本充足率方面，巴塞尔协议Ⅲ架构全面实施后，1组银行的一级普通股本平均比率将从11.0%下降到9.5%，2组银行的一级普通股本平均比率将从11.3%下降到9.5%。1组银行的一级资本比率将出现下降，平均值从12.0%下降到9.7%，总资本比率将从14.6%下降到11.1%。2组银行的数据下降幅度较小，一级资本比率平均值将从11.8%下降到9.9%，总资本比率平均值将从15.1%下降到11.7%。

假设2013年6月30日已全面实施巴塞尔协议Ⅲ（包括资本与风险加权资产定义的改变，并忽略过渡阶段的安排），在一级普通股本最低资本要求为4.5%的情况下，1组银行的总资本缺口将为33亿欧元，与上次的报告结果相比，这一缺口上升了11亿欧元，其主要原因是样本中的一家银行出现了资本缺口的扩大。在一级普通股本要求为7.0%的情况下，资本缺口将为575亿欧元（包括预留缓冲资本），与上次的报告结果相比，这一数据有所改善，（与2012年底相比）下降幅度高达575亿欧元，而1组银行在截至2013年6月30日的财政年度的税后利润总和就高达4560亿欧元。

在一级普通股本最低资本要求为 4.5%的情况下，2 组银行的资本差额约为 124 亿欧元。在一级普通股本要求为 7.0%的情况下，资本缺口为 277 亿欧元。与上次的报告结果相比，这一缺口扩大了 21 亿欧元，原因是样本中的少数银行的资本缺口出现扩大趋势，而 2 组银行在 2012 年下半年和 2013 年上半年的税后利润总和为 260 亿欧元。

在杠杆比率方面，1 组银行和全球系统重要性银行的巴塞尔协议Ⅲ加权平均一级杠杆比率分别为 4.0%和 3.7%，2 组银行的巴塞尔协议Ⅲ加权平均一级杠杆比率是 4.6%。假设所有银行都满足 8.5%巴塞尔协议Ⅲ资本充足率要求，那么 1 组银行和 2 组银行分别需要 568 亿欧元和 119 亿欧元才能满足最低杠杆率标准。报告分析还表明，对样本银行中接近 3/4 的银行来说，满足风险资本比率要求会比满足杠杆率要求的难度更大。

在流动性标准方面，委员会于 2013 年 1 月对流动性覆盖率（LCR）进行了修订，并在 2015 年 1 月 1 日生效。LCR 的最低要求将被设定为 60%，并逐年等额增加，在 2019 年将达到 100%。本次报告的主要发现包括：

（1）在截至 2013 年 6 月底的监测期内，分别有 102 家 1 组银行和 124 家 2 组银行参与了流动性监测项目。

（2）1 组银行的加权平均流动性覆盖率为 114%，2 组银行的平均流动性覆盖率为 132%。而在截至 2012 年 12 月的监测期间上述比率分别为 119%（1 组银行）和 126%（2 组银行）。

（3）226 家银行中有 72%的流动性覆盖率达到或超过了 100%这一最低要求，而在截至 2012 年 12 月的监测期内仅有 68%的银行的流动性覆盖率达到或超过了 100%。

（4）在 100%流动性覆盖率的最低要求下，总资金缺口为 5360 亿欧元，约占所有样本银行总资产的 0.9%。若最低要求为 60%，则总资金缺口为 1680 亿欧元（占比不到 0.3%）。在截至 2012 年 12 月的监测期内上述数据分别为 5630 亿欧元和 2480 亿欧元。

原文链接： http：//www.bis.org/publ/bcbs217.pdf

作者单位： 巴塞尔银行监管委员会（Basel Committee on Banking Supervision）

20. 巴塞尔协议Ⅲ：实施情况监测报告

作者：巴塞尔银行监管委员会定量影响研究小组，孙帆编译

导读： 为了评价巴塞尔协议Ⅲ对银行的影响，巴塞尔银行监管委员会对改革的效果和动态进行了监测。大多数国际上活跃的银行达到了巴塞尔协议Ⅲ中基于风险的最低资本要求。

为了评价巴塞尔协议Ⅲ对银行的影响，巴塞尔银行监管委员会对改革的效果和动态进行了监测。基于风险的资本充足率、杠杆率、流动性等指标每半年监测一次，数据均来自各国最有代表性的机构。在假设充分执行了巴塞尔协议Ⅲ要求的情况下，这篇报告中预估的依据都是 2013 年 12 月 31 日的数据。总共有 227 家银行参与了研究，这些银行根据银行部门的覆盖率被分成了两组。第一组有 102 家银行，第二组有 125 家银行。第一组的银行部门覆盖率高于第二组。大多数国际上活跃的银行达到了巴塞尔协议Ⅲ中基于风险的最低资本要求。以下是主要的监测结果：

（1）基于风险的资本要求。

在研究基于风险的资本要求时，本文关注了以下几点：在新要求下的银行资本充足率的变化；估计未达到最低资本要求的资本短缺；对于资本定义的变化；由于对资本、证券化风险、交易账户以及交易对手风险定义的变化导致的风险加权资产的增加。

1）资本充足率。

与目前监管框架相比，在充分执行巴塞尔协议Ⅲ的框架下，第一组的平均 CET1 充足率从 11.4%下降到了 10.2%，一级资本 Tier1 充足率平均从 12.4%下降到了 10.5%，总资本充足率从 15%下降到了 11.9%。与第一组相比，第二组的资本充足率下降幅度仅小了一点。总的 CET1 充足率从 11.7%下降到 10.5%。

2）资金缺口。

为了达到最低 4.5% 的标准，第一组的 CET1 缺口从 2013 年 6 月起下降了98%，相当于 33 亿欧元。第二组的 CET1 缺口则估计在 20 亿欧元。

（2）杠杆率。

第一组 Tier1 的平均杠杆率为 5.0%，第二组则为 5.4%。25 家银行中，9 家来自第一组，16 家来自第二组，并没有达到 3% 的要求。而且，第一组没达标的银行比例（8.9%）比第二组小（14%）。需要指出的是，本报告的数据收集是第一次根据 2014 年 1 月巴塞尔协议 Ⅲ 中杠杆率风险暴露的计量。

（3）综合缺口。

巴塞尔协议 Ⅲ 监测报告第一次分析了综合缺口。这是为了同时满足资本充足率和 Tier1 杠杆率的要求。加入了杠杆率缺口后，为了满足最低充足率，第一组 Tier1 资本缺口额外增加了 380 亿欧元。同样，在满足最低充足率的条件下，加入了适用于巴塞尔协议 Ⅲ 中的杠杆率缺口，并使总缺口增加了 194 亿欧元。而在满足目标充足率的情况下，总缺口增加了 374 亿欧元，对第二组来说增加了 56 亿欧元。

（4）流动性标准。

1）流动性覆盖率 LCR。

流动性覆盖率在 2013 年 1 月经过修订后，在 2015 年 1 月 1 日开始正式实施。最低要求设在 60%，每年逐步增长，直到 2009 年达到 100%。第一组的 LCR 平均为 119%，第二组为 132%。76% 的银行达到了 100% 的标准，92% 的银行达到了超过 60% 的最低要求。为了达到 100% 的最低标准，总的流动性覆盖率缺口有 3530 亿欧元，占样本银行总资产的 0.6%。

2）净稳定资金比率 NSFR。

由于净稳定资金比率的修订版在 2014 年 1 月出版，因此 2013 年 12 月的数据是第一批用于计算新的净资金稳定比率。第一组和第二组中分别有 101 家和107 家银行参与了 NSFR 的监测。第一组的平均 NSFR 为 111%，第二组为 112%。208 家银行样本中，78% 达到或超过了 100% 的标准，88% 超过了 90% 的水平。低于 100% 标准的银行的 NSFR 的缺口达到 8170 亿欧元。

原文链接：http：//www.bis.org/publ/bcbs262.pdf

作者单位：巴塞尔银行监管委员会（Basel Committee on Banking Supervision）

21. 巴塞尔协议Ⅲ：净稳定资金比率

作者：国际清算银行，陈锦宏编译

导读：本文指出巴塞尔协议Ⅲ在强调资本金充足之外，也把加强流动性风险管理作为监管重点，并引入流动性覆盖率（LCR）和净稳定资金比率（NSFR）两个衡量风险指标。净稳定资金比率（NSFR）强调资金风险，设计的目的是为了提高银行风险结构变化，避免资金长短期的不匹配，减少由于银行资产和负债期限不匹配而增加的融资风险。本文对净稳定资金比率（NSFR）进行了介绍，并指出了净稳定资金比率（NSFR）的标准以及该标准的实施时间。

金融危机前，保持偿付能力为目标的资本监管是银行监管的核心。各界对流动性风险的认识严重不足，同时监管机构也缺乏有效统一的流动性风险监管工具。我们发现危机中倒闭的一些金融机构，资本充足率都已达到巴塞尔协议Ⅱ的最低资本要求，但是由于银行短期债权人挤兑造成流动性短缺，并在银行融资流动性和市场流动性之间形成"流动性螺旋"，致使"小损失"冲击在银行和金融市场上持续放大，最终陷入危机。危机之后，巴塞尔协议Ⅲ中专门设定并引入了流动性覆盖率（LCR）和净稳定资金比率（NSFR）两个衡量风险指标以便引导和鼓励银行使用稳定的融资渠道，降低银行流动性风险。LCR指标测算银行各项负债的净现金流出和各项资产净现金流入之间的差并以此衡量银行短期流动性水平 NSFR 作为 LRC 的补充，为可用的稳定融资金额与要求的稳定融资金额之比，目的是测算银行负债和权益类业务提供的资金是否能满足资产类业务的长期资金需要，防止出现长期的流动性错配。

净稳定资金比率（NSFR）=可用的稳定资金（ASF）/需要的稳定资金（RSF），净稳定资金比率是指可用的稳定资金（Available Amount of Stable Funding）与业务所需的稳定资金（Required Amount of Stable Funding）之比，该比率的标准是应大于 100%。

可用的稳定资金（ASF）=∑各类权益和负债×相应的 ASF 系数。可用的稳定资金，是指在持续压力情景下，能确保在 1 年内都可作为稳定资金来源的权益类和负债类资金。各类负债和权益项目适用不同的可用稳定资金系数，其稳定性越强，到期时间越长，对应的可用稳定资金（ASF）系数越高。

所需的稳定资金（RSF）=∑各类资产和表外风险暴露×相应的 RSF 系数。所需的稳定资金等于各类资产或表外风险暴露项目与相应的稳定资金需求系数乘积之和。稳定资金需求系数是指各类资产或表外风险暴露项目需要由稳定资金来源支持的价值占比。

表 1　外资产类别及对应的稳定资金需求（RSF）系数

所需的稳定资金分类	RSF 系数
有条件撤销和不可撤销的信用及流动性便利	5%
无条件可撤销的"未承诺"信用和流动性便利工具	0
担保； 信用证； 其他贸易融资工具； 与债务回购要求、结构化产品和管理基金等有关的非契约性义务	2.5%
有效余期不足 1 年的短期无担保工具和交易； 有效余期不足 1 年的证券； 买断式逆回购交易中作为抵押品的证券； 有效余期不足 1 年，向金融机构发放的不可展期的贷款	0
有效余期大于等于 1 年，且符合流动性覆盖率一级资产条件的证券	5%
有效余期大于等于 1 年，且符合流动性覆盖率二级资产条件的证券	20%
黄金； 不是由金融机构或其附属机构发行的、在广泛认可的交易所上市且纳入主要股指计算的权益类证券； 有效余期大于等于 1 年，评级为 A+至 A-的、在活跃市场中交易的非金融公司债券或非自身发行的担保债券； 有效余期不足 1 年，对一般企业客户、主权实体、央行和公共部门实体贷款	50%
《商业银行资本管理办法》权重法下风险权重为 45%（含）以下的住房抵押贷款	65%
有效余期不足 1 年的零售和小企业客户贷款	85%
其他所有资产	100%

根据 2010 年发布的流动性风险框架，净稳定资金比率（NSFR）在正式作为流动性风险的衡量标准之前会经历一个观察期，主要用来探究由此给金融市场和经济带来的影响，并根据观察结果对净稳定资金比率（NSFR）进行设计上的调

整。委员会预计净稳定资金比率（NSFR）将在 2018 年 1 月 1 日正式成为衡量流动性风险的标准之一。

原文链接： http：//www.bis.org/publ/bcbs271.htm

作者单位： 国际清算银行（BIS）

22. 巴塞尔协议Ⅲ：关于杠杆率常见问题

作者：国际清算银行，陈锦宏编译

导读：2014 年 1 月，巴塞尔银行监管委员公布了巴塞尔协议Ⅲ杠杆率框架，同时也要求在 2015 年 1 月 1 日实行公开信息披露。委员会将定期对关于相关协议的常见问题进行解答并提供技术性指导，本文介绍了第一批常见问题及解答。

在巴塞尔银行监管委员公布巴塞尔协议Ⅲ的杠杆率框架之后，委员会收到了许多对该杠杆率框架的疑问和咨询，本文对针对巴塞尔协议Ⅲ杠杆率框架的五类常见问题进行了梳理，以下是各类问题的列表，具体问题的回答请参考原文并对照已公布的巴塞尔协议Ⅲ杠杆率框架。

第一类问题：现金变动保证金（Cash Variation Margin）的识别。

Q1. 段落 25（Ⅲ）中，收到的现金变动保证金必须和衍生工具合同中的结算货币相一致，这里说的结算货币是什么意思？

Q2. 银行需要达到什么样的标准才能让主净额结算协议（Master Netting Agreements，MNA）具备有效性和法律上的强制执行性？

Q3. 段落 25（Ⅱ）中要求现金变动保证金必须每天进行计算和交换，这对于一些衍生产品来说可能无法实现，那是否允许出现这类的特殊情况？

Q4. 现金变动保证金能否在次日上午进行交换？（相关段落：巴塞尔协议Ⅲ杠杆率框架 25（Ⅳ）和 25（Ⅱ））

Q5. 段落 25 中说的不分离标准（Non-segregation Criterion）指什么？

Q6. 银行怎样才能满足不分离标准？

Q7. 在段落 26 中规定，现金变动保证金不能在计算 NGR 时使用。当满足段落 25 中的条件时，是不是依然不能在计算 NGR 时使用现金变动保证金？

第二类问题：银行附属实体作为清算成员能否被当作客户？

Q1. 如果考虑到第 27 段，银行附属实体作为清算成员能否被当作客户？

第三类问题：证券融资交易的净额结算（Netting of Securities Financing Transactions）。

Q1. 第 33（i）（c）段要求连接回购和逆回购在同一天进行结算所产生的抵押流不能导致净现金结算解退。该要求的具体意思是什么？是否拥有明确标准？

Q2. 我们该如何理解注脚 22？能否提供更加清晰的解释，并举例说明哪些结算系统设施符合要求，哪些不符合要求。

Q3. 巴塞尔委员会能否更加具体地解释第 33（i）（c）段中所说的净额结算是什么意思？

第四类问题：银行如何对低于杠杆比率的衍生品和包含跨产品净额结算协议的证券融资交易进行净额结算。

Q1. 银行如何对低于杠杆比率的衍生品和包含跨产品净额结算协议的证券融资交易进行净额结算？（相关段落：巴塞尔协议Ⅲ杠杆率框架注脚 7）

第五类问题：公允价值的负面变化。

Q1. 第 30 段中所提及的公允价值的负面变化是什么意思？（相关段落：巴塞尔协议Ⅲ杠杆比率框架第 30 段）

原文链接： http://www.bis.org/publ/bcbs293.htm
作者单位： 国际清算银行（BIS）

三

系统性风险预警与测度

1. 系统风险与银行合并

作者：Gregor N.F. Weiß、Sascha Neumann 和 Denefa Bostandzic，陈锦宏编译

　　导读：银行间的合并是否会增加金融系统的不稳定性？如果会，那又是什么原因造成的呢？本文分析了银行合并对系统性风险的影响。我们运用边际预期差额法（Marginal Expected Shortfall）以及分析银行股票回报和相关银行指数的下尾相依性（Lower Tail Dependence），测量合并引起的系统性风险变化。通过对德国本国及跨国银行兼并的分析，我们有清晰的证据支持"集中—脆弱"假说。因为研究结果表明，合并后的银行和其竞争对手，对系统性风险的贡献程度都有了显著提高。

　　关于银行间合并是否会增加系统性风险一直存在争议。在集中度与金融系统脆弱性的关系方面，理论界也形成了"集中—稳定"和"集中—脆弱"两种完全对立的观点。

　　支持"集中—稳定"假说的学者认为，首先，合并可以增加银行资产和贷款组合的多样性，可以有效降低银行的个别风险。其次，垄断性银行拥有更多的资本缓冲空间来应对外部震荡对金融系统造成的冲击。除此之外，银行集中预示着竞争减弱，市场势力增强和利润增加。高额利润能够缓解市场波动带来的负面影响，提高银行特许权价值，从而减弱银行从事冒险行为的激励。同时，与监管分散的小银行相比，监管一些较为集中的大银行更加容易，因此，银行集中会减小发生危机的可能性，而且，由于竞争对手的减少，监管费用也会相对较低。

　　与之相反，支持"集中—脆弱"假说的学者认为，银行间的合并导致整体系统性风险的增加。第一，多样化在降低单个机构风险的同时，却让整个金融系统变得更加脆弱，因为风险并没有消失，只是被重新分配给了整个金融系统。第二，大型银行在面临危机时，政府往往都会施以援手，这种"大而不倒"的优势会增加银行间合并的意愿，但却无疑增加了系统的整体风险。更重要的是，政府为避免银行倒闭对经济造成巨大冲击而提供政策保护，这种政策保护会刺激银行的冒险行为。第三，银行合并后客户数量增加，运营结构更加复杂；由此造成监管费用的增加可能完全超过由于竞争对手减少所节省的监管费用。还值得注意的是，合并双方运营区域的监管可能存在差异。这种情况在跨国合并中非常常见，就很有可能导致合并后的银行将风险较高的业务全部移至监管较松的运营区域，这同样会导致系统风险的增加。

为了弄清银行间合并对系统性风险的影响，我们运用边际预期差额法（Marginal Expected Shortfall）以及对银行股票回报和相关银行指数的下尾相依性（Lower Tail Dependence），对 1991~2009 年发生的 440 起德国本国及跨国银行合并进行了测试分析。

我们从测试结果中发现：银行合并活动与合并双方及银行竞争对手给金融系统增加的不稳定性相一致。合并后的银行对系统风险的贡献，明显大于合并前两家独立银行对系统风险贡献的总和。与此同时，没有合并的银行对金融系统风险的贡献程度会相对减少。另外，我们不赞成特许权价值假说（Charter Value Hypothesis），特许权假说告诉我们，银行特许权价值对于银行的稳健经营非常重要。但是，在利率市场化过程中，竞争的加剧会降低银行特许权的价值，弱化银行特许权价值的风险约束功能，增加银行的道德风险，因此发生金融不稳定甚或金融危机的可能性也会增加。同时，我们认为政府所有的银行的存在，以及明确的永久性存款保险基金的存在都会放大银行合并给金融系统造成的不稳定性。此外，并没有证据表明加强监管或启用更严格的资本要求，会限制收购方银行的系统性关联的增加。

基于测试结果，我们对政策制定提出两点建议：第一，因为银行间的合并会增加系统性风险，所以监管机构需要密切监控银行间的兼并及投标行为。第二，测试结果显示，政府干预会放大银行合并后给金融系统造成的不稳定性，所以，在制定政策时应当更加注意市场规律的重要性，减少政府干预。

原文链接：http://www.sciencedirect.com/science/article/pii/S0378426613004536

作者单位：德国多特蒙德工业大学（TU Dortmund）和德国波鸿大学（Ruhr-Universität Bochum）

2. 系统重要性银行与最后贷款人

作者：Jorge Ponce 和 Marc Rennert ，余凯月编译

导读：通过 2008 年的金融危机我们认识到系统重要性银行对于金融稳定性的重要作用，中央银行作为最后贷款人有维护金融稳定的义务，面对系统重要性银行救助和非系统性重要性银行救助，应该加以区别。

从 2007~2008 年的金融危机中，金融系统的脆弱性展现无遗。而系统重要性金融机构是金融稳定的核心，系统重要性金融机构的危机可以迅速传播到非系统重要性金融机构；银行间市场和货币市场可能会崩溃，这就会导致中央银行因为缺乏操作平台而难以施展救济；各国当局面对金融危机的手段无外乎是通过中央银行提供短期流动性给受灾的金融机构。但是，通常情况下，中央银行提供短期流动性的救助手段并没有特意针对缺乏流动性的金融机构，而是采取宏观政策，广而推行之，缺乏针对性。

系统重要性金融机构在此次危机中体现出对金融系统稳定性的重要作用，但是，中央银行的救助并没有体现对系统重要性银行的针对性。因此，本文着重讨论在系统重要性银行与非系统重要性银行并存的情况下，中央银行应该如何合理地解决流动性短缺问题，以实现最后贷款人的目标。

本文假设，系统重要性银行和非系统重要性银行并存，风险只能由系统重要性银行向非系统重要性银行传播，而不能反向传播；所有的银行都会参与到短期资产与长期资产的互换中来；所有的银行都可能遇到短期资金匮乏。

最终通过验证我们得到，中央银行的最好选择是贷款给那些拥有高质量资产的银行，而拒绝贷款给那些拥有低质量资产的银行，同时应该让这些拥有低质量资产的银行破产。但是，实际情况是，中央银行不易鉴别银行所拥有的资产质量的好坏，因此中央银行不能很好地运用这种方法。

除了这种方法，中央银行还可以采取的较为合理的方法是，针对不同的银行给予灵活的资金援助，而不是采取简单同一的比率。更为具体的体现，在正常经济运行条件下，中央银行应该计算出给予受到短期资金缺乏银行的资金供给阈值，当实际情况需要超过这个阈值就说明进入了金融危机，此时中央银行将采取的救助贷款应该是超过这个阈值。同时，考虑到系统重要性银行和非系统重要性银行，中央银行在面对系统重要性银行的资金短缺更应该体现出最后贷款人的作用，因为其相对于非系统重要性银行的资金匮乏所造成的负面影响要大很多。中央银行在考虑对系统重要性银行的贷款时主要考虑两个方面，一方面，对系统性重要性银行的贷款应该更为平缓，实现贷款的软着陆；另一方面，对于系统重要性银行的贷款阈值应该更高，以解决其流动性困境。

原文链接： http：//www.dx.doi.org/10.1016/j.jbankfin.2014.01.002

作者单位： 秘鲁中央储备银行（Peru Central Reserve Bank）和德意志联邦银行（Deutsche Bundesbank）

3. "大而不倒"银行承担的风险大小

作者：Gara Afonso、João Santos 和 James Traina，顾嘉翕编译

导读：我们希望妥善解决"大而不倒"（TBTF）的问题——银行是否会主动承担更多的风险，因为它们很可能会得到财政的支持？历史上，很多学者表示担心 TBTF 地位会鼓励银行从事高风险行为。根据英国的最新数据，我们通过检查财政影响银行的贷款政策过程中感知的可能性的变化解决了这个问题。

衡量财政支持，这本身就是一个挑战。一些早期的研究使用 Moody 法，这种方法是通过信用评级减去其独立评级，从而间接地衡量银行的外部性支持的措施。其他研究依赖于 Fitch 的支持评级体系。但是这些措施，不仅包括一定概率的财政支持，也包括从母公司获得的支持。在我们的分析中，我们使用了新的评级，即 2007 年 3 月 Fitch 开始发布的支持评级底线（战略成果框架），该评级体系把财政支持的可能性从其他形式的支持中隔离了出来（如从母公司或机构投资者）。相比之下，早先的措施则完全根据潜在的财政支持这一观点，也就是根据财政的意志和能力以支持银行。

为了明白这种差异的重要性，让我们看一下苏格兰皇家银行的例子。苏格兰皇家银行集团（母公司）是总部设在爱丁堡（英国）的国际银行组织，而苏格兰皇家银行是其最大的银行附属公司。如图 1 所示，从 2007 年 3 月至 2008 年 10 月，苏格兰皇家银行集团（母公司左）存在外部支持的最低水平（支持率＝5），而苏格兰皇家银行（附属公司右）享有最高级别的外部支持（支持率＝1）。只通过支持率，我们无法判断苏格兰皇家银行的大力支持是否来自财政或苏格兰皇家银行集团（母公司）。不过，苏格兰皇家银行的支持评级底线（SRF＝A−）告诉我们，其存在很强的认知主权支持。

123

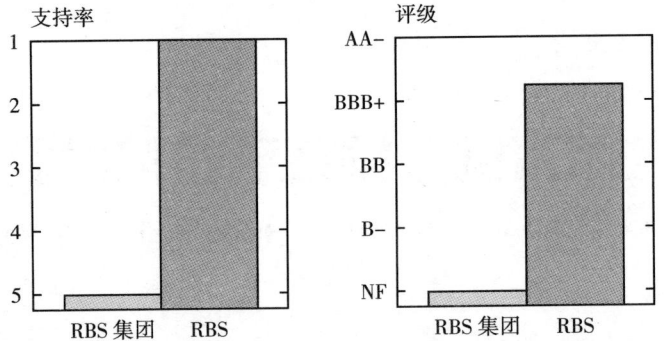

图1　苏格兰皇家银行集团（母公司）和苏格兰皇家银行支持率

　　"大而不倒"的银行是否从事高风险的活动？换句话说，上级财政的支持是否转化为风险较高的贷款组合？为了解决这个问题，我们建立了 45 个国家 224 家银行的银行级面板数据，包括从 2007 年 3 月到 2013 年 8 月的 Fitch 评级和资产负债表信息。通过分析不良贷款占总资产的比率来衡量一家银行的贷款业务的风险程度。不良贷款率通常被认为是衡量坏账占银行的贷款组合比率的一个很好的措施。在我们的样本中，银行平均拥有占其总资产 2.48% 的不良贷款比率，因为银行对财政支持的反馈可能需要一段时间才能显示在其资产负债表中，我们来看看银行的 SRF 改变后对不良贷款的影响。有关分析还包括考虑其他因素可以用来解释银行的贷款组合恶化。如图 2 所示，有力的财政支持转化为更高比例的不良贷款。SRF 每上升 1 个百分点，不良贷款比率就会上升约 0.2 个百分点，即银行平均上升 8%。重要的是，这种影响会随着时间稳步增加，即使财政支持改变之后仍然存在，甚至会延续八个季度。

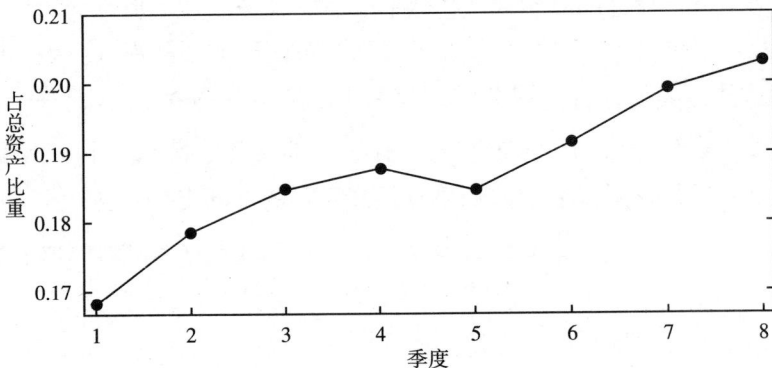

图2　银行的 SRF 改变后对不良贷款的影响

我们发现了类似的结果，当看到财政支持对净冲销额的影响后，这与解决银行贷款组合中坏账的相关措施类似。而且，这种影响依然存在。在最近的一篇论文中，我们提出的鲁棒性分析证实了这些结果。因此，"大而不倒"的银行从事高风险的活动是有理论依据的，从事这些高风险活动反而会提高得到政府援助的可能性。

原文链接： http：//www.newyorkfed.org/research/epr/2014/1403afon.html

作者单位： 纽约联邦储备银行（Federal Reserve Bank of New York，FRBNY）

4. 解决"大而不倒"方案

作者：Paul Tucker，余凯月编译

导读： 本文探讨了如何解决"大而不倒"的问题，作者提出了五个建议，并总结道，"大而不倒"的解决政策是非常必要的，并且希望当局不要推迟对其解决方案的出台，因为这将关系到整个经济的恢复与发展。

（1）美国当局目前应当首先解决美国最大的金融机构的系统重要性问题。

作者认为美国政府只能通过说服国会提供纳税人的纳税支持来救市，即拯救美国最大的银行和券商。但是就目前而言，美国政府还没有得到国会的支持。相对于美国而言，欧洲已建立相对完善的管理体制。目前欧洲有很多大型银行将要重组，以提高自身对抗风险的能力。

（2）组合解决模式相对于单一的解决模式是最近几年银行监管的创新。

对于大多数金融集团而言，组合解决策略对目前而言是最适合的。例如，在美国，许多 SPE 组将建立控股公司，从而发行债券，来吸收损失，或被转换成权益。而且即便是在美国，几乎所有的 SPE 组将需要确保集团内公司间的债务指标合格（子公司的债务），从而确保公司的长远发展。

（3）没有所谓的"解决问题的债券"，所有的投资者都必须面对可能的风险损失。损失的大小是由投资者的投资层级所决定的。

在作者看来"柏林"是一个动词而不是名词。它是一种力量，而不是一种特殊的债券。像其他解决冲突的工具，它可以适用于任何种类的债务。在存款保险的情况下，这意味着存款保证计划（DGS）将替代银行承受损失。但是，存款保险本身不能解决任何技术上的损失，只是风险转移而已，并不是所谓的柏林债券。为了控制风险，G20 国会会议要求 FSB 在来年制定分层级的风险承担方式，这样风险就能够被控制在投资者能够接受的范围之内。

（4）跨行业监管的障碍需要被移除。

监管中的一些障碍需要通过政策制定来解决。例如，英国的银行一度允许美国分支机构在其境内解决其相关困境。首先，英国央行需要根据自身的发展条件，对美国提供互惠政策。其次，英国需要美国当局做出互惠的原则声明，希望他们退一步，以方便英国对其本土以及美国境内的机构进行统一的管理。另外，一些技术上的障碍需要被解决。最为大家所知道的就是标准市场衍生工具以及回购协议需要修改。

（5）我们所讨论的解决方案应当也适用于核心交易对手，而不是仅仅局限于银行。

核心交易对手是具有市场活跃性，它具有有效的管理，有效的监督，并且有一流的恢复计划。同时，它们还是解决方案中不能忽视的重要组成部分。作者所担心的是核心交易对手过于以盈利为目的，或者是典型的以追求利润为唯一目标，这可能会导致核心交易对手的失败。如果核心交易对手失败，必在将来引起公众的不满。决策者应该注意，在治理结构的背景下，如何将核心交易对手纳入监管。

原文链接： http：//www.bankofengland.co.uk/publications/Documents/speeches/2013/speech685.pdf

作者单位： 货币政策委员会成员（Monetary Policy Committee）和金融政策委员会成员（Financial Policy Committee）

5. 系统性银行危机数据库

作者：**Luc Laeven** 和 **Fabian Valencia**，刘亮编译

导读：建立在贪婪、私有产权和分散决策基础上的资本主义，同时具有周期性并易受金融躁狂抑郁症发作的特点。并不存在经济领域中的拍卖师，也不存在系统内"横截条件"的执行人，以专门排除投机市场上资产价格定期爆发的泡沫行为。这固然不幸，但我们必须学会适应。此前人类为消除资本主义这些弊端曾选择中央计划，但我们现在都知道其结果如何。

（1）系统性银行危机的定义。

按照 Laeven 和 Valencia（2012）[①] 的研究，同时符合下述两项条件，即为系统性银行危机（Systemic Banking Crises）：

1）银行体系出现重大财务危机（如重大的银行挤兑事件、银行体系出现重大损失或银行清算等）。

2）当银行体系出现重大损失时，政府实行下述三项以上的干预措施：

第一，提供广泛的流动性（指中央银行对金融机构债权/银行总存款与国外负债之和的比率>5%，且此比率超过危机前平均水平的 2 倍）。

第二，银行重整成本超过 GDP 的 3%。[②]

第三，系统性重要银行之国有化。

第四，对银行债务的大规模担保。

第五，大规模资产购买（金额超过 GDP 的 5%）。

第六，冻结存款或银行停业（Bank Holiday）。

---

① Valencia, Fabian. Systemic Banking Crises: A New Database. Vol. 12. International Monetary Fund, 2012.

② 直接挹注银行体系的资本，不含由央行或财政部所提供的流动性挹注。

（2）银行危机发生的次数及分布。

据统计，2007~2011 年共有 17 个国家曾发生系统性银行危机，如表 1 所示。1970~2011 年共发生 147 次银行危机，如表 2 所示。其中 134 次为系统性银行危机。由此可知，当发生银行危机，约有 91%发展为系统性银行危机，对整个金融体系与经济将产生相当大的影响。

表 1　2007~2011 年发生系统性银行危机的国家

国别	银行危机发生时间	系统性银行危机发生时间	采取措施				
			提供流动性	保证银行债务	重大重整	重大资产购买	重要银行国有化
奥地利	2008	2008	V	V	V		V
比利时	2008	2008	V	V	V		V
丹麦	2008	2009	V	V			V
德国	2008	2009	V	V			V
希腊	2008	2009	V	V	V		
冰岛	2008	2008	V	V	V		
爱尔兰	2008	2009	V	V	V	V	V
哈萨克斯坦	2008	2010	V		V		V
拉脱维亚	2008	2008	V	V			V
卢森堡	2008	2008	V	V	V		V
蒙古	2008	2009	V	V	V		V
荷兰	2008	2008	V	V	V		V
尼日利亚	2009	2011	V	V	V	V	V
西班牙	2008	2011	V	V	V		
乌克兰	2008	2009	V		V		V
英国	2007	2008	V	V	V	V	V
美国	2007	2008	V	V	V	V	V

资料来源：Laeven and Valencia（2012）。

表 2　1970~2011 年发生的银行危机、货币危机与主权债务危机

年　份	银行危机	货币危机	主权债务危机	同时发生银行危机与货币危机	同时发生三项危机
1970	—	—	—	—	—
1971	—	1	—	—	—
1972	—	5	—	—	—
1973	—	1	—	—	—
1974	—	—	—	—	—
1975	—	5	—	—	—

续表

年 份	银行危机	货币危机	主权债务危机	同时发生银行危机与货币危机	同时发生三项危机
1976	2	4	1	—	—
1977	2	1	1	—	—
1978	—	5	3	—	—
1979	—	3	2	—	—
1980	3	4	3	3	—
1981	3	10	6	1	—
1982	5	5	9	1	1
1983	7	12	9	2	1
1984	1	10	4	—	—
1985	2	10	3	—	—
1986	1	4	3	—	—
1987	6	6	—	1	—
1988	7	5	1	—	—
1989	4	8	3	1	1
1990	7	10	2	—	—
1991	10	6	—	1	—
1992	8	9	1	1	—
1993	7	8	—	1	—
1994	11	25	—	2	—
1995	13	4	—	2	—
1996	4	6	—	1	—
1997	7	6	—	4	—
1998	7	10	2	3	3
1999	—	8	2	—	—
2000	2	4	—	—	—
2001	1	3	2	1	1
2002	1	5	4	—	—
2003	1	4	1	1	1
2004	—	1	1	—	—
2005	—	1	—	—	—
2006	—	—	—	—	—
2007	2	—	—	—	—
2008	22	3	2	2	—
2009	1	5	—	—	—
2010	—	1	1	—	—
2011	—	—	—	—	—
2012	—	—	1	—	—
合计	147	218	67	28	8

资料来源：Laeven and Valencia（2012）。

以月份来看，自 1970 年以来，各月发生银行危机的次数似乎存在某种形态，亦即危机通常发生在下半年，以 8 月、9 月及 12 月发生次数最多，如图 1 所示。

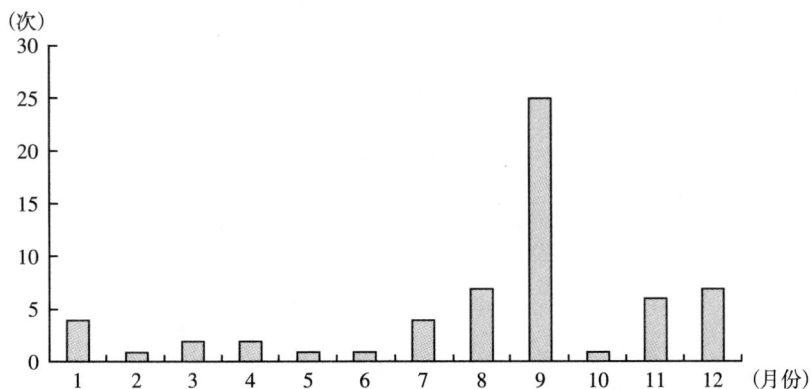

图 1　1970 年以来各月发生银行危机的次数统计

资料来源：Laeven and Valencia（2012）。

以国别来看，多数国家曾在此期间发生 1~2 次银行危机，只有阿根廷及刚果共和国发生 3 次以上银行危机，如图 2 所示。

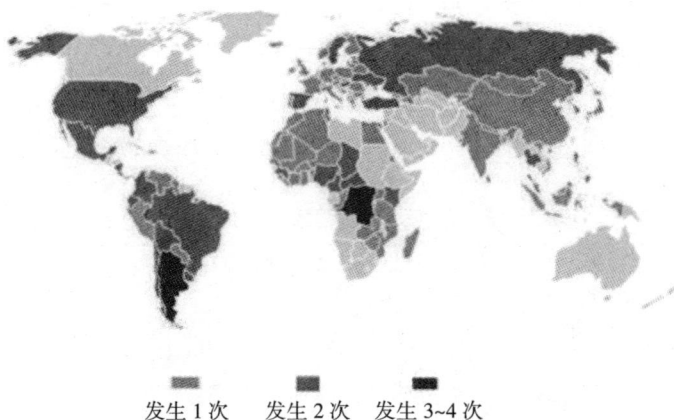

发生 1 次　　发生 2 次　　发生 3~4 次

图 2　各国发生银行危机的次数统计

自 1970 年以来，发生了 5 次较大规模的银行危机，分别是 1980 年的拉丁美洲债务危机、1990 年的转型经济（Transition Economies，主要是苏联解体，由计划经济走向市场经济的东欧国家）危机、龙舌兰危机（Tequila Crisis）①、亚洲金

---

① 1994 年墨西哥披索贬值所引发的金融危机。

融风暴，以及 2008 年的全球金融海啸，如图 3 所示。这些危机与信用扩张（Credit Boom）[①]密切相关，在可以取得信用数据的 129 次银行危机中，有 45 次（约占 1/3）的银行危机在信用扩张后发生。

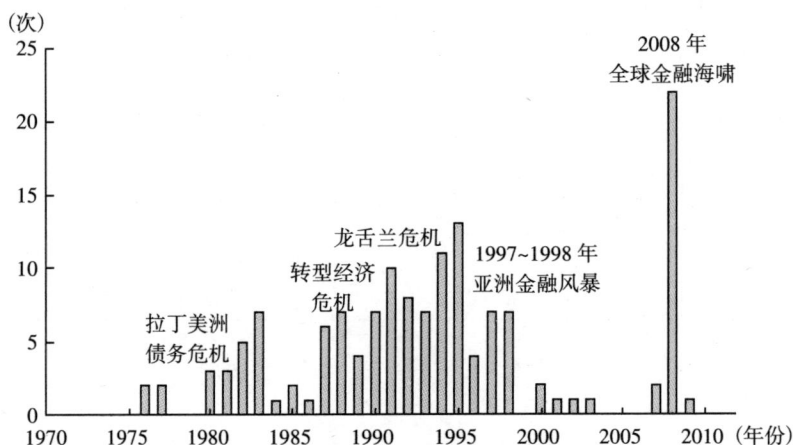

图 3　1970 年以来较大规模的银行危机

（3）对经济体系的冲击。

按不同经济体系来看，发达国家发生银行危机后，其经济损失与公共债务增加程度均较新兴国家与发展中国家高，主要原因是发达国家银行体系规模较大，银行危机对经济体系的冲击较大，如表 3 所示。此外，2007 年起发生金融危机的国家，其经济损失相对 GDP 比重的中位数为 25%。另就危机持续期间而言，

表 3　银行危机对发达国家与新兴国家的冲击

	经济损失相对 GDP 比重	公共债务增加相对 GDP 比重	货币扩张[②]相对 GDP 比重	财政成本相对 GDP 比重	危机持续期间（年）
所有国家	23.0	12.1	1.7	6.8	2
发达国家	32.9	21.4	8.3	3.8	3
新兴国家	26.0	9.1	1.3	10.0	2
发展中国家	1.6	10.9	1.2	10.0	1
欧元区	23.0	19.9	8.3	3.9	—
美国	31.0	23.6	7.9	4.5	—

[①] 依 Dell'Ariccia 等（2012）对发生信用扩张的年度的定义共计两种，其一是指信用对 GDP 比率（Credit to GDP Ratio）超出过去 10 年趋势值的 1.5 倍标准偏差，且信用对 GDP 比率年成长高于 10% 的年度。其二为信用对 GDP 比率年成长高于 20% 的年度。

[②] 基础货币的增加。

发达国家亦较新兴国家与发展中国家长。

就财政成本相对金融体系总资产比重与财政成本相对 GDP 比重而言，新兴国家与发达国家呈现不同形态，主要是因金融体系规模及重要程度不同所致。就新兴国家而言，由于金融体系规模相对较小，财政成本相对金融体系总资产比重较发达国家为高。发达国家则因银行体系规模占整体经济比重较高，财政成本相对 GDP 比重高于新兴国家，如图 4 所示。

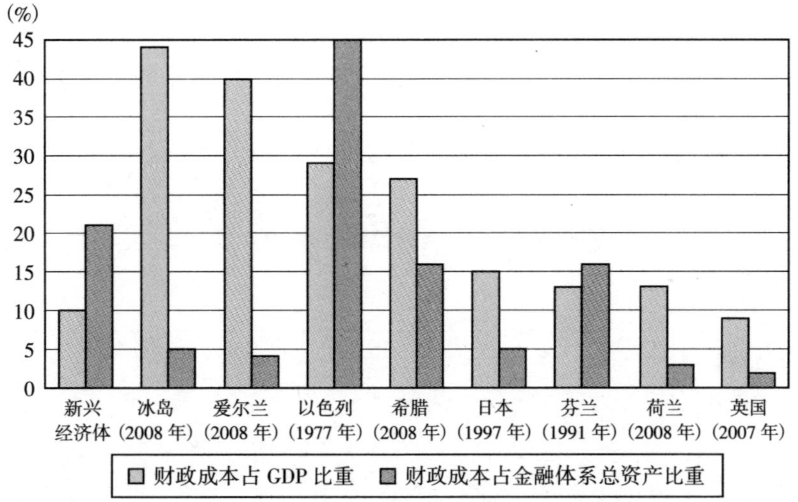

图 4 财政成本相对 GDP 与金融体系总资产的比重

1970~2011 年银行危机造成公共债务增加相对 GDP 比重、经济损失相对 GDP 比重，以及财政成本相对 GDP 比重最严重的前 10 大银行危机，如图 5 至图 7 所示。以 2008 年爆发的全球金融危机为例，冰岛及爱尔兰是受冲击最大的国家，就财政成本相对 GDP 比重，冰岛与爱尔兰分别为 44%、41%，可能是这两个国家金融体系占整体经济比重较其他国家高的缘故。另外，冰岛及爱尔兰公共债务增加相对 GDP 比重分别为 72%、73%，亦较其他国家高。

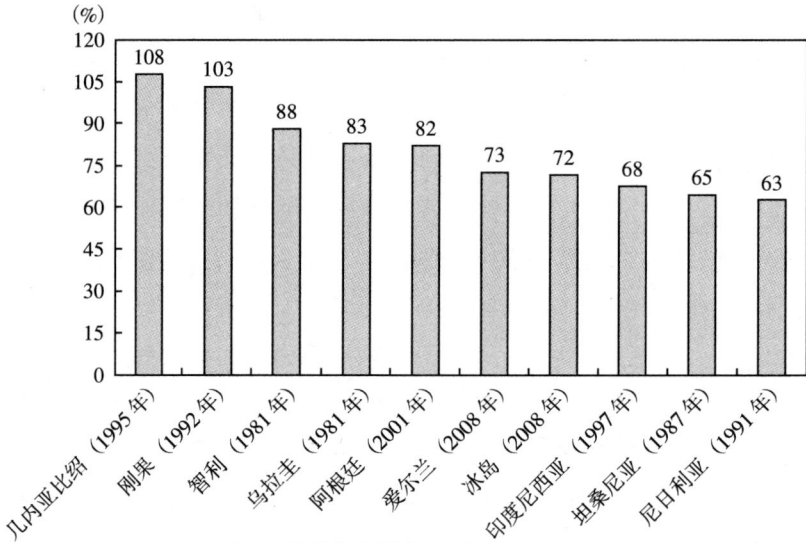

图 5　公共债务增加相对 GDP 比重

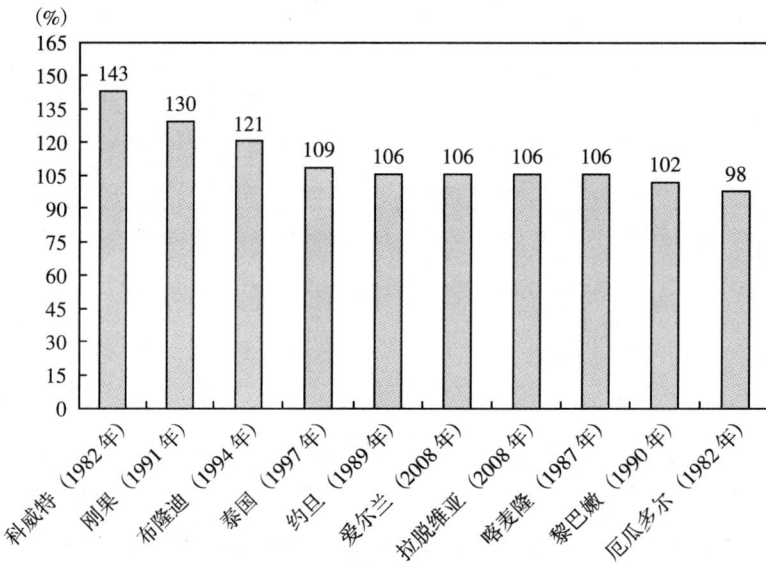

图 6　经济损失相对 GDP 比重

　　以经济损失相对 GDP 比重来看，以美国、爱尔兰、德国、墨西哥、泰国及日本为例，银行危机对经济均造成相当大的冲击，如图 8 所示。

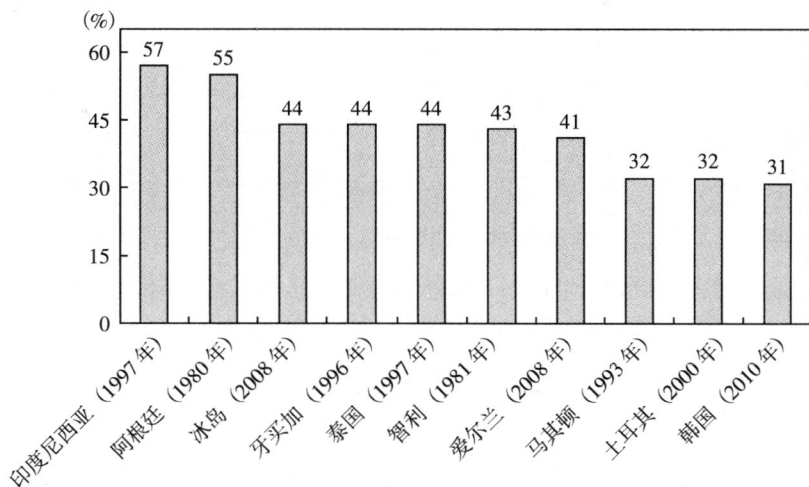

图7 财政成本相对 GDP 比重

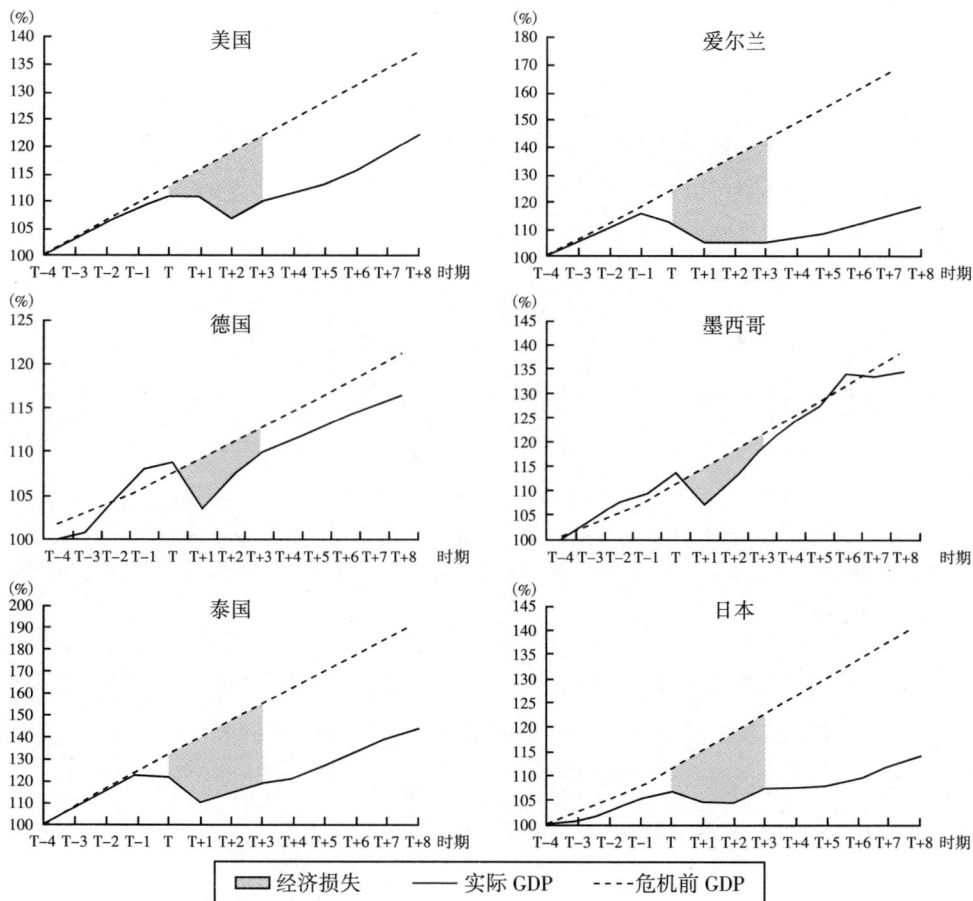

经济损失 —— 实际 GDP ----危机前 GDP

图8 经济损失相对 GDP 比重

（4）应对银行危机所实行的政策措施。

由于发生银行危机对经济体系造成相当大的冲击，因此，各国均采取相关政策措施以降低冲击，主要包括存款冻结、扩张性财政政策、扩张性货币政策、银行资本重整、银行国有化、提供流动性及保证银行债务六项具体措施。

发达国家与新兴国家在面对银行危机时，会选择不同的政策组合，如图9所示。以存款冻结为例，发达国家从未使用该政策工具，然而部分新兴国家则用以应对银行危机。以扩张性财政政策与扩张性货币政策而言，发达国家较常运用扩张性财政政策，主要因为发达国家举债能力较新兴国家为强。以保证银行债务而言，发达国家所实行的比率远高于新兴国家，主要因为发达国家银行通常体制较为健全，且较容易向国际资本市场筹资，致使其保证银行债务的政策措施较具可信度。

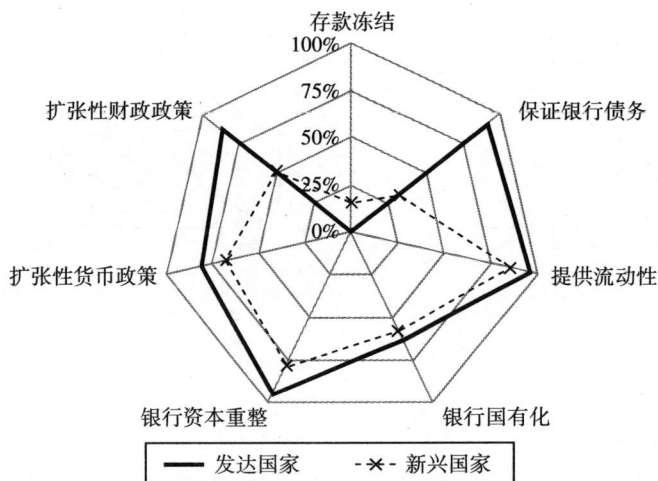

图 9 发达国家与新兴国家因应银行危机所实行的政策措施
注：图中比率是指发达国家与新兴国家实行各项政策措施的次数相对银行危机次数的百分比。

（5）银行危机、货币危机与主权债务危机间的关系。

根据 IMF 的分类，金融危机可以分为银行危机、货币危机及主权债务危机三类。国外许多危机教训已经证明，银行危机通常是金融危机的核心因素。以下介绍银行危机、货币危机与主权债务危机间的关系。

1）货币危机与主权债务危机的定义。

货币危机。根据 Frankel 和 Rose（1996）的定义，货币危机为美元名目汇率贬值 30%以上，且较前一年度贬值超过 10 个百分点，即货币危机。据统计，

1970~2011 年共发生 218 次货币危机，其中 2008~2011 年共发生 9 次货币危机。

主权债务危机。根据 Beim 和 Calomiris（2001）、世界银行（2002）、Sturzenegger 和 Zettelmeyer（2006）、IMF Staff Reports 的报告，综合判断该国是否发生主权债务危机，主要包括政府对民间部门之违约事件及政府债务重整之事件。据统计，1970~2011 年共发生 66 次主权债务危机，其中 2008~2011 年共发生 3 次主权债务危机[①]。

2）银行危机、货币危机与主权债务危机间的关系。

从金融危机发生的轨迹来看，银行危机可能与货币危机或主权债务危机同时发生，如图 9 所示。1970 年以来同时发生银行危机、货币危机及主权债务危机的次数为最低，仅有 8 次。银行危机与货币危机同时发生的次数为 28 次，远高于银行危机与主权债务危机同时发生的 11 次。

就金融危机发生的顺序而言，通常先发生银行危机，其后伴随货币危机或主权债务危机[②]。以研究显示，约有 21%的银行危机在货币危机发生前即已发生，16%的银行危机发生于货币危机之后。另约有 99%的银行危机在主权债务危机发生前即已发生，仅有 1%的银行危机发生于主权债务危机之后，如图 10 所示[③]。

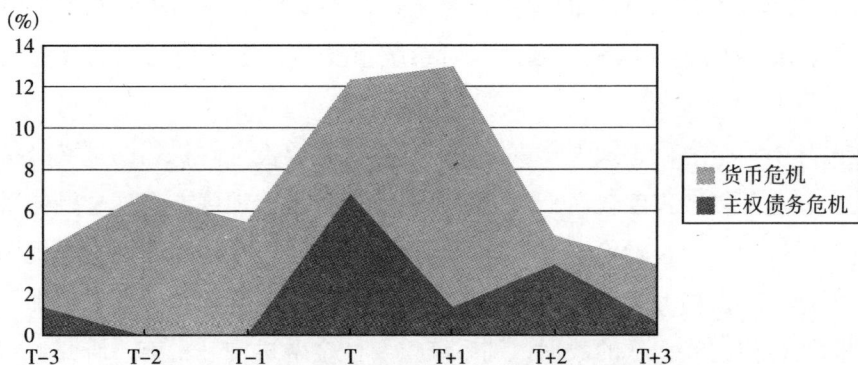

图 10　银行危机与货币危机及主权债务危机发生的顺序

原文链接： http：//www.imf.org/external/pubs/ft/wp/2012/wp12163.pdf

作者单位： 国际货币基金组织（IMF）

---

① 因希腊 2012 年上半年单方面立法通过集体行动条款（Collective Action Clauses）强制所有债权人参与债务重整，已构成 CDS 合约中所定义的违约事项，因此属主权债务危机。

② 请参考 Kaminsky 和 Reinhart（1999）与 Reinhart 和 Rogoff（2011）。

③ 是指同一国家发生货币危机或主权债务危机次数相对于银行危机发生次数的比率，其中 T 代表银行危机发生的年度。

6. 系统重要性金融机构的识别
——基于 CES 的识别

作者：Georgiana-Denisa、Banulescu 和 Elena-Ivona Dumitrescu，余凯月编译

导读：我们运用边际期望损失（Component Expected Shortfall，CES）识别系统重要性金融机构，弥补了边际预期损失识别方法的不足，可以计算出单个金融机构对于金融系统预期损失的明确贡献。CES 值越大，对金融系统的稳定性越重要，越是系统重要性金融机构。

2008 年的金融危机使我们对系统性风险有了新的认识。我们发现，系统重要性金融机构是系统性风险的源头，对于系统重要性金融机构的宏观审慎监管是维护金融稳定的重要因素。因此，对系统重要性金融机构的识别成为了首要问题。

在国际上，金融稳定理事会（2010）给系统重要性金融机构的定义是指业务规模较大、业务复杂程度较高、一旦发生风险事件将给地区或全球金融体系带来冲击的金融机构。从金融稳定理事会的定义来看，对于系统重要性金融机构的识别可以根据金融机构的规模、业务复杂程度、与其他机构的相关性来识别。首先面临的问题是使用什么样的数据识别系统重要性金融机构。目前，研究者对于数据的选取有两种认识：一种是直接采用金融机构账面上的资产和负债数据，这种方法简单，但与市场的联系不够紧密，如果监管者采用账面数据就不能反映出市场的变化；另一种是选取市场价格（如期权价格、CDS 价格等），采用市场数据能够体现出金融机构与市场的相互关联性，但不能反映金融机构的关联性和差异性，采用市场数据的研究者，不论是计算在险值还是预期损失都是计算单个机构对整体系统性风险的贡献，无法体现出各个机构的联系。

因此，弥补目前存在的两种数据处理方法不足之处的最简单的做法就是采用边际预期损失来计算单个金融机构的变化对整个金融系统的影响。边际的概念虽然很好地体现了金融系统对单个金融机构危机的敏感性，但是没有考虑到金融机构的特性，如规模、杠杆率。采取此种数据识别很可能会出现小规模、低杠杆率的金融机构比大规模、高杠杆率的金融机构具有更高的系统重要性的情况。

在本文中，我们提出了一种新的识别方法 CES 识别，CES 的识别是基于金融机构的规模、预期损失，以及在特殊情况下的在险值综合计算得出。运用 CES 方法弥补了边际预期损失的不足，可以计算出单个金融机构对于金融系统预期损失的明确贡献。CES 值越大，对金融系统的稳定性越重要，越是系统重要性金融机构。

CES 测量有很多优势。首先，相对于边际损失的概念，CES 考虑了单个金融机构在金融系统中的比重，因此就考虑了单个金融系统的规模。同时，CES 测量是一种复杂的测量方式，考虑了多种因素，克服了单一因素的不足。其次，CES 的测量是基于每日的市场变动数据，因此可以认为是一种真实的系统重要性测量。最后，单个金融机构的 CES 叠加即是金融系统预期损失。

为了验证 CES 的准确性，我们通过选取四种不同的金融机构（存款性机构、证券公司、保险公司、其他），分别计算其在危机前、危机中和危机后的 CES 值，通过分析比较我们可以得出，在不同的金融机构中有着共同的趋势。在危机前和危机中，CES 值有明显的上升趋势，并且逐渐达到顶峰；而在危机后会有明显的下降趋势，以此对应经济复苏。

根据 CES 测量的优势和准确性，CES 测量值可以被监管者运用于系统重要性金融机构的识别和监管，同时，为了减少被管制的成本，单个金融机构也可以运用此方法来控制自身的金融风险。

原文链接： http：//www.papers.ssrn.com/sol3/papers.cfm？abstract_id=2165004

作者单位： 欧洲大学学院（Georgiana-Denisa）和奥尔良大学（Banulescu, Elena-Ivona Dumitrescu）

7. 系统性风险、宏观审慎政策、金融监管和资本充足率要求

作者：Bruce Arnoldu、Claudio Boriob、Luci Ellisc 和
Fariborz Moshirian，肖洁、刘亮编译

导读：欧洲央行行长及其欧盟系统性风险委员会主持人特里谢（Trichet，2010）认为，系统性风险是一种金融不稳定，其影响金融体系基本功能，并导致经济增长和福利受到重大损失。金融监管改革的主要方面包括度量和调节系统性风险，并设计恰当的宏观审慎政策。

近年来，众多金融机构的倒闭对政府和经济施加了显著的负外部性。这使得度量金融机构的风险和适当的分担风险（和成本）从而缓解金融不稳定的负外部性显得日益重要。

系统性风险度量方面的最新进展，在多个不同市场中实施这些改进措施的困难，以及需要根据在不同区域中银行、所谓的"影子银行"和其他机构所带来的风险进行相应的政策调整。文章重点关注系统重要性机构。不管是欧盟系统性风险委员会（European Systemic Risk Board，ESRB），还是美国金融稳定监督委员会（Financial Stability Oversight Council，FSOC）都在紧密关注系统重要性机构。

理论上关于造成银行危机的原因有相互关联（Rochet 和 Tirole，1996），流动性螺旋（Liquidity Spirals）（Brunnermeir 和 Pedersen，2009）和宏观经济的不确定性（Chari 和 Jagannathan，1988）。但传统研究（Reinhart 和 Rogoff，2009）只关注银行，而现代金融体系是一个金融合约的复杂网络。将来的研究需要考虑系统重要性的非银行金融机构，或者称之为对系统性风险有重要贡献但受到较少监管的影子银行体系。Gennaioli 等（2012）分析了商业银行创新业务中出现的新风险。

探讨银行业的市场集中度（Bank Concentrations）与系统性风险的关系。学

140

界尚无一致结论，如 Hellman 等（2000）和 Engle 等（2012）。

"系统重要性银行"（SIBS）和"全球系统重要性银行（G-SIBS）。全球系统重要性银行，凭借其规模、相互关联性或其他特性，可以迫使政府援助使其"摆脱困境"的机构，从而对公众施加显著的负外部性。

将金融机构与金融周期相联系。金融周期（Financial Cycle）是指自我强化的风险偏好、融资约束和资产价格，放大了经济波幅，并可能导致蔓延型的金融危机和宏观经济资源错配，也被称为金融体系的顺周期性。金融周期有五个关键属性：第一，私人部门的借贷和房产价格。第二，金融周期是一个中期现象。传统商业周期发生的频率大概为 8 年，而金融周期频率为 16~20 年。第三，金融周期的高峰伴随着金融危机（Drehmann 等，2012）。第四，很少有金融危机不发生在金融周期的高峰阶段。如最近瑞士和德国的银行业危机，来源于对美国和英国的风险暴露，与国外金融周期紧密关联。第五，有可能提供一些指标供未来 2~4 年预测银行危机（Borio 和 Drehmann，2009），如（私营部门）信贷占国内生产总值和资产价格（尤其是房地产价格）超过一定的阈值。

讨论与系统性风险和宏观审慎政策相关的监管调控中可能存在的障碍。这里有两方面的挑战：一是如何监测和分析风险；二是如何制定可行的政策。本文讨论了在制定适应多地区的监管政策，尤其是当这些规定采取以某些规则为基础的固定模式时所遇到的困难。

分析了对资本充足要求的理解如何变化，从而强调了监管中的一个重大挑战：监管要不断适应金融市场和相关研究的发展。

原文链接： http://www.sciencedirect.com/science/article/pii/S0378426612002038
作者单位： 澳大利亚审慎监管局（Australian Prudential Regulation Authority）、国际清算银行、澳大利亚储备银行（Reserve Bank of Australia）和澳大利亚新南威尔士大学（The University of New South Wales，UNSW）

8. 税收或监管对解决金融系统性风险的有效性

作者：Donato Masciandaro 和 Francesco Passarelli，顾嘉翁编译

导读： 本文提出了一种更积极的政治经济学论点，本文把金融系统性风险看作是一种污染问题。同时，"搭便车"行为将加重这种风险。这个问题可以得到解决，至少在一定程度上可以通过金融监管或税收的方式得到解决。从规范的角度看，税收在很多方面更有优势，然而在现实中，金融监管被采用地更加频繁。如果大多数人在工具选择上选择监管，可能会过于苛刻。如果人们选择税收，那么可能效果会不明显。受到环保思想的影响，对金融交易征税受到大多数低污染企业的反对。大多数人从战略角度考虑会更倾向于选择监管的方法，以便最大限度地降低系统性风险的成本。

金融活动中监管和税收之间的权衡由于受到最近的危机的影响而面临更加严格的审查结果。监管和税收作为控制系统性风险的政策工具，是一种特殊的传染效应带来的外部性。在一个完美的庇古世界，如果能够合理校准处理上述外部性，税收和监管则可以达到完美的互补和共赢的局面。但在现实世界中，金融监管在很大程度上是首选。

在过去的10年里，一些G20国家已经实施了不同形式的金融交易税，但总的趋势是减少它们的应用。最近的经验也证实了这一趋势。在美国，2010年的《多德·弗兰克法案》都集中在资本充足率要求，而不是税收。在欧盟，引入金融税到目前为止一直未能通过，由于所有27个成员国之间不可能达成共识，而它们已经对协同指导银行业监管系统性风险达成共识。为何金融市场监管是如此常用，而税收则很少用来应对系统性风险问题呢？一个直观的解释是基于经验的论点。

金融监管逐步影响投资者的风险取向，而税收则通过利率收益比例对风险选择产生影响。因此决策者选择前者为了控制风险。风险度量的偏差的存在加强了这一观点。监管可以更精确地控制系统性风险，此外，监管受到其他因素的影响更低。不确定性和信息不对称的问题可能是一个严重的约束。

这里我们提出一个观点，Alesina 和 Passarelli（2010）基于政治经济学，并采用积极的方法首次提出一般污染问题。大多数低污染的企业从战略角度考虑会更倾向于选择监管的方法，以便最大限度地降低系统性风险的成本。这可能会导致双重政治扭曲：第一，政策工具的一个次优选择；第二，次优水平的政策。

"中等风险产生"在政治中扮演着关键的角色。税收和监管是减少外部性损失的不同分配方式。在监管的情况下，大多数的损失是由顶层风险产生者输出的。研究表明，即使是平均风险产生者都略高于平均监管水平，显然这太严格了。相比之下，在税收条件下，低风险的生产者承担的成本一致。因此，低中间代理导致税收的偏爱程度更广。在政治分析中，相对于平均水平，税收扭曲更多取决于中间选民。

我们的模型预测，在民主社会中，规模小、低风险的投资组合的拥有者更有可能选择监管而不是税收。这个观点解释了为什么金融市场监管是如此频繁，而采用税收则少得多，这样的社会监管可能会是高水平的。这可能解释了为什么人们普遍认为目前的金融市场监管政策实施没效率，甚至是过于苛刻的。

原文链接：http：//www.dx.doi.org/10.1016/j.jbankfin.2012.09.020

作者单位：意大利博科尼大学（Comercial University of Luigi Bocconi）和意大利泰拉莫大学（Universuty of Teramo）

9. 金融危机早期预警指标研究

作者：Hyun Song Shin，余凯月编译

导读： 在本轮金融危机过后，各国监管机构都力图寻找一套预警指标，希望通过对早期预警指标的监测来避免金融动荡的发生，本文将围绕具有普遍意义的预警指标展开研究。

目前，预警指标理论研究可以被看作理论与实际的综合体。一方面，目前的预警指标会考量很多变量因素；另一方面，这些被考量的因素往往是基于其是否能够适当运用，而不是拘泥于其背后的理论依据。例如，通常我们区分的发达经济体和新兴经济体，对于新兴经济体而言主要考量的是短期资金的变化，类似于短期外部借款等因素；而对于发达经济体而言，房地产杠杆则作为重要的考量因素。虽然划分为新兴经济体和发达经济体有助于改进地适用拟合优度，但是，这种人为的区分掩盖了发达经济体和新兴经济体在金融危机下的共同特征。考虑到隐藏在新兴经济体与发达经济体的共同特征，这些特征将有利于我们发现潜在的金融危机，因此，本文围绕合适的共同预警指标展开论述。

金融危机的周期性对于我们选取预警指标提供了一个很好的参考，参考银行和其他金融机构面对金融危机的脆弱性指标，本文提出了三大早期预警指标，具体如下：

（1）基于市场价格的指标，如 CDS 利差，其中隐含波动率及其他基于价格的违约压力。

基于价格的预警指标可以追溯到它们的隐含市场假设，在隐含的市场假设中，市场决策之间的相互作用总是维持在一个稳定的良性循环，而不是恶性循环。而一旦价格预警指标发生变化，说明其作为前提的市场环境发生了变化。

（2）信贷占 GDP 的比率。

在巴塞尔协议Ⅲ的框架下，信贷对 GDP 的比率作为一个中心角色，为逆周期资本缓冲的基础，这已被证明是非常有用的经济周期阶段指标。虽然信贷占 GDP 比率是一个很好的指标，但在实际运用中会有一些困难。例如，我们怎样确定信贷占 GDP 比率的基准。除此之外，信贷占 GDP 的比率还会受到经济周期的影响。

（3）银行业的负债总量以及非核心负债占核心负债的比率。

银行贷款的快速增长会通过银行的融资组成变化，从而反映在资产负债表的负债方。作为金融中介借钱放贷，银行必须筹集资金用以贷款。当信贷增长速度超过了银行的 "核心负债"，银行将转向其他的"非核心"资金来支持它的信贷增长来源。在这种方式下，非核心负债占核心负债比率可以作为一个风险程度的信号。

原文链接： http：//www.imf.org/external/pubs/ft/wp/2013/wp13258.pdf

作者单位： 普林斯顿大学（Priceton University）

10. 金融机构间的关联性对金融危机的预警作用

作者：Camelia Minoiu，余凯月编译

导读： 全球金融危机引发了人们对于金融危机预警机制的研究，在研究的过程中，人们提出这样一个问题，金融机构间的关联性是金融危机的预警指标吗？在本文中，我们将检测金融机构间的关联性是否能预测银行危机。

人们普遍认为，金融机构的相互关联性在金融危机的传播中起到重要的作用，它加快了金融危机的传播，加剧了金融危机带来的灾难。在本文中，我们将着力研究金融机构的关联性作为早期系统性银行危机预警指标的表现。为更准确地预测，本文将采用计量的方式，其中所采取的数据，是采纳一些大样本国家在过去四年的历史数据。

研究结果表明，金融机构的相互关联性可以预测金融危机。通过简单检验国内银行之间关联性大小，我们得出的结论是，一个国家内部的关联性越强，就越有可能引发金融危机。通过检验一个国家金融机构与其他直接合作机构的关联性大小，我们得出的结论是，一个国家的金融机构与与其相互来往的金融机构之间的关联性越小，就越容易引发金融危机。除此之外，研究结果还表明，通过分类运算不同数据对应的不同层次的金融危机，具有很强的能力来预测危机的发生，同时，危机的预测概率模型通常会产生较高发生危机的可能性，特别是当危机预测模型忽略宏观因素而只考虑金融机构的关联性时。

我们利用金融机构的关联性预测金融危机得出的结论只是我们迈出的第一步，这些结论只在很窄的范围内展示了关联性所包含的丰富内容。虽然我们的研究结果表明，金融机构的关联性为预测金融危机提供了重要的信息，但这是在与预先设定量比较下得出的，我们预先设定的量在很大程度上是不精确的。在以后

的工作中，我们将扩大研究范围，可以通过对跨境机构的数据研究，来进一步探讨全球银行间关联性的预测能力。

原文链接： http：//www.imf.org/external/np/cv/AuthorCV.aspx？AuthID=204

作者单位： 国际货币基金组织（IMF）

11. 银行危机预警指标

作者：**Mathias Drehmann** 和 **Mikael Juselius**，顾嘉翕编译

导读：银行危机预警指标（EWI）理论上是在相对于宏观审慎政策制定者的决策问题的基础上进行评估的。我们把这种问题的若干实际问题如在评估成本和各项政策措施的优势时，以及为满足预警指标（EWI）的时间和稳定性要求时，纳入统计的评价标准。我们发现，信贷与 GDP 缺口和一个新的指标，偿债率（DSR）的有效性持续超越其他措施。信贷与 GDP 的差距是在较长的时间范围下的最佳指标，而 DSR 占主导地位则在较短的时间范围内。

预警指标（EWIS）是随时间变化的宏观审慎政策实施的重要组成部分，如可以帮助减少与银行危机相关的巨额损失的反周期资本缓冲。EWIS 在这方面不仅要有健全的统计预测能力，还需要满足几个额外的要求。例如，信号需要提前到达，使得相关的政策措施有时间付诸实践，并且信号需要足够稳定，因为政策制定者往往随机应变。一般情况下，推导最优经验模型进行预测需要基本决策问题的详细知识（Granger 和 Machina，2006）。然而，这些知识是无法在宏观审慎政策的背景下有效的，因为估算预期成本和收益的相关经验有限（CGFS，2012）。尽管如此，它仍然有可能纳入政策制定者对于预警指标的估计和评价程序方面的决策。

鉴于估计宏观审慎政策的成本和收益的难度，第二个最好的选择是评估 EWIS 在一系列可能的效用函数。由于根据特定的效用函数的最优决策意味着一个特定的权衡Ⅰ型和Ⅱ型错误，要实现这一目标的一种方法是在一个给定的 EWIS 下考虑这种取舍之间的完整映射产生，这个映射称为受试者工作特征（ROC）曲线。ROC 曲线在其他学科方面较为常见（Swets 和 Picket，1982），但其应用到经济学是比较少见的。

ROC 曲线有几个有用的属性（Hsieh 和 Turnbull，1996）。特别地，曲线（AUC）下的面积是一个二值信号的信号传输质量的便利和可解释的摘要量。AUC 值也可以很容易地估计。参数和非参数估计还可以应用到置信带和瓦尔德统计比较两个信号的 AUC 值。我们采用 AUC 为主要指标评估和比较 EWIS 的分类能力，并把它运用到宏观审慎政策要求的评估过程中。特别是，我们指定了银行危机的理想 EWIS 的三个附加条件：时间、稳定性和可解释性。

适当的时机是 EWIS 有效的关键要求。一方面，宏观审慎政策需要经过一定时间才能生效（巴塞尔委员会，2010）。另一方面，信号在非常早期的阶段到达也可能是有问题的，说明政策措施代价昂贵（Caruana，2010）。因此，我们需要的信号到达应该至少是一年半，但不超过五年。信号的稳定性是第二大要求，但很大程度上容易被忽视。一方面，政策制定者倾向于将决策的基础放在发展趋势，而不是立即以信号变量的变化做出应对（Bernanke，2004）。另一方面，逐步实施的政策措施也可能使决策者能够更有效地影响市场预期，以及处理传输机制（CGFS，2012）的不确定性。因为 EWIS 可以发出稳定和持久的信号以减少有关趋势的不确定性，使得其可以采取更果断的政策行动。预警信号应该很容易理解，因为任何预测，包括预警指标信号，都有可能被政策制定者忽视。

我们用自己的方法评估了 10 个不同的 EWIS。我们首先独立的观察 EWIS，但在最后，我们还要考虑如何将它们结合起来。我们的样本包括 26 个经济体，包括从 1980 年开始的季度时间序列。一组潜在 EWIS 应该包括更成熟的指标，如实际信贷增长、信贷占 GDP 的差距、增长率及物业价格与股票价格的差距（Drehmann、Borio 和 Tsatsaronis，2011），以及 Hahm 和 Shin（2013）提出的非核心负债率。我们还测试了两项新措施：一国金融危机的历史以及债务服务比（DSR）。DSR 首次在这样的背景下由 Drehmann 和 Juselius（2012）提出，并定义为利息支付和本金收入强制还款的比例。

原文链接： http：//www.elsevier.com/locate/ijforecast
作者单位： 国际清算银行（Bank for International Settlements）

12. 欧洲银行危机预测

**作者：Frank Betz、Silviu Oprică、Tuomas A. Peltonen
和 Peter Sarlin，顾嘉翕编译**

导读：我们开发了一个通过使用银行和国家级数据来预测导致欧洲银行危机的漏洞的预警模型。彻底的银行倒闭在欧洲已不多见，我们介绍了一种新的数据集，用以补充在国家干预和遇险兼并的情况下发生的破产和违约。早期预警模型的信号进行校准不仅要根据Ⅰ型和Ⅱ型之间的误差决策者的偏好，同时也考虑到各金融机构的潜在的系统性关联。

全球金融危机对欧洲银行体系的健康和个别银行的健全具有显著影响。来自欧盟委员会的数据显示，政府为稳定欧洲银行业的经济援助在 2009 年底最高达到 1.5 万亿欧元，高达欧盟 GDP 的 13%以上。虽然金额较大，但是目前的救助成本占了系统性银行危机的总成本较适当的比例。如 Dell Arriccia 等（2010），Laeven 和 Valencia（2008，2010，2011）研究表明以前的银行危机的产出损失平均为 20%~25%的 GDP。此外，财政紧张的主权国家与处于主权债务危机中的银行的相互作用表明欧元区银行业对整个欧洲货币联盟的稳定性起着关键作用。欧洲银行预警模型的基本原理是清楚的。

为了得到一个欧洲银行早期预警模型，本文介绍了一种新型的银行遇险事件的数据集。由于银行违约在欧洲是罕见的，该数据集在补充破产、清算和拖欠等事项的过程中还考虑到了国家干预和危机兼并等情况。国家干预包括注资和资产浮雕（资产保护及担保）。危机兼并发生倘若母公司合并后 12 个月内收到国家援助或如合并后的实体有一个覆盖比率（资本股权及贷款准备金减去不良贷款与总资产）在合并前 12 个月小于 0。

金融危机的爆发是出了名的难以预料（Rose 和 Spiegel，2011）。近日，预警模型的文献也因此集中在检测潜在的弱点，并找到共同的模式来预测金融危机（Reinhart 和 Rogoff，2008，2009）。因此，我们的重点研究预测如一个或多个触发事件可能导致银行遇险事件的银行较脆弱的状态。预警模型应用于一个微观与宏观的角度来衡量银行的脆弱性。除了个别银行和银行部门的脆弱性指标，本文采用来自关系到欧盟的宏观经济失衡程序（MIP）的欧盟预警机制的报告的有关宏观经济和金融失衡的措施。

我们的模型通过估计得出银行脆弱的状态的概率，但决策者需要知道什么时候采取行动。Sarlin（2013）对该模型的信号进行评估时考虑到 I 型和 II 型错误，正常和危机事件发生的不均匀频率和银行的系统性之间的相关决策者的偏好。我们介绍的评估框架是第一个应用到银行级的模型，并给出其大小银行的系统性关联。因此，预警模型也进行校准以专注于预测系统性银行倒闭。

我们的研究结果提供了观测欧洲银行业脆弱性的决定因素。通过宏观金融失衡和银行部门的脆弱性的指标来补充银行特有的脆弱性，从而提高了模型的性能，如 Gonzalez Hermosillo（1999）和 Hernandez 等（2013）提出的观点。研究结果还证实了最近推出的欧盟 MIP 的部分观点，以及在早期文献中发现的关于脆弱性指标的有用性。

评估框架的结果表明，决策者对忽视的银行危机的关心比对模型可能的危机误报的关心更有用，这是直观的，如果我们认为一个预警信号会触发银行内部，那么银行商业模式和同行的预测将处于危机之中。客观分析应该揭示哪些信号是假的，而不考虑会对政策的权威损失的信誉。评估还意味着它要更加重视系统重要性，以及大型银行关注系统性风险政策制定是非常重要的。与此同时，大型金融机构的风险更加复杂，因为当银行的规模过大的时候模型显示性能较差。

原文链接：http：//www.ecb.europa.eu/pub/pdf/scpwps/ecbwp1597.pdf

作者单位：法兰克福大学（Goethe University Frankfurt）和欧洲中央银行（European Central Bank）

13. 海合会国家银行危机预测

作者：Aktham I. Maghyereha 和 Basel Awartani，陈锦宏编译

导读： 目前，银行危机的研究对象基本都是欧洲银行或是美国银行。在本文中，我们测试通过运用风险模型对海湾合作委员会国家[①] 的银行危机做出早期预测。具体来说，就是通过一系列指标推测海合会国家的银行出现危机的可能性。测试涵盖多种变量，如资本要求、规模、多样化、市场影响力等。经过模型验证，我们推断出了各项变量指标的重要性，并发现，通过风险模型可以较为准确地预测海合会国家的银行出现危机的可能性。

2008 年金融危机之后，海合会国家银行的脆弱性进一步显现，因此对这些国家银行危机的研究变得更为重要，提高对银行危机的预测能力，可以让潜在危机在发生之前就得以纠正，从而有效地避免危机给银行和宏观经济造成重大损失，保证经济的健康发展。

为了确定预测海合会国家银行危机中的重要变量，我们研究了 78 次银行危机事件和 70 家海合会国家银行 2000~2009 年运营数据。测试变量涵盖四大类，分别是：银行级别变量[②]、监管环境变量、所有权结构变量以及宏观经济变量。通过 Shumway（2001）提出的动态离散时间风险模型（Dynamic Discrete Time Hazard Model）测试各项变量的重要程度。该模型与较为常用的静态模型相比有三点优势：第一，可以根据时间调整银行危机概率。第二，因为使用堆积数据（Stacked Data），该模型更加准确、高效。第三，可以结合同一时间点时所有银行的变量数据。

---

① 海湾合作委员会 GCC：成员国包括阿联酋、阿曼、巴林、卡塔尔、科威特和沙特阿拉伯。
② 银行级别变量：规模、多样化和市场影响力。

在表 1 中，我们比较了发生危机的银行和未发生危机的银行的各项变量。可以从 CAMEL[①] 变量的差异中看到，发生危机的银行相对效率较低、资本化程度低、流动性差、盈利能力弱，不良贷款率也相对较高。此外，非 CAMEL 变量数据告诉我们，没有发生危机的银行相对发生危机的银行而言，规模更大，拥有更强的市场支配能力，并且中介服务是银行收入的主要来源。由此我们推断，多样化或者非传统银行业务会导致银行收益风险的上升，从而增加银行发生危机的概率，不利于银行的健康发展。实验结果同时也指出，银行间的竞争会让银行本身变得更加脆弱。这一结果和此前部分学者的结论一致，但也有学者认为市场的力量会对银行危机起到正面影响。

宏观经济变量对银行危机的影响也十分显著，GDP 增速减缓会导致银行发生危机的可能性增加。但从表 1 中我们可以看出，由于 GDP 平均值差的 p 值（p-value）为 0.4，所以 GDP 对于判断银行危机的重要程度不高。一般情况下，通胀压力也会对银行的健康产生负面影响。但是，我们发现在海合会国家，通胀降低反而会导致银行面临危机的可能性增加。例如，该地区通过上调实际利率来降低通胀，但却导致了信用风险和企业还款拖欠的增加。发生危机的银行中，政府所有权占比相对较低，监管较为薄弱，机构发展指数也低于未发生危机的银行。值得注意的是，危机银行的资本要求反而高于未发生危机的银行，但从 p 值中，我们推断资本要求对于判断银行危机帮助不大。

表 1　模型测验数据对比

	发生危机的银行		未发生危机的银行		统计量显著性		
	平均值	标准差	平均值	标准差	平均值差	t-Statistics	p-Value
TIC	18.483	12.350	21.840	13.474	−3.356***	−5.841	0.0000
TCR	22.973	10.503	26.370	17.228	3.397***	6.929	0.0000
EAS	15.319	8.679	24.304	27.998	−8.985**	−2.324	0.0172
LAS	54.566	19.476	42.240	22.126	12.325***	6.787	0.0000
LLP	17.050	14.588	3.304	1.705	13.746***	19.313	0.0000
NPL	19.696	18.290	3.907	5.871	15.788***	15.272	0.0000
DEA-EF	66.808	6.998	89.173	15.916	−22.365**	−2.995	0.0319
NIM	2.861	1.822	3.254	1.562	−0.392***	−2.672	0.0077

① CAMEL 类型变量：这些变量根据 5 个标准来判断银行的稳定性，标准分别是：资本充足率、资产质量、管理、收益和流动性。

续表

	发生危机的银行		未发生危机的银行		统计量显著性		
	平均值	标准差	平均值	标准差	平均值差	t-Statistics	p-Value
ROAA	1.871	4.474	2.501	3.409	−0.630**	−2.883	0.0300
ROAE	7.117	3.185	16.230	12.511	−0.122***	−4.232	0.0000
IBR	178.633	183.769	204.051	176.992	−25.417***	−16.367	0.0000
NLDB	75.165	45.537	57.463	32.481	17.701***	4.102	0.0000
SIZE	7.620	1.463	8.254	1.621	−0.6339***	−4.469	0.0000
IDIVER	74.617	54.281	60.273	79.359	14.344**	2.524	0.0119
ADIVER	99.015	43.846	85.683	45.680	13.331***	3.273	0.0006
MP	44.920	22.213	56.906	34.608	−11.986**	−2.452	0.0157
RGDP	5.909	4.980	5.807	4.407	0.101	0.248	0.4019
INF	3.440	4.616	4.596	4.891	1.155***	2.672	0.0077
FOREIGN	24.364	28.762	24.816	26.110	−0.452	−0.184	0.4268
GOVERN	11.044	16.715	17.099	17.900	−6.055***	−3.771	0.0002
CPAR	4.202	2.263	4.275	1.950	1.601	0.002	0.4632
OFFDP	9.217	3.442	9.906	3.243	−0.688**	−2.326	0.0101
ACTRS	8.611	1.824	8.856	1.891	−0.244**	−1.755	0.0307
KKZ index	0.302	0.145	0.511	0.169	−0.110**	2.072	0.0142

表2　模型预测准确性

样本	对发生危机银行预测		对未发生危机银行预测	
	正确率	错误率	正确率	错误率
面板一				
Model I	67.742	32.258	95.652	4.348
Model II	64.000	36.000	95.087	4.043
Model III	64.000	36.000	95.087	4.913
Model IV	67.273	32.727	95.087	4.913
Model V	68.750	31.250	95.652	4.348
Model VI	69.644	30.356	95.913	4.087
面板二：控制了农村变量				
Model I	72.355	28.645	96.870	3.130
Model II	71.152	28.848	96.000	4.000
Model III	69.755	30.245	95.870	4.130
Model IV	69.755	30.245	95.870	4.130
Model V	69.574	30.426	95.435	4.565
Model VI	71.692	28.308	96.935	3.065
Model VII	72.254	27.746	97.065	2.935
Model VIII	71.750	28.250	96.052	3.948

为了验证各种变量间的关系和模型的准确性，我们还做了多种模型测试。从表 2 中我们可以看出，多组动态离散时间风险模型预测的准确性都比较接近，65%会发生危机的银行可以被准确预测，对不会发生危机的银行的预测准确率更高达 95%。

此外，通过对各项变量指标预测重要性的测试，我们得出以下结论：

（1）判断银行危机，CAMEL 类型变量是十分重要的指标，这一结论也和相关文献的结论一致。

（2）有十分确切的证据表明，规模、多样化和市场占有率都是推测危机非常重要的指标。多样化程度较低的大型银行出现危机概率相对较低，而且市场集中程度越高，出现危机的可能性越低。

（3）宏观经济变量对于判断银行危机也相对有效，但所有权结构则起不到什么作用。

（4）监管变量方面，机构发展指数十分重要。代表监管权力和非传统银行活动限制的指数，对于判断海合会国家的银行危机也起到一定作用，但其他监管变量则并不重要，如资本要求。

原文链接： http：//www.sciencedirect.com/science/article/pii/S0275531913000305

作者单位： 阿联酋大学（United Arab Emirates University）和英国普利茅斯大学（Plymouth University）

14. 中低收入国家的系统性银行危机的早期预警系统

作者：**Giovanni Caggiano、Pietro Calice 和 Leone Leonida**，刘亮编译

导读：本文以撒哈拉沙漠以南地区的低收入国家为样本，预测了系统性银行危机和早期预警系统。由于这些国家的危机平均持续时间超过一年，标准的二项分对数模型的预测性能可能会受到所谓的危机持续时间偏差而受到影响。

最近的全球金融危机激发了学者和决策者在研究预警模型系统的理论和实证分析方面的兴趣，所谓的早期预警系统（预警系统）就是预测系统性银行在危机爆发时的风险。虽然过去研究的重点一直是在发达经济体中（Barrell，2010；Babecký，2013），但是在最近的危机中发现相关实证文献很少关注低收入国家。这是不足为奇的，因为低收入国家经历了许多灾难性的银行危机，尤其是在 20 世纪 80 年代和 90 年代，使之比其他的经济体需要更长的时间来解决。

我们旨在填补这一空白，并建立一个对中低收入国家预测系统性银行危机的预警系统。我们的贡献是双重的。第一个贡献是关于检验的样品的政策相关性，在撒哈拉以南的非洲国家（SSA），令人惊讶的是对低收入国家银行危机的文献已经开始被研究了。第二个贡献是，方法上利用了多项式 Logit 模型。

从政策角度看，以撒哈拉以南的非洲低收入国家为代表的银行业危机的分析是一个有趣的范例。尽管在 20 世纪 80 年代和 90 年代经历了大量的持久的危机，这些国家的银行系统证明其有能力抵御全球金融压力。这主要是许多国家健全的宏观经济政策在过去 10 年内实施结构改革的结果。大多数国家都改善了监管的规管架构，巩固了审慎监管要求和监管规定（国际货币基金组织，2012A）。然而，相关的宏观经济和银行体系的脆弱性仍然存在，某些因素的突然出现很可能增加金融深化的难度而导致更加复杂的金融交易。在这方面，预警系统可以作为

政策制定者和监管机构在这方面的重要工具。

综上所述，撒哈拉以南的非洲低收入国家并没有特别注意建立预警系统。撒哈拉以南的非洲低收入国家在银行危机的研究方面，无论是主题（Honohan，1993；Brownsbridge 和 Harvey，1998；Daumont 等，2004），还是研究发达经济体和新兴市场（Demirgüç-Kunt 和 Detragiache，1998；Kaminsky 和 Reinhart，1999；Davis 和 Karim，2008）一直基于定性分析。后一种方法建立在有效性的基础上，并依赖于以下假设：同一组变量有可能解释不同环境下的危机的发生及该参数是不变的，在同质的样本的情况下。然而，这些假设不可能成立。事实上，最佳的国家集群的初步分析更趋于提高预测的质量。Van den Berg 等（2008）表示通过在区域基础上聚合国家建立一个预警系统胜过那个地方所有的国家都汇集的效果。有证据表明，在所分析的经济体的样本中，通过同质的国家预警系统来预测危机的能力提高了，而这可作为一个公认的结果。

我们通过采用多项 Logit 方法来发展我们在撒哈拉以南的非洲低收入国家的早期预警系统。实证文献在研究系统性银行的危机预警系统时一般采用两种信号方式或二项式 Logit 框架。前者认为会受到协变量的单独影响，并会参考特定的阈值（Kaminsky 和 Reinhart，1998；Borio 和 Drehmann，2009），而后者涉及一个二进制虚拟解释性变量的矢量，以提供概率的估计（Demirgüç-Kunt 和 Detragiache，1998；Beck 等，2006；Davis 和 Karim，2008；Barrell 等，2010）。尽管最近通过使用二元分类技术（Duttagupta 和 Cashin，2008）尝试了两种方法的整合，文献表明，基于二项式多元 Logit 在估值上的经验策略优于信号的方法。Demirgüç-Kunt 和 Detragiache（2000）、Davis 和 Karim（2008）表示通过二项式 Logit 方法表现出较低的 I 型和 II 型错误，比通过信号的方法估计危机的概率更高，因此可提供更准确的早期预警系统。

原文链接： http://www.ideas.repec.org/p/adb/adbwps/993.html

作者单位： 意大利帕多瓦（Giovanni Caggiano）和非洲发展银行（Pietro Calice）

15. 新兴市场货币危机早期预警机制分析

作者：Fabio Comelli，余凯月编译

导读： 2008~2009 年的金融危机引发了经济学家们对新一轮早期预警机制设计与评估的研究，一系列的量化模型被用来预测短期内金融危机发生的可能性。本文将运用 1995~2012 年的数据，采用随机概率模型检验其对早期风险预警的可靠性，并比较二者的异同，得出最终结论。

首先，我们将选取汇率压力指数变量作为早期货币危机预警机制的参数，汇率压力指数的变动来自于外部的冲击，其中包括如下指标：经常账户变动、GDP 增长率、实际有效汇率的偏差、国外资产净额、私人贷款数量以及外汇储备与短期外债的比率。

其次，我们建立随机概率模型，运用 1995~2012 年的数据形成时间样本，利用内样本和外样本（做时间序列建模时，有时要分内样本和外样本，外样本的功能其实就是检验内样本拟合出来的模型的有效性）数据，检测外部冲击指标对预警机制的影响。

最后，通过运算得出如下结论：

（1）GDP 的强增长率和高额的国外净资产可以降低货币危机发生的可能性，同时，私人贷款数量增加会增加货币危机发生的可能性。

（2）经常账户变动以及实际有效汇率偏差对于货币危机的影响并不明显。

（3）外汇储备与短期外债比率对于货币危机的影响仅在两个标准差范围内有效，在三个标准差范围内无效。

除此之外，通过比较两个不同模型得出的结论，我们发现两个模型的外样本检测结果十分相似，随机概率模型的正确度在 41%~64%。我们还发现早期预警模型对于样本的规模和危机的定义有很高的敏感性，当我们定义危机是超过两个

标准差时（即某些指标的变动在两个标准差以外），模型的预测性是最好的。预警模型对于样本的规模十分敏感，这就意味着如果在样本中包含了许多偏远的观察指标，可能会得出与正常情况相反的结论。选择两个标准差以内的危机定义能保证得到较为准确的预警。这告诉我们在对危机进行预测时，应该采用尽量多的样本，并且对于危机的定义应该在两个标准差范围内。

总结全文，我们对文章的发展做出如下三个假设：

（1）早期预警模型依赖于外部冲击指标所提供的信息，如果改变外部冲击指标所包含的内容，那么结论是否会改变。

（2）如果在研究过程中，我们假设切断了资本向新兴市场流入，那又会对试验造成什么样的影响。

（3）为了降低试验的错误率，如果我们改变对汇率压力指数变量的定义，又会得出什么样的结论。

原文链接： http：//www10.iadb.org/intal/intalcdi/PE/2014/14165.pdf
作者单位： 国际货币基金组织（IMF）

16. 系统性风险的测量

作者：Armen Hovakimian、Edward J.Kane 和 Luc Laeven，余凯月编译

导读： 巴塞尔委员会对于系统性风险的定义缺乏准确性，对系统性风险的监管缺乏可操作性，为此，本文提出了利用股票市场数据，并运用看涨期权模型，测量单个银行的风险以及单个银行对系统性风险的贡献。最终得到结论，规模和银行单个风险负相关，而规模对系统性风险是正向影响。

2008 年金融危机所造成的灾难性后果仍然在持续，这不得不使监管当局认真思考这些大而复杂的金融机构可能带来的系统性金融风险。为此，监管当局力图寻找一种能及时且有效地识别系统重要性风险的方法，以便在风险发生前进行有效的防御，而在风险爆发后有相应得当的应对措施。

本文认为巴塞尔委员会对系统性风险的定义缺乏可操作性。这是因为第三方数据并不可靠，所以不能基于此定义来判断什么是系统性风险，更不能由此决定系统性风险的防御措施和应对措施。并且，巴塞尔委员会的定义太过主观，它假设一个机构在面临危机的条件下，一定会有风险溢出。而这种风险溢出可以影响到其他机构，甚至实体经济。依据这种方式来定义系统重要性风险是不够客观的，它仅是根据巴塞尔委员会的理解去定义系统重要性风险，很可能会造成政策自用。除此之外，它还忽略了整个金融网络的自身的作用。金融体系内本身存在着放大或者缩小金融风险的机制。而巴塞尔委员会对系统性金融风险的定义直接假设风险一定会影响整个金融体系，忽略了风险在整个体系内集聚和分散的通道。

金融安全网的存在使得许多大型金融机构更有动力去除高杠杆，这导致风险暴露增加。除非监管当局能做到持续谨慎的监管，否则一定会造成监管漏洞，最终会加大整个体系的金融风险。而监管漏洞导致的监管套利会被中央银行的货币政策扩大化，中央银行通过对流动性出现问题的金融机构提供流动性支持来缓解

这些金融机构的困境以及对市场可能造成的冲击。这就导致风险暂时隐藏并暗自发酵，一旦流动性出现问题，则会影响到整个市场。监管当局采取注入流动性这种短期做法，会使得这些所谓的"大而不倒"金融机构有足够的动力去追求更高的杠杆收益。因为这些机构认为除非这种国家层面的援助失去威信，否则监管当局为了防止风险大范围传播是会给他们提供援助的。

对于银行来讲，监管者通常所关注的是一年期的资产与负债，银行多有一年到期的无息有价证券，如果到一年后，银行的资产不足以偿还这些负债，银行就面临财务危机，因此银行信息也以年为周期详细披露。人们持有银行的股票是因为对银行的资产是看涨的，人们通过市场信息来判断买入卖出点，最终的体现是股票价格的波动。因此本文所用的数据是 1974~2010 年美国银行的数据，而模型是基于人们对所买股票公司的资产是看涨期权。利用股票价格波动，通过股票看涨期权的公式，来判断银行目前的真实资产，最后通过比较资产和负债之间的差距来判断银行是否产生风险。我们主要检验了规模对风险的影响，最终得出如下结论：

（1）在同样的时间段里，规模对单个银行的风险影响和对银行业系统性风险的影响不一致。规模对于系统性风险的影响是单一正向影响，而对于银行的单个影响是有反转的，即对于单个银行，规模上升到一定阶段，单个风险是减小的。

（2）小银行容易产生单个银行风险，大银行容易产生系统性风险。单个银行风险随着规模的增大而减小，单个银行对系统性风险的贡献随着规模的增大而增加。资产排名前 10 的银行对系统性风险的贡献也在前 10 位。

原文链接：http：//www.nber.org/papers/w18043
作者单位：美国国家经济研究局（NBER）

17. 可信度和危机压力测试

作者：**Li Lian Ong** 和 **Ceyla Pazarbasioglu**，肖洁编译

导读：可信度是所有危机压力测试的基础。2009 年美国当局首先在监管资本评估程序（Supervisory Capital Assessment Program，SCAP）的框架下使用压力测试以控制系统性风险。之后，其他地区的监管部门也采取了类似的方法。在某些情况下，由于缺乏可信度，框架中某些因素的设计和实施受到了批评。本文提出了一套构建有效危机压力测试的标准。这一方法通过结合之前金融市场的影响研究和相关的案例研究信息，确定关键的影响因素并制定合适的设计方案。本文也对危机压力测试相关的概念、问题和细微差别进行了讨论。本文研究结果有助于国家部门将压力测试运用到危机管理当中，并且有助于设计应对危机的方案。

压力测试已经成为金融危机管理的新标准。在当前金融危机的背景下，国家部门越来越多地在银行系统中使用压力测试以重新获得公众信任。危机压力测试这种新型工具本质上是一种监管手段，它通过详细的公开披露来消除对银行资产负债表和监管当局对这些银行计划的广泛不确定性。或者说，危机压力测试是一种具有宏观审慎目标的微观审慎手段，从这方面来讲，透明度和披露质量十分重要。

2009 年初美国当局首先在监管资本评估程序（Supervisory Capital Assessment Program，SCAP）的框架中引入了危机压力测试这一概念。压力测试手段的偿付发生在次贷危机那段最黑暗的日子，紧随而来的是对美国银行及其市场价值信心的大幅下跌。SCAP 的宣布最初遭到了市场的怀疑，但随着官方对于这一措施目标的澄清，金融市场的支持和后来这一方法的正式出版，结果开始有利于市场（Peristian 等，2010）。结果表明，即使是在更不利的情况下，美国最大银行的资

本需求也是可管理的（Tarullo，2010）。投资者信心回升并趋于稳定，被评估的银行可在接下来 12 个月内增加 2000 亿美元的普通股。因此，美国监管当局继续采取 SCAP 的方法，在《多德·弗兰克华尔街改革和消费者保护法》（DFA）的框架下使用综合资本评估程序（Comprehensive Capital Assessment Program，CCAP）的形式和采用危机压力测试。

由监管者进行的危机压力测试不应与危机中监管的压力测试相混淆。这两种压力测试的目标相同：①在目前的偿付能力下确定所需的缓冲资本；②利用分类分析区分系统中银行的稳健性；③依据预估的赤字大小和重组所需的紧迫性量化潜在的资本成本。但是，危机中监管压力测试具有不同的透明度，实际上，可能需要非常保密，以避免当设计方案的关键因素不完全时可能出现的无法管理的反弹。

显然，危机压力测试的成功度在于它的可信度。测试的管理者（测试仪器和监管者）必须是独立的并且具备必要的技术知识。压力测试本身必须足够严格并且合理。它们必须是同时的、一致的，并且在公司评估之间具有可比性，能够进行更广泛的风险分析和对个别机构的评估（Tarullo，2010）。从宏观审慎的角度来看，它们有助于对个别机构之间关系的理解。此外，需要提前说明处理结果的方式。另外，结果本身必须有足够的细分，能够在第一步之后有明显区分，以指导后续行动。欧洲监管当局也使用压力测试进行系统性风险的管理，但与美国当局相比有效性不同。这表明这种工具的设计方案十分重要。

危机的压力测试应被视为重建公众对银行体系信心的整体战略的关键一环。理想情况下，这样的策略应该包括：包含；诊断（资产质量评估（AQR）、数据完整性验证（DIV）、压力测试）；重建或退出。在诊断部分，压力测试是一个前瞻性的工具，用于确定防止实体经济进一步恶化的缓冲资本，而任何先前 AQR 和 DIV 的工作应确保用于应力测试数据是"干净的"，这对于可信度来说十分重要。

2001 年危机后，土耳其当局对其银行部门的评估就是公共诊断的例子。虽然这一诊断没有包括前瞻性压力测试的部分，整体目标和设计已经包含了取得可信结果的重要性质。国内所有银行的财务状况使用改进的会计准则和三级审核程序评定。确定了各银行的资本充足率，并且对那些资本不足的银行要求采取资本措施。通过国家注资方案对那些具有偿付能力但无法筹集必要资金的银行进行金融支持。当局公布了这一措施的目标、方法和实施细节（Banking Regulation and Supervision Agency（BRSA），2002a），以及结果和研究进展（BRSA，2002b）。

本文重点关注危机压力测试的设计，进一步可以进行诊断环节的其他方面的综合研究。到目前为止，建立一个有效的危机压力测试的综合框架的研究比较少。Hirtle 等（2009）在分析宏观审慎与微观审慎监管互补性的过程中，从 SCAP 中进行了借鉴。Schuermann（2012）探索了压力情况的一些细节以及在对损失、收入和平衡表建模中的应用。从美国、欧盟和爱尔兰的经验来看，这些都是宏观压力测试的关键因素。Schuermann 还比较了不同经验中的披露策略。此领域中其他实证和政策相关的文献主要关注 SCAP 的有效性（Bernanke，2010；Matsakh 等，2010；Peristian 等，2010；Tarullo，2010）以及欧盟经验（Onado 和 Resti，2011）。

本文的具体目标是根据之前的经验，制定一套设计危机偿付能力压力测试的标准。虽然一个危机压力测试可能包括偿付能力或者流动性风险或者二者皆有，本文主要关注前者。本文分析中运用了多种方法。首先，作者利用美国、欧盟、爱尔兰和西班牙近期经验的金融市场影响分析区分了危机压力测试的有效性。其次，作者利用案例分析明确了危机压力测试的关键因素并根据以往压力测试的定性信息制定出这些因素的适当的设计方案。在有关情况下，作者认为本文的分析与文献中已有的"最佳实践"原则相当，同时还强调了概念、问题和危机压力测试中较关键的细微区别。

我们的结论指出了一个不可改变的事实，即危机压力测试比较复杂。理想情况下，压力测试应该有一个明确的目标，并且能够较早解决银行系统信心危机的问题。此外，过去的经验表明，国家当局必须充分承诺是否会采取这样的措施，以达到预期效果。当局必须对银行系统进行一次彻底的、公正的、透明的检查并解决问题以采取适当的后续行动，用必要的资源支持得到结果，观察措施是否为其目的服务。确保危机压力测试的可信度还需要如 AQR 等支持措施和可能的后续压力测试。考虑到公众信心和财政钱包的潜在影响，危机压力测试的设计还需要考虑政治经济方面的问题。作者认为，本文的研究结果有助于政府采取压力测试进行系统性风险管理和金融危机管理方案的设计。

本文的结论是压力测试已成为当前全球金融危机中监管者进行危机管理的一个重要工具。它们基于微观审慎措施，通过提高透明度和披露来解决宏观审慎风险。2009 年美国政府通过 SCAP 项目首先引入了危机压力测试，此后很多国家运用了这一方法并产生了不同的结果。本文利用的影响分析和案例分析表明，若要将压力测试中某些因素运用到风险危机管理中，这些因素的设计非常重要。此外，如果这项工具要被建设性地利用并且结果解释合理，那么某些概念和细微差别也十分重要。

压力测试不是一门科学，更像是一种艺术，因此专家评价是必不可少的。系统性风险管理中压力测试的使用给这个艺术形式增加了其他维度，分别是：

危机压力测试的公共性意味着它们的设计能够接受严格审查。因此，设计的某些因素，如测试时间、测试管理、测试目标、用于结果解释所提出的措施计划和披露的本质可能会与标准的监管压力测试有所不同。为了确保结果可信，危机压力测试的其他因素必须足够严格。这就需要包括覆盖范围和方案设计，虽然后者不一定十分复杂。危机压力测试同样需要其他措施增强其可信度。具体来说，AQR 对投入的可靠性有着关键作用，而后续压力测试对于更新市场发展，巩固之前的措施十分重要。虽然还未公开，但独立的流动性压力测试也越来越多地被用于偿付能力测试的补充。政治经济可能在确定压力测试的有效性方面起着关键的作用。由于测试结果可能会对政治和经济存在潜在影响，因此这些压力测试的设计可能会受到政治的影响。最后，运气在压力测试中也十分重要。压力测试的成功实施可能需要各方面的配合，如银行的健康状况、实施时间、市场条件和公共接受信息的程度等。

本文研究表明，国家当局如果要进行危机压力测试必须有充分的承诺。他们必须有明确的目标并且当估值降到某一水平以下时立即采取行动。在这一阶段，且在危机信心变得根深蒂固之前，如果想要改变银行体系的情绪，他们必须公开对银行体系进行全面系统的检查，根据结果采取必要的后续措施并有资源支持。否则结果可能适得其反，所有努力只会使得市场信心丧失，甚至使实体经济走向毁灭。除了透明度方面的考虑，我们已确定并设计的许多性质与危机情况下监管压力测试也十分相关。

危机压力测试也可能预示着透明度的新时代。在全球金融危机前，监管压力测试通常秘密进行。美国公开进行危机压力测试后，许多监管压力测试提供了类似的披露程度。其他地区有些尚未走出困境，有些甚至在后续的危机压力测试中提高了透明度。这些地区在未来情况好转时是否能够保持这种披露水平仍有待观察。人们对于当经济情况正常时，压力测试透明度的要求持有不同观点。但当危机消退时，披露要求仍然较高，并且市场也有同样要求。

原文链接：http：//www.sciencedirect.com/science/article/pii/S0363811111001317
作者单位：国际货币基金组织（IMF）

18. 宏观压力测试评估银行系统性风险

作者：**Jérôme Henry** 和 **Christoffer Kok**，刘亮编译

导读： 宏观压力测试评估银行偿付能力的技术在过去几年发展迅速。受金融危机影响，银行蒙受重大损失，导致银行业的亏损承受能力的不确定性增强。宏观压力测试已被证明是有用的，它可以帮助银行业发现其潜在的弱点以及抵御不利因素的影响。为了维护金融稳定，在欧盟/国际货币基金组织（IMF）金融援助计划的支持下，有望在未来建立单一监管机制（SSM）。欧洲央行已经开发了一种自上而下的宏观压力测试框架以用于预测银行定期偿付能力。

为了衡量整个金融系统对外界不利因素的应变能力，宏观压力测试使宏观金融变量与金融机构的健康联系在了一起。宏观压力测试的系统性性质决定了即使在宏观经济不利的情况下，它也可以覆盖几个危险因素。不同敏感性分析只有在特定的风险因素和独立于金融系统的其他部分的条件下，才能对金融机构和金融体系进行健康检查。使用的宏观压力测试来评估银行偿付能力的技术在过去几年发展迅速。此外，建立单一监管机制（SSM）可以更有效地体现央行内部的压力测试的重要性，而这将需要工具从银行的水平（微观审慎）和系统的角度（宏观审慎）两方面来识别银行内部的脆弱性。

我们探讨了进行宏观压力测试的动机，并简要总结了在全球和欧洲层面下，近期有关机构进行的宏观压力测试的历史。应力测试仪的实现和构建一个宏观压力测试的分析框架已经显得迫在眉睫。关于银行的偿付能力的分析框架，以及欧洲央行自上而下的宏观压力测试的开发和使用也急需步入提纲。金融和主权债务危机突出强调了银行拥有雄厚的资本可以使它们的资产负债表能够承受极端和意外冲击，从而确保它们即使是在动荡时期也能够作为有效的金融中介机构。

宏观压力测试框架通常以一种前瞻性的方式来评估（不良）宏观经济和金融

市场的发展对银行业的冲击力。欧洲央行为了维护欧元区金融稳定，在其定期的宏观审慎评估中也采用了宏观压力测试工具。更重要的是，宏观压力测试将是关系到欧洲央行未来如何实现欧元区银行监管活动的重要因素。

在此背景下，我们主要研究欧洲央行目前进行宏观压力测试分析的主要内容。因此，我们旨在提供一个在不同的政策背景下，欧洲央行可以进行风险评估分析的参考。我们还分析了日益广泛使用的用以评估银行偿付能力的宏观压力测试背后的主要驱动力和压力测试的主要特点。我们研究了可用于评估和应对系统性风险的宏观压力测试，以及它们如何被中央银行运用并更好地履行宏观审慎监管的责任。我们在研究中得出了欧洲央行对银行偿债能力分析框架的组成部分，并说明如何在实践中的系统性风险评估使用该工具和如何自下而上进行交叉检查。

使用的宏观压力测试来评估银行偿付能力的技术越来越受欢迎。最近的金融危机和欧元区主权债务危机，暴露了前所未有的对财政部门的不利冲击，更是加强了这一趋势。宏观压力测试有两种不同的方法。一种是在银行的水平上进行自下而上的压力测试，另一种是在不涉及银行的基础上进行自上而下的压力测试，这两种方法都有各自的优点和缺点，但在很大程度上是互补的。我们的分析框架还提供了一个有用的工具以监管压力测试活动的 SSM。此外，我们也有采用自上而下的压力测试框架以评价具体的宏观审慎政策工具。

尽管近年来大量的分析表明欧洲央行及其他机构的压力测试技术有了很大的进步，但是一些挑战依然存在。从根本上说，压力测试更是一门艺术。这主要是由于系统性风险难以观测的性质，导致宏观压力测试的困难。特别是，当前宏观压力测试工具难以观察非线性的系统性事件，以及各个银行之间、银行业和实体经济之间的反馈机制。本文介绍的一些压力测试框架虽然已经采取措施应对这些挑战，但还需要做出进一步的努力，在未来几年内，压力测试还需要更多的测试试验来提高整体的可靠性和准确性。

原文链接： http://www.ecb.europa.eu/pub/pdf/scpops/ecbocp152.pdf

作者单位： 欧洲中央银行（European Central Bank）

19. 金融系统中违约的瀑布效应

作者：Hamed Amini、Rama Cont 和 Andreea Minca，陈锦宏编译

导读：单个银行的债务违约会对交易对手造成怎样的影响？是否会引发"多米诺效应"？一个或几个金融机构的债务违约能否造成金融网络宏观层面上的不稳定？金融系统结构会对上述问题的答案产生怎样的影响？

在现代金融系统中，银行以及对冲基金等金融机构作为节点，金融机构之间通过信用拆借、资产负债等关系作为边，相互连接所形成的价值网络，就叫作金融网络。全球化的发展进程也加剧了金融传染的发生。再加上 2008 年次贷危机引发的全球金融危机以及后续的欧债危机陆续爆发，人们对于金融传染的危害性、研究金融网络的必要性有了更进一步的认识。

本文通过加权有向图（V，e，c）作为金融网络的模型。顶点 V= {1，2，…，n}：n 个顶点代表金融市场参与者；e（i，j）是 i 对 j 暴露（exposure）；c（i）是机构 i 的资本缓冲，机构 i 吸收市场损失。

假设机构 i 的资产损失为 ε：c（i）（c（i）−ε）+.当 c（i）> 0，机构拥有偿还能力。

资产负债表如下：

资产	负债
同业资产 $\sum_j e(i, j)$	同业负债 $\sum_j e(j, i)$ 存款 D（i）
其他资产 x（i）	权益 c（i）

$$c(i) = x(i) + \sum_{j \neq i} e(i, j) - \sum_{j \neq i} e(j, i) - D(i)$$

根据公式，一开始就破产的机构是：

$$D_0(e, c) = \{i \in V \mid c(i) \leqslant 0\}$$

市场参与者 j 的违约行为会影响到其交易对手，债权人损失了 (1 - R) 的资产，如果 $c(i) < (178 - R)$，e (i, j) 还会导致 i 出现违约。在短期内 $R \approx 0$，如果 Loss(i) > c(i)，则机构出现破产。

举例：

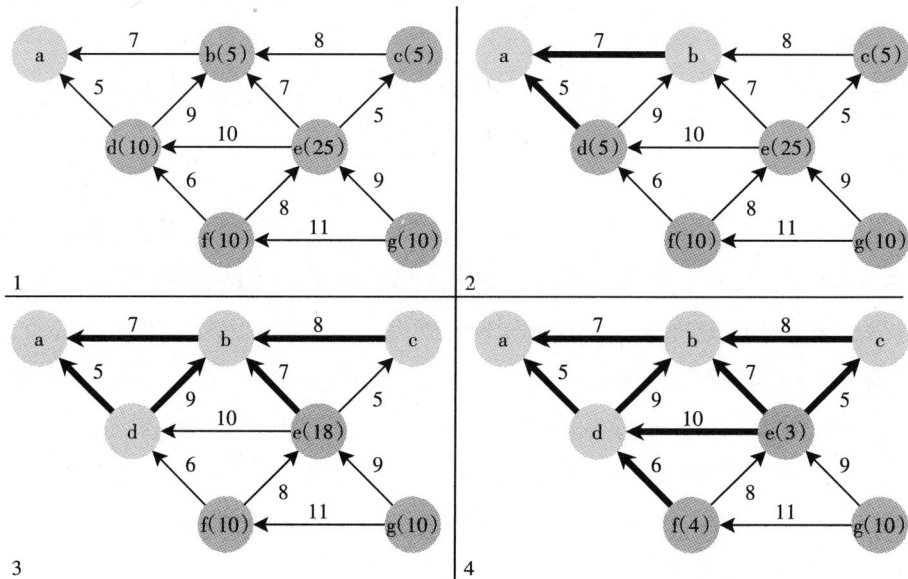

传染持续了3轮：最初违约 {a}，违约集群 {a, b, c, d}，最终出现违约的机构数量：Ndef (e, c) = 4。

除此之外，作者还对模型做了渐近分析和压力测试，通过渐进结果连接金融网络的级联行为和网络拓扑结构。研究发现，监管机构可以通过关注金融网络中的脆弱节点来有效控制违约行为的蔓延，特别是关注金融网络中高度连接和过度暴露的节点。此外，可以通过提高对金融机构的资本要求来降低机构传染性连接的数量，从而降低被传染的风险。

原文链接： http://www.newton.ac.uk/files/seminar/20140829094510151-201764.pdf

作者单位： 瑞士金融学院 （Swiss Finance Institute）

20. 银行业系统性风险：尾部风险动态 CIMDO 方法

作者：Xisong Jin 和 Francisco de A. Nadal De Simone，陈锦宏编译

导读：本文提出一个新的银行风险监控框架，利用多种模型测量系统信用风险，对银行业系统性风险的积累做出推测并提出早期预警。

为了能随时间的推移追踪银行业的系统性风险并推动宏观审慎政策的实施，我们提出了一个新的监管框架。该框架能够通过测量系统信用风险，对银行业系统性风险的积累做出推测并提出早期预警。 鉴于国家间的金融稳定性会相互影响，我们使用了 32 个主要欧洲银行集团及其在卢森堡附属机构的运营数据。

本文提出的框架通过模型模拟了各类因素对银行信用风险的影响，推测了随时间推移所产生的多种非线性关系以及金融市场可能出现的反应。本文中的系统性信用风险分为三类：所有银行共同的信用风险；由于个别银行的危机给整个银行系统带来的信用风险；随时间推移所积累的银行系统脆弱性可能显现。我们对系统性风险的测量范围主要有两个维度：一是时间维度（Time Dimension），这一维度主要关注金融体系的顺周期性，也就是整个金融系统层面的风险随着时间的推移在金融体系的内部和金融体系与实体经济的相互作用下被放大。二是跨行业维度（Cross-sectional Dimension），是指在某一给定时点上，由于金融机构相互之间的关联和共同的风险暴露，单个或一组金融机构造成的系统性风险以及系统性风险在金融体系中的分布。

我们提出的监管框架由三部分组成：第一，使用复合期权模型（Compound-option Model）（Delianedis 和 Geske，2003）测量边际违约概率，该模型可以区分第一年末时的违约风险和第一年没有违约而之后出现违约的条件概率。值得注意的是，因为缺乏非公开上市银行的市场数据，所以我们对该类银行只使用其账面

数据，这一情况在卢森堡比较普遍。第二，通过使用 CIMDO Approach of Segoviano（2006）来模拟银行间的线性和非线性关系。第三，将宏观金融数据运用到广义动态因子模型（GDFM），分析银行分别在集团层面和分支机构层面的边际违约概率的共同组成部分，以便说明一组共同的系统因素分别会对银行集团和其分支机构造成什么样的影响。

我们将对系统性信用风险的测量和宏观经济状态很好地联系在一起，以便发现导致系统性信用风险的具体驱动因素。本文也为现有的宏观审慎文献提供了一个监控系统信用风险的思路。该框架提供的监控工具箱，可以提前追踪在未来数年内可能出现的银行业系统信用风险的改变。通过使用动态—概信息多元密度优化模型（Dynamic CIMDO）和广义动态因子模型（GDFM），该框架可以有效测量多种银行业系统性信用风险，政策制定者可以更加准确地预测未来系统性信用风险的走向。如果将这个框架并入更大的监控系统，就可以监控发现很多隐蔽的风险（如银行系统脆弱性的积累）。因此，决策者就可以加强对金融市场的有效监管。例如，增加风险监控系统的测试程度或激活已有的宏观审慎工具来应对系统性风险。

原文链接：http：//www.sciencedirect.com/science/article/pii/S1572308913000983

作者单位：卢森堡大学金融学院（Luxembourg School of Finance）和卢森堡中央银行（Central Bank of Luxembourg）

21. 商业银行资产管理与系统性风险
——以美国商业银行为例

作者：Myeong Hyeon Kim 和 Baeho Kim，刘亮编译

导读：本文基于马尔可夫结构转换模型建立系统性风险预警框架。该体系具有提供金融体系的脆弱性和实体经济的周期性波动的早期预警信号的能力。实证表明，该方法对资产定价会产生一定的影响，并据此建立起系统性泡沫指数。该系统性泡沫指数是对现有系统性风险预警研究一个很好的补充。

自 2007~2009 年全球金融危机爆发以来，现存的文献强调了关于系统性风险的准确和及时的信息对有效金融监管和宏观审慎的货币政策的重要性。其中，最重要的挑战和关键任务是有效识别整个金融体系中的风险传播的实时动态。此外，通过考虑其与商业周期的互动，我们发现不可见的系统性因素是影响主流金融体系的重要因素。因此，开发一种新型的、及时的预警框架，对于量化在金融体系中的系统性风险及其负反馈对实体经济的影响是非常重要的。

为了制定后危机时代宏观审慎的资本标准，巴塞尔银行监管委员会（BCBS）提出了一个逆周期结构的监管政策，以缓解顺周期性的政策在经济衰退期间限制银行贷款的影响。银行体系遵循着资本周期性循环，而这实际上放大了经济周期波动。此外，反复出现的顺周期性也加剧了金融危机。逆周期监管的目的是避免这样的放大机制，通过鼓励银行在信贷过度增长时期建立资本缓冲来缓解顺周期性，因为系统性风险在产生过程中往往会伴随着较为明显的泡沫积累阶段。

顺周期性和银行业中的实际风险度量是密切相关的。银行信用风险度量主要依赖于近期市场信号或企业的财务信息，如过去的利润流、销售增长和信用评分。因而，当系统性泡沫逐渐形成时，风险往往会被低估。而当系统性问题已被解决时，风险又容易被高估。很明显，杠杆周期传递效果的存在，增加了已经陷

入困境的机构的财务负担，并会加速这种杠杆周期的传递效果，从而对实体经济造成极大的冲击。

在这方面，对于检测预警信号而言，通过逆周期的管理方法来度量系统脆弱性是必不可少的。因此，金融市场数据由于其高频与快速反应的特点而被认为具有较高的可用性和可靠性，并被广泛使用作为一个前瞻性的系统脆弱性指标也就不足为奇了。然而，值得注意的是，在以市场信息为基础衡量系统性风险时，其在概念上不同于系统（或市场）的风险。而系统性风险指的是在整个金融市场中不可分散的风险，系统性风险被视为不同来源的基本风险通过金融网络交织在一起。所以，在本文中，我们提出的关于系统性风险的公式为：

$$It = Xt/Yt = [(Loans\ and\ Leases)t + (Interbank\ Loans)t] / [(Securities)\ t + (Cash)\ t]$$

式中，Loans and Leases 代表贷款；Interbank Loans 代表银行间拆借；Securities 代表证券；Cash 代表现金流。

It 代表系统性资产管理，可以解释为商业银行通过对系统性的资产组合管理来提高预期利润的行为，其也可以贷款、银行间拆借（拆出）、证券和现金流。

而针对市场风险预测指标而言，如 TED，其代表 3 个月期伦敦银行同业拆息（LIBOR）和 3 个月期国债利率（TB）息差，并作为我们衡量商业银行间拆借市场的银行业危机的代表指标。在几个市场风险预测指标中，TED 是针对银行系统的特殊性指标。我们提出的公式是：

$$Y_{t+h} - Y_t = \beta_0 + \beta_1(AR)_t + \beta_2(SBI)_t + \sum_{n \geq 1} \beta_{n+2}(Controls)_t^n + \varepsilon_t$$

当 h = 18，21，24 时分别做回归。需要注意的是，并非所有的经济衰退都源于商业银行系统，如"网络泡沫"在 21 世纪初经济衰退。目前，系统性风险的文献主要集中在基于市场指标提供金融不稳定的早期预警信号。然而，我们的实证结果证实，除了市场指标，（潜在）滞后系统变量，如资产负债表信息也可以精确地测量系统脆弱性。

Benoit（2013）指出，如果系统性风险的度量纯粹来源于金融市场数据，系统性和系统化的风险可能是几乎完全相关的。另一个潜在的以市场为基础的系统指标的陷阱，通常由动态的资产价格波动引发，即波动悖论，也就是说，系统性风险通常易在低波动环境中形成。我们认为这种矛盾通常是由顺周期性的金融市场和风险证券的系统扩充以及由此产生的杠杆周期引起的。因此，市场化的信号指标，作为唯一衡量系统性风险的指标，必然是顺周期的，以及不可避免存在偶发性误报行为。因此，盲目依赖市场化风险措施可能会导致对系统性风险的过度反应或忽视，因此政策制定者需要谨慎地采取宏观审慎政策行动。同样，完全基于市场数据的反周期货币政策也可能会导致短视行为，并导致所制定政策的片面，导致大量社会福利和资本的浪费。

原文链接：http：//www.dx.doi.org/10.1016/j.jmacro.2014.10.001

作者单位：韩国大学商学院（South Korean University Business School）

22. 测量交易对手信用风险暴露的标准方法

作者：巴塞尔银行监管委员会，陈锦宏编译

导读：本文介绍了巴塞尔委员会用于测量交易对手信用风险暴露的标准方法（SA-CCR）。SA-CCR 将取代目前使用的两种非内部模型方法，即 Current Exposure Method（CEM）和 Standardised Method（SM）。

在设计 SA-CCR 时，巴塞尔委员会借鉴了巴塞尔框架内已有的宏观审慎方法，希望最大限度地减少国家机关和银行使用自由裁量权，并在提高资本框架风险敏感度的同时不增加不必要的复杂性。设计目标是让 SA-CCR 方法使用简单，可以被广泛适用于各种衍生工具的交易，并能弥补 CEM 和 SM 方法的不足之处。

CEM 方法由于自身的局限性受到广泛的批评，特别是该方法无法区分有保证金的交易和无保证金的交易。监督的附加因素不足以充分捕捉过去五年观察到的压力波动水平，而且对于净额利益的识别过于简单化，无法体现衍生品位置关系间的经济意义。

SM 方法虽然相比 CEM 方法风险敏感性更强，但也同样具有几个明显缺点：首先，SM 也同样无法区分有保证金的交易和无保证金的交易，无法充分捕捉在过去五年观察到的压力波动水平。其次，不必要的复杂性给 SM 方法的使用造成了很多困难。除此之外，在 SM 方法中，当前暴露和未来潜在暴露之间的关系表述并不准确，因为两者中只有一个会被资本化。最后，SM 没有为银行提供一个真正的非内部模型来计算 EAD，因为 SM 需要使用内部方法来计算非线性交易的增量。

相比之下，SA-CCR 可以提供更加全面的非模型方法来测量与场外衍生品、股票衍生品以及长期结算交易相关的交易对手信用风险暴露。SA-CRR 方法可以

识别拥有保证金的交易与没有保证金的交易之间的区别。

巴塞尔委员会认为，SA-CCR 与目前的非内部模型方法相比有着显著的变化。监管机构可能需要一段时间来根据这些变化调整各自的资本框架。此外，规模较小的银行也需要时间来适应新方法。SA-CCR 将会在 2017 年 1 月 1 日起生效。

SA-CCR 保留了与 CEM 相同的结构，由两个主要监管部分组成，分别为重置成本与未来潜在风险。

SA-CCR 的数学公式为：

Exposure at default under SA = EAD = alpha × (RC + PFE)

式中，alpha = 1.4（通过巴塞尔委员会的内部模型方法（IMM）设定）；RC = 重置成本；PFE = 未来潜在风险。

未来潜在风险部分包含一个乘数，该乘数可以识别部分额外抵押品和附加因素（Aggregate Add-on）。附加因素由五大资产类别组成，分别是利率、外汇、信贷、股票和商品。计算每种资产类别的附加因素的关键在于"对冲集合"（Hedging Set），在计算未来潜在风险附加因素时，一个对冲集合内的交易会被部分或者全部抵消。附加因素会根据一个资产类别下的对冲集合的数量变化而变化，这些变化会考虑基差风险以及各资产类别之间相关性的区别。

原文链接：http://www.bis.org/publ/bcbs279.htm
作者单位：巴塞尔银行监管委员会（Basel Committee on Banking Supervision）

23. 系统性风险的度量：是否越简单越好？

作者：**Maria Rodriguez-Moreno** 和 **Juan Ignacio Pena**，肖洁、刘亮编译

导读：当金融系统出现问题并危及经济增长和社会福利时就出现了系统性风险。由于问题的原因是多方面的，因此，仅用一个指标来衡量系统性风险是不恰当的。造成系统性风险的原因：宏观经济失衡（比如私人或公共部门过度的信用扩张）、相关风险（羊群效应）、传导性风险、资产泡沫、负外部性（银行"大而不倒"）和信息中断（银行间市场的冻结）等。

人们通常要求政策制定者们出台一系列的政策维持金融体系的稳定。这些政策措施应至少监测两种情形（宏观即总体，如银行间市场、股市、CDS 指数和微观即单个金融机构），并且包括两类系统性风险探测工具。

已有的研究（De Bandt 和 Hartmann，2000；Acharya 等，2010；IMF，2011）从两个方面衡量系统性风险的问题：基于资产负债表和宏观经济数据的低频指标以及基于市场价格和利率的高频指标。目前仍未得出哪种方法更优。

样本和时间区间：本文依据 BIS、IMF 和 FSB（2009），选择两个主要经济体（西欧和美国）规模较大的银行。样本跨度是从 2004 年 1 月到 2009 年 11 月，包含了西欧 20 家银行和美国 13 家银行。

我们利用两类测量组：

第一组（宏观组），衡量整个金融业的整体风险，测量指标有：①LIBOR 利差（LS，LIBOR spreads），方法：LIBOR-OIS 和 LIBOR-TBILL；②CDS 利差组合的主成分分析；③从 CDS 指标及其分支提取的系统性因素。

第二组（微观组），根据单个机构信息获得组合水平上的联合风险信息，指标包括：①基于信用风险结构模型（Structural Credit Risk Models）的系统性风险；②从单个银行的 CDS 利差计算出的多元密度（Multivariate Densities，MD）；

③单个风险测度的加总。

根据这三个标准对每个测量方法进行评分。例如，若 X 方法是 Y 方法的格兰杰原因，那么给 X 方法+1 分；反之则给 X 方法-1 分。因此，最好的方法得分最高，而最差的方法得分最低。本文对相关性指标和 GG 方法采用同样的评分方法。最后把每种测量方法的得分加总。

结论：基于 CDS 的系统性风险衡量方法优于基于股市和银行拆借市场的方法。宏观组中最优的测量方法是包含了主要银行 CDS 的投资组合的第一主成分。最差的测量方法是基于 LIBOR-OIS 利差的方法。微观组中最优的方法是基于银行 CDS 的多元密度。最差的方法是相关风险加总的方法。这些结果说明基于银行 CDS 的测量方法好于基于银行同业拆借利率和股价的方法。

原因可能是：多数银行有多种交易（股票、债券和 CDS），这些交易包含了单个机构或是联合的违约概率的信息，也就是包含了系统性风险的信息。股票价格不能够直接反映出这些信息，因而人们需要用一个特定的模型来计算这些概率信息（Forte 和 Pena，2009；Liao 等，2009）。CDS 和债券价格是一个更好的选择，因为它们的利差和利率能够直接反映出这些概率信息。但是企业债券缺乏标准化、缺少流动性，造成了市场分割。而 CDS 的优势就在于其规范性、流动性和专业的交易市场。CDS 市场都是机构化的，几乎没有零售业务。此外，很多实证研究（Berndt 和 Obreja，2010）表明 CDS 市场领先于信用评级机构和债券市场。

本文中的测量方法能够作为系统性危机的防范工具。微观组的方法可以作为早期预警系统的一部分，提醒监管者单个银行出问题了。当许多银行同时陷入困境时，宏观组的方法可以用来预警。这能保证危机在影响到其他银行甚至整个经济体之前，监管者能及时介入。在监管实践中，可以设定一个关键测量值。当该值超过了标准值时，监管者就要进行评估。如果市场信息是准确的并且确实发生了系统性事件，那么监管者可以实行某种干预，如要求银行发行股票直到指标恢复正常。

基于 CDS 的系统性风险衡量方法需要一个完善的 CDS 市场。由于非理性的繁荣和恐慌，CDS 市场价格有时会给出错误的信号。因此，CDS 市场的效率、透明度和质量就显得至关重要。

原文链接： http://www.sciencedirect.com/science/article/pii/S0378426612001902

作者单位： 欧洲中央银行（European Central Bank）和马德里卡洛斯三世大学（Universidad Carlos Ⅲ de Madrid）

24. 用信用组合的方法衡量系统性风险的贡献率

作者：Natalia Puzanova 和 Klaus Dullmann，肖洁、刘亮编译

导读： 最近的金融危机引发了银行监管的范式转变：从注重单个机构的微观监管层面转向将重视金融体系整体的宏观层面。从这个角度来看，银行不再是单独的商业个体，而是一个与其他金融机构相关联的机构。银行的失误可能导致严重的外部性，使得整个金融体系的稳定性受到威胁。银行监管的宏观审慎方法通过征收系统性资本附加费将各种负外部性内生化，从而能够反映不同银行对于整个金融体系风险的贡献程度。

我们认为整个银行业是由银行负债构成的投资组合，将系统性风险定义为小概率系统性事件发生时债权人可能产生的大规模损失。具体而言，系统性风险就是通过对银行业负债组合的尾部风险进行测量。

我们利用一个信用组合模型对系统性风险进行度量，并将其进一步分解为单个机构的风险贡献。通过计算单个机构的风险贡献，我们可以将风险因素与银行规模大小、违约概率、银行资产相关性和银行的系统重要性联系起来，使得系统重要性变得可测。根据每个银行的风险贡献，我们也提出了一个基于微观审慎资本要求和逆周期资本增持来计算不同银行的系统性资本附加费，用以减轻监管可能带来的顺周期效应。

贡献在于以下几个方面：第一，系统性风险是经济参与人预期的极端损失（而不仅是银行的股权资本损失）并提出测量方法。第二，基于欧拉分配法则提供了一个机构间系统性风险的分担方法，从而能够对银行的系统重要性进行评价。这一方法在不考虑银行的规模和银行系统构成时仍然适用。第三，通过实证研究来探讨系统性风险和系统重要性的主要原因。第四，研究了系统重要性的两

个维度：通过设置银行的系统性风险附加费解决横截面维度的问题，在经济景气（根据市场信息估计的违约概率较低）时设置缓冲资本解决时间序列维度的问题。

　　方法的优点在于以下几个方面：第一，它是基于一个信贷组合模型，这一模型已经被充分理解并广泛应用于风险管理领域。从原理来看，这一方法不仅能够用于上市的金融机构，也能用于非上市公司，前提是能够估计出这些公司的违约概率和对不同系统性风险因子的敏感程度。第二，该方法可用于系统性风险的预测，或是用于基于预测或者输入参数的应力测试。本文的模型可以用数值模拟的方法求解，也可以用 Dullmann 和 Puzanova（2011）中使用的近似解析的方法求解。第三，直接考虑主要的风险因素如金融机构的规模和违约风险以及机构之间的联系。由于违约概率是金融杠杆的函数，而金融杠杆率即为总资产与长、短期债务的加权平均比，因此，该模型实际也考虑了金融杠杆率这一因素。但是在机构相关联的问题上，该模型并没有突破线性模型的限制。然而，多因素相关的结构使得能够区别处理不同类型的银行。这种情况反映在金融危机常常由某些类型的金融机构暴露出来，然后扩散至整个体系，同时也说明组间相关度要远大于组内相关度。

　　本文的结论是在宏观审慎框架下处理银行的系统性风险需要一种方法使得系统出现问题的潜在成本内生化。本文将整个银行业模型化为一个由全球系统重要性银行组成的投资组合，通过度量这一投资组合的预期损失来度量系统性风险。超出一定监管容忍度的预期损失反映了银行存款人和投资者在小概率事件（如金融危机）发生时的潜在成本。利用欧拉分配原则，我们将这一整体风险分解为单个银行的风险之和。在计算了每个银行的风险贡献后，我们可以不采用系统重要性和非重要性机构的二元分法，因为这种二元法可能会导致监管套利。在度量了每个银行的系统性风险贡献率之后，我们可以对以上二元分法进行修正，如引入若干个风险评估等级或者直接将机构的边际系统性风险与系统重要性相关联。

　　将边际预期损失作为衡量机构系统重要性的标准后，政策工具也应该做出相应调整。一种政策选择就是征收系统性的资本附加费，因为最低资本要求不能完全弥补每个机构系统性的风险贡献。提高整体风险资本的要求将会降低系统重要性银行陷入危机的概率。此外，由于这时额外资本是需要成本的，这可以解决系统相关性银行陷入危机所带来的负外部性。考虑到系统性风险的时间维度，我们建议当市场对于违约风险的预测过于乐观时应该设置一个逆周期的资本附加项，如减少过度的风险承担。

我们还将本文的方法应用于全球 54~86 个主要的商业银行，并基于 2013 年的月度面板数据计算出每个机构的预期损失。实证研究结果与金融稳定委员会提出的全球系统重要性银行名单非常匹配。我们方法的优势在于可以仅利用公开市场信息，然而系统重要性银行的各项指标信息则必须从银行获取。

政策建议主要有以下几个方面：第一，银行业的联合违约风险在很大程度上会随着系统性风险变化而变化，在这一背景下，银行的负债规模就不那么重要。因此，金融周期内坚实的资本基础和银行资产的去关联化应该是宏观审慎银行业监管的重点。第二，在某个特定时间给定一定的系统性风险水平，相对的风险分担取决于银行的规模分布。但是总有一些银行机构在风险上的分担大于它们在银行业负债的比例，因而对系统的影响力更大。因此，虽然监管机构应该重视较大规模银行的监管，但是仅根据规模大小征收系统性资本附加费不能完全解决负外部性的问题。附加费应该直接与银行的系统重要性相关，而系统重要性不能仅根据银行本身的性质来衡量，还应与其他机构的相关性有关。第三，即便几大银行的资本充足，这些银行整体对整个金融体系也会造成较大的风险。因此在一个只包含几大银行的系统中，明智的做法是将它们分离开。

总的来说，不管是从横截面维度还是时间演变的维度来看，将银行业模型化为一个投资组合可以帮助我们较好地理解系统重要性的复杂本质。本文提出的方法不仅能够通过计算每个银行的系统风险贡献从而计算相应的资本附加费，还能够计算经济繁荣时逆周期的资本缓冲量，用以减少监管工具的顺周期性。进一步的研究需要确保根据模型提出的政策工具在解决系统性风险是可行并且稳健的。

原文链接： http：//www.sciencedirect.com/science/article/pii/S0378426612003664

作者单位： 德意志联邦银行（Deutsche Bundesbank）

25. 度量系统性风险：利用 CoVaR 的多元 GARCH 估计方法

作者：Giulio Girardi 和 A. Tolga Ergun，肖洁、刘亮编译

导读： 最近的金融危机已经引起了公众对金融体系的脆弱性和系统性风险的关注。在险价值（VaR）可以说是金融机构最广泛使用的风险度量。监管机构通常用VaR 来衡量金融机构用来对冲市场风险的资本水平。但是由于 VaR 仅考虑了单个机构的风险，因此不能通过单个机构的 VaR 来判断金融体系的风险。因此，近来有很多学者试图找出其他衡量风险的方法。

本文重新定义了陷入危机的概念，由原来定义某机构恰好处于其在险价值，变为最多能够达到其在险价值。这种变化让我们能够研究更严重的危机事件，重新检验条件在险价值。此外，这一变化可以改进 CoVaR 对相关参数的一致性。由于 GARCH 模型的时间序列相关性，金融机构的 CoVaR 相较于 VaR 有一个时间变化量。这一特性使我们能够观察到机构和金融系统的联动随时间变化而变化，并且在估计系统性风险时加以利用。

本文利用 Adrian 和 Brunnermeier（2011）提出的条件在险价值概念，即机构陷入危机时金融系统的在险价值。本文对条件在险价值的定义能够保证其对于不同参数的连续性和单调性，便于计算系统性风险和制定政策。由于在估计过程中 GARCH 模型的时间相关性，本文中机构的条件在险价值随着时间变化而变化。这一特点使我们能够通过机构与金融系统之间的关系监测系统性风险的变化。

本文将金融机构的系统性风险贡献定义为金融机构在危机时的条件在险价值与标准的条件在险价值的差值，定义为 ΔCoVaR。本文定义标准事件（状态）是均值的一个标准差，利用 2000 年 6 月到 2008 年 2 月四大金融行业（银行、保险、证券和其他包含非银行的行业）中 74 个金融机构数据，本文得到了这几类

行业 CoVaR 的时间序列估计。

本文采用单变量和双变量模型用三步骤方法估计 CoVaR：第一步，估计每个金融机构的 VaR；第二步，对每个机构利用 Engle（2002）的二元 DCC 模型估计金融系统与机构的联合分布；第三步，用数值模拟方法解出 CoVaR。为了将偏度和峰度考虑进来，本文利用偏度 t 分布和高斯分布来估计 GARCH 模型。本文还利用面板回归研究了机构的各项特征如规模大小、杠杆率和股票的 β 值等与系统性风险贡献的关系。最后，用 2007 年 6 月前 12 个月的数据计算了各类金融行业危机前的系统性风险贡献。

再次检验的结果显示基于高斯分布的 CoVaR 不能满足无条件收敛的性质因而假设被拒绝，而基于偏 t 分布的估计结果没有被拒绝。这表明偏度和峰度在估计中是十分重要的。从 2000 年 6 月到 2008 年 2 月，银行机构是最大的风险贡献者，接下来是证券经纪公司、保险公司和非银行机构。此外，本文还研究了机构的个体特征和系统性风险贡献之间的关系。实证结果表明系统性风险（VaR 和 ΔCoVaR）无论是在时间还是空间上都呈弱相关性。这一结果对监管政策十分重要：一方面，空间上的弱相关性说明基于机构 VaR 制定的资本要求可能与基于机构 ΔCoVaR（即系统性风险贡献）的资本要求完全不同。另一方面，时间上的弱相关性说明 ΔCoVaR 时间序列中包含的信息可能和 VaR 时间序列中包含的信息不同。因此，仅仅监测某个公司的尾部风险不能确定它的系统性风险贡献。本文还发现金融机构的杠杆率、规模大小和股票 β 值都会对系统性风险产生影响。

最后，本文利用 2007 年 6 月的前 12 个月的数据计算了四类金融行业在危机前的 ΔCoVaR。结果表明：四类金融行业的系统性风险都大幅增加了。危机发生前，虽然银行机构是最大的系统性风险贡献者，其次是证券经纪公司，但两者的差距并不大。

原文链接： http：//www.sciencedirect.com/science/article/pii/S0378426612003664
作者单位： 美国证券交易所风险策略与金融创新部（Division of Risk Strategy and Financial Innovation，US Securities and Exchange Commission）和道富银行（State Street Corp，STT）

四

宏观审慎政策与影子银行

1. 微观审慎和宏观审慎政策

作者：Tito Cordella 和 Samuel Pienknagura，顾嘉翕编译

导读： 标准宏观模型是侧重于外部性的模型，目的在于替代现有的审慎监管工具，但其实质仍为庇古税的形式。我们明确了个别银行的风险选择，此外，还发现了不同的审慎监管手段影响银行的风险承担激励机制是不同的。因此，在微观和宏观的审慎立场之间产生冲突和摩擦不可避免。

20 世纪 90 年代，当监管趋向金融自由化的时候，政府积极采用审慎工具以控制信贷量和分配环节从而避免了危机。然后，在 2008 年，全球金融危机重创了金融发达经济体的努力，暴露了现有监管框架应对系统性风险的限制。这促使政府积极采用审慎工具，如存款准备金率、贷款与价值比率、信贷税收和资金需求来平复信贷周期，且避免了重大危机（宏观审慎政策）愈演愈烈的势头。全球金融危机还暴露了微观之于宏观稳定的危险关系，迫使宏观经济学家认真看待商业周期和金融摩擦之间的相互作用。然而，在程式化 DSGE（动态随机一般均衡模型）下，债务、资本和流动性要求税收最终会变成庇古税等价形式，可以有效地处理负面的过度借贷——这就产生了对此问题影响范围的讨论，即对在一个更微观模型层面是否能继续建立这样的等价结果。

使用程式化的模型使得银行选择最大化的贷款利率和投资组合的风险，从宏观审慎的角度来看，我们证实了宏观审慎工具的选择确实有效。事实上，资本要求、流动性要求和对债务税收都对银行鼓励放贷产生不利影响，这意味着所有这些政策工具可以成功地解决过度借贷的问题。然而，尽管资金需求使银行更加审慎，但流动资金需求以及债务税使得银行从事高风险的业务。

许多研究探讨了不同类型的外部性宏观审慎监管的目的，越来越多的人研究平滑经济周期中宏观审慎措施的成效。其中，Galati 和 Moessner（2011）、Hanson

等（2011）做出了优秀的调查。然而，很少有人知道不同的审慎监管工具的选择如何影响单个机构承担风险的激励机制。我们试图填补这一缺口。

我们目前的模型类似于 Dell.Ariccia 等研究的关于货币政策和银行的资本结构之间的相互作用的模型。我们提出的问题类似于 De Nicolò 等（2012）研究的关于在信贷和流动性风险存在的情况下，资本和流动性要求如何在校准动态模型下影响银行的风险激励。Calomiris 等（2012）讨论了资本和现金需求的相对有效性，不同于我们的发现的是，他们认为存款准备金率可能是一个降低违约风险有效的工具。然而，他们强调的方法是减少杠杆，但在我们的模型中只能通过更严格的资本要求来实现。

根据目前的研究，审慎监管应被看作决策者手中的额外工具，用以避免随着经济周期的进行而产生的过度的风险积聚。这表明，尽管不同的审慎监管工具可能有助于降低贷款的激励，但是他们对银行冒险激励的影响是不平衡的。尽管资金需求始终提倡更安全的行为，但是对于流动资金需求却不适用，在一般情况下，对于那些类型的工具，相当于在税务上的银行负债。这意味着，虽然宏观审慎措施的宏观效果是很重要的，但也应该重视宏观审慎政策的微观效应。旨在减少金融外部性相关的风险政策可能在某些情况下增加银行的风险偏好，使宏观和微观审慎监管的目标并不总是有效。

原文链接： http：//www.wds.worldbank.org/external/default/WDSContentServer/IW3P/IB/2013/12/11/000158349_20131211135640/Rendered/PDF/WPS6721.pdf

作者单位： *世界银行（WB）*

2. 宏观审慎政策与货币政策

作者：Kenichi Ueda 和 Fabi'an Valencia，余凯月编译

导读： 当中央银行要同时控制物价稳定和金融稳定时，就面临二者不同步的困境。在经济受到冲击下滑的时候，中央银行可能会为了维护金融稳定而"滥用"货币政策，致使物价波动。本文探讨了宏观审慎监管与货币政策之间的相互作用以及在运用时的抉择。我们的研究着眼于制度设计，特别是在央行负担着保持物价和金融稳定的双重任务情况下，潜在的时间不一致性问题，以及市场反应。

宏观审慎政策可以理解为中央银行根据经济预期所做的调整，它只会影响到后期的发展而不能减少社会此前的经济负债。相反，货币政策可以考虑以往经济数据的经验和经济预期的改变，因为货币政策造成的物价变化可以改变此前的经济负债。值得说明的是，市场混乱体现在两大方面：一方面，多对手市场均衡出现混乱，甚至一些机构出现破产，这是由于市场信息的不对称所引起的；另一方面，这些市场混乱会引起更多的宏观动荡。

我们最早发现，中央银行在面临市场经济衰退时，首先会同时运用货币政策和宏观审慎政策。其次，根据经济形势，货币政策会适当调整，而宏观审慎政策保持不变，这是由于宏观政策只能通过预测体现一次，而货币政策可以在预测的同时还可以通过经验数据调整，采取此方式的最终体现是市场波动较大。

而中央银行面对经济下行时最好的解决方式是分离物价稳定目标和金融稳定目标。当中央银行通过事前的经济数据，即宏观政策选择社会最优通货膨胀率时，它还可以通过事后经济预测补偿，即货币政策来减轻私人负债由于通货膨胀带来的附加负担，以此来减少经济的波动。本文得出此结论是建立在小范围的经

济波动，即经济弱偏离最佳运行轨道，而对于大范围的经济动荡需要进一步的研究。此后，我们将进一步研究中央银行作为最后贷款人的问题。

原文链接：http：//www.dx.doi.org/10.1016/j.econlet.2013.12.038
作者单位：国际货币基金组织（IMF）

3. 抵押损失率模型及其在宏观审慎工具中的应用

作者：Christian Hott，肖洁编译

导读： 本文建立了一个抵押贷款损失率模型以评估抵押贷款主要的潜在风险因素。根据本文模型，损失率与房价水平、抵押的贷款价值比、利率和失业率正相关，与房价增长率和收入负相关。对美国和瑞士的模型校准表明此模型能够刻画抵押贷款损失率的全面变化。此外，作者证明此模型能够用于不同的宏观审慎工具中，比如压力测试、逆周期缓冲以及对不同贷款价值比与贷款收入比的抵押贷款风险进行权重设置。

在金融危机中，美国和其他很多国家的抵押贷款损失率大幅提高。同时，在危机开始时，金融机构又严重依赖贷款市场。图 1 显示了美国抵押贷款率和坏账率之间的关系。可以发现，只要坏账率较低，抵押贷款率就会显著增加。因此，

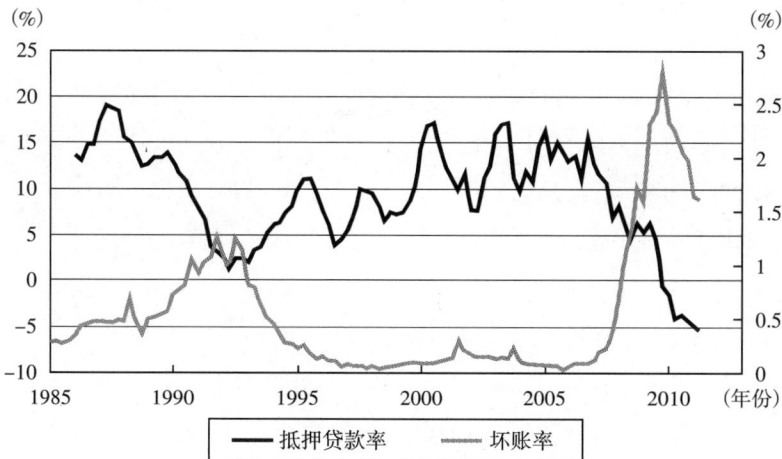

图 1　美国抵押贷款率和坏账率之间的关系

当泡沫破裂时抵押贷款率正处于峰值并且坏账率开始增加。正因如此，许多银行承担了巨大损失甚至倒闭。2009 年 FDIC 记录了美国 140 家银行倒闭。相较之下，2008 年有 25 家银行倒闭，2002~2007 年仅有 21 家银行倒闭。

出现这种现象的原因之一是金融机构低估了抵押贷款的风险。银行的贷款标准和抵押贷款供给表明金融机构通常根据抵押贷款过去的表现，而不是经济驱动因素，进行风险建模。这些驱动因素是指贷款人的收入和房价的发展。

这次危机的另一个重要原因是现有的银行监管和资本金要求并没有考虑到抵押贷款市场中的风险积累和由此产生的系统性影响。因而我们看到很多国际组织（特别是 FSB、BIS 和 IMF）加强宏观审慎工具来识别和监控系统性风险，以及控制风险累积。该过程仍在进行中，然而，识别系统性风险的关键方法是构建系统失衡的整体性指标，如信贷占 GDP 的比重，并且进行宏观压力测试。最有效的宏观审慎工具是逆周期的缓冲资本。银行在经济繁荣时持有更多资本，在经济低迷时期可以弥补损失。另一个工具是对贷款价值比和贷款收入比进行限制。因为这两个是银行影响抵押贷款投资组合风险的重要参数。

许多文献研究了抵押贷款违约和损失的原因。例如，Campbell 和 Cocco（2011）考察了违约风险并且建立了一个模型，在这个模型中，每个家庭从消费和住房上最大限度地折现了未来效用值。他们通过贷款来买房，并在每一期决定是否要违约。作者假设贷款人不能追索违约人的工资或储蓄。根据这个模型，当家庭资产变成负值时就会产生违约，也就是说，当房产价值小于抵押贷款价值时会产生违约。然而，作者表明，如果借贷约束减小（工资收入提高），即便房产价值变为负也不会产生违约。

Deng、Yongheng、Quigley 和 Van Order（2000）认为抵押借款人有两个不同的选择：预付和违约。作者针对这两个选择建立了一个统一模型，并且证明这两个选择可以同时用来解释借款人的行为。然而，许多国家都设有预付罚金并且贷款人能够追索违约人的收入，因此这个模型只适用于美国的一些州，如加利福尼亚州。

Haughwout、Peach 和 Tracy（2008）分析了美国 2006~2007 年早期抵押贷款违约迅速增长的原因。在实证估计中，他们使用了信用风险变量如贷款价值比和债务收入比，以及能够代表经济状况的变量如地区失业率和房价水平。结果表明，不良信用标准和糟糕的经济状况会导致违约的增加，并且经济状况影响程度最大。但是，实证模型仅仅预测了 2006 年后早期违约增长数量的一半。

虽然大部分研究关注抵押贷款违约率，Qi 和 Yang（2009）评估了违约情况下造成损失的不同影响因子。他们的实证研究建立在危机前一个较大的贷款数据库上。结果表明，在违约情况下，当期的贷款价值比是决定损失大小的最重要因素。

本文的研究目的是建立一个抵押贷款损失率模型。抵押贷款损失率就是在违约条件下，违约概率和损失值的乘积。此外，该模型还能够作为宏观审慎工具如逆周期缓冲的基础。本文的主要贡献在于建立了宏观审慎工具的基础。

在理论模型中，银行贷款给相同的家庭，家庭收入和房价的异质性发展导致了后来某些家庭产生违约。为了在实证上证明这一模型，我们对美国和瑞士两个国家进行了模型校准。这两个国家在过去 25 年都经历了房地产危机但有着不同的发展。校准结果表明，本文的模型能够估计不同压力情况对抵押贷款损失的影响，能够计算逆周期缓冲的大小和发展情况，并且能够对具有不同贷款价值比和贷款收入比的抵押贷款设置风险权重。

结论：本文建立了一个抵押贷款损失率模型。根据本文模型，损失率与房价水平、抵押的贷款价值比、利率和失业率正相关，与房价增长率和收入负相关。对美国和瑞士的模型校准表明，此模型能够刻画抵押贷款损失率的全面变化。此模型能够用于计算压力情况下的损失率，计算逆周期缓冲的大小和发展情况，并且能够对具有不同贷款价值比和贷款收入比的抵押贷款设置风险权重。

但此模型有两点缺陷：第一点缺陷是抵押贷款的期限规定为一年。但在实际中，大多数抵押贷款期限更长。因此，如果房价下跌是暂时的，那么对房价下跌的实际反应要小于模型的预测。但当房价下跌持续一段时间后，反应可能会变得更大。第二点缺陷是所有参数都设为常数。在实际中，贷款价值比可能会随着市场情况和银行的贷款条件有所变化。尽管如此，该模型能够解释美国和瑞士抵押贷款损失率的主要原因。此外，该模型能够作为不同宏观审慎工具的基础。我们需要认清模型的特定需求而后努力使其更符合实际情况。

原文链接： http://www.ideas.repec.org/p/zbw/bubdps/342013.html
作者单位： 苏黎世保险有限公司（Zurich Insurance Co）

4. 最佳的银行审慎监管和监管的政治经济学

作者：**Thierry Tressel** 和 **Thierry Verdier**，顾嘉翕编译

导读： 本文首先假设了一个存在道德风险的银行体系。其次，我们研究了高风险行为是否受到监督质量的影响。研究表明，低利率可能会产生高风险行为。此外，由于资本外部性的存在，从而市场均衡不是最优的，而这导致了审慎监管存在的必要性。我们的研究证明了最优的资本比率取决于宏观经济周期，而且，由于生产外部性的存在，它必须辅之以对资产配置的约束。本文的研究还表明，政治因素的影响往往会加剧过度风险的存在，并延长信贷周期。

金融危机引发了金融业关于其影响因素的激烈辩论，大量学者开始研究如何在经济繁荣时期提高金融业抵抗风险的能力以及在经济衰退时期缓冲资本的建立。现在，政策制定者和经济学家认为银行审慎监管应该从宏观审慎监管的角度出发，而不仅依靠传统的微观审慎监管。巴塞尔协议Ⅲ的框架介绍了用来减缓信贷周期的反周期的循环缓冲区，该缓冲区旨在提高全球系统重要性金融机构的弹性。政策制定者们也建立了相关机构以负责宏观审慎政策及其运作。同时，危机的发生还引发了关于金融中介机构的低利率政策是否助长了资产泡沫和过度冒险的辩论。

我们开发了一个模型，该模型用来研究金融中介机构和借款人承担过度风险的原因。其目的是为了解银行审慎监管的具体作用、银行监管的质量和政治经济因素在加速金融周期中所起到的作用。我们的研究有两个主要特征：第一，我们开发了一个新理论（宏观审慎），该理论是关于银行监管的一个外部信用摩擦模型。其新颖性是创造了允许负净现值的项目进行平衡监管宽容的可能性。此外，我们希望通过危机前的政策措施来限制金融机构的杠杆效应。第二，我们强调银

行监管和最优审慎监管之间的相互作用。研究表明，当监督质量受到政治经济影响时，信贷周期会被延长。研究发现当利率或项目的预期回报率较低时，代理商通常希望监管能较为薄弱，以最大限度地利用杠杆效应，但这往往会加剧风险和较低的项目平均回报。相反，当利率很高时，借款人和投资者更喜欢高质量的监管来限制资金流出银行。

根据 Holmstrom 和 Tirole（1997）的理论，我们发现，在一个存在道德风险的经济中，银行需要监控借款人以激励自己的资本投资项目。这中间存在两个激励问题：第一，银行必须监控项目；第二，他们必须防止存在道德风险的借款人——他们在不知情的情况下（有时）投资于非生产性项目，只产生非可核实的好处。当然，这种道德风险可以通过监督和银行账户的审计预防。然而，假设银行审核是不完美的，防止风险的发生需要保证银行拥有更高的财务回报以确保它不会串通事件中审计质量较差的借款人。

由于银行资本比其他资本成本更高，用金融合同来防止合谋对借款人而言并不总是最好的办法，因为他们需要摆脱银行的利差成本。最大限度地利用杠杆率的关键在于最大限度降低借款人的利息，以减少投资资金占银行资本的份额。当银行资本成本和利率之间的差异足够大时，私人代理商可能更喜欢宽松的银行激励约束机制。这样的好处是，更大的财务收益分享可以更好地惠及投资者。这会大大提高银行的借款能力，增加借款人和银行之间的杠杆效应。当监督质量很低时，这种方法的缺点是会导致许多不良贷款的发生，而这又会减少平均预期项目的收益。在这些情况下，更多"过度冒险"的金融中介机构将会产生。

原文链接： http：//www.sz.mail.ftn.qq.com/ftn_handler/0440d72b735facb4a05 726de2af01d9cc0f59b558225bd27f6b8fdfbe7d42d4d？ compressed ＝0&dtype ＝ 1&fname ＝Optimal% 20Prudential% 20Regulation% 20of% 20Banks% 20and% 20the% 20Political%20Economy%20of%20Supervision_X.pdf

作者单位： 国际货币基金组织（IMF）

5. 美国宏观审慎政策的历史研究

作者：Douglas J. Elliott，顾嘉翁编译

导读：研究发现，与近年来的反响不同的是，自 1913 年美联储成立后，美国积极地运用周期性的宏观审慎介入政策。Douglas J. Elliott 对这些干预措施进行了全面研究，包括对它们的影响进行初步统计分析。他提供了许多基于美国历史上宏观审慎政策的经验教训。

在过去的 100 年中，美国频繁使用金融监管政策以控制信贷周期——我们现在称之为周期性的"宏观审慎"的政策。然而，这与美国政策界的共识相悖，根据过去二十年中的现象，他们缺乏使用这一类工具方面的经验，甚至这些工具是在美国从来没有使用过的。最近，我们联合撰写了一篇有关自 1913 年以来的美国宏观审慎政策的综合性文件（Elliott、Feldberg 和 Lehnert，2013）。在这一文件中，我们提供了对这些历史行为的详细分析，以及对这些具体行为和政治如何做出显著影响做出了解释，以及对这些政策的影响进行一些初步的统计分析。然而，在这一文件中并没有给出政策对未来的影响。

我们通过分析世界各地的宏观审慎政策的经验教训，为未来建立 EFL（2013）奠定了基础。然而相关结论都仅仅基于个人观点，我们也非常感激相关学者对本文提出他们的见解和意见。

我们研究发现的关于世界各地的宏观审慎政策的经验教训主要有以下几点：首先，我们认为宏观审慎政策是可行的，即使在美国这样一个条件相对不利的国家。其次，我们可以通过宏观审慎紧缩政策来获得政治上的支持；我们还发现宏观审慎政策和货币政策是融合在一起，缺少任何一方将导致政策实施效果不显著。再次，周期性的宏观审慎政策可以以影响信贷供给为目的而得以实施；针对不同经济部门，我们的研究认为它可以针对不同的政策而做出不同的应对以更适合政策带来的影响；更重要的是，当金融体系出现问题时，我们认为宏观审慎政策可能是最简单的应对措施。然而我们需要十分注意的是，在经济过程中一旦犯下重大的错误，那么未来的宏观审慎政策将变得更难有效实施。最后，我们认为如果仅通过一个主体来实施经济政策，那么相对于其他政策而言，宏观审慎政策是最容易做到的。

总体而言，美国的历史有力地证明了在美国的未来和世界其他地区更积极地利用宏观审慎政策是可行和可取的。美国历史也有力地表明，我们能够也应该在将来更加积极地使用宏观审慎政策。我们在吸取 20 世纪的经验教训的基础上，最有效地使用宏观审慎政策，使得国家的经济发展更加健康和快速。

原文链接： http：//www.banque –france.fr/fileadmin/user_upload/banque_de_france/publications/FSR18_Elliott.pdf

作者单位：布鲁金斯学会（Brookings Institution）

6. 来自美国宏观审慎政策历史中的经验

作者：Douglas J. Elliott，陈锦宏编译

导读： 本文基于作者最近联合撰写的著作 Elliott，Feldberg，Lehnert（2013）简称 EFL，该书中详细分类编录了美国历史上的宏观审慎政策，以及这些政策的影响和对这些政策的解读。本文列举了一些从美国过去宏观审慎政策中总结出的观点以及值得学习的经验教训。

（1）宏观审慎政策适用于美国背景的国家。

EFL 书中广泛的历史记录表明，在类似美国经济及政治背景的国家可以通过实行宏观审慎政策减少由于信贷市场兴衰所造成的损失。因为我们研究发现，自 1913 年起，美国历史上一共有过 245 次通过使用宏观审慎性质的工具来对抗信贷市场的周期性。这一历史阶段的美国有过多种不同的经济政治状况，所以，我们不认为未来有哪种特定的美国背景① 会禁止使用宏观审慎政策。但是，目前有很多人认为，宏观审慎政策不适用于美国的政治经济背景，并且相信一直以来美国也很少使用宏观审慎政策。

（2）宏观审慎紧缩可以获得政治上的支持。

对于周期性宏观审慎政策，人们通常会担心政治上的限制可能会导致紧缩性的政策无法实施。但事实上，美国在历史上实施了大量的紧缩措施来应对信贷扩张，虽然政治上的反对派一直从中阻挠，但往往这些紧缩政策也都能够获得足够的政治支持并确保实施。

---

① 指经济、政治环境。

（3）宏观审慎政策与货币政策可以融合在一起。

货币政策与宏观审慎政策的运作主要通过与金融机构和金融市场的互动及影响来完成。两种政策都试图影响信贷条件，虽然两种政策在基本原理和方法上有所区别，但是两者也拥有许多共同点。两种政策的主要分歧在于存款准备金的使用问题上。

（4）周期性的宏观审慎政策可以影响信贷供给。

EFL的统计数据表明，周期性宏观审慎政策对信贷供给有着重大的影响。首先宏观审慎政策会影响信贷增长，紧缩政策一般会导致银行信贷下降1%。其次，紧缩政策使得存款准备金上升，也会造成一些非银行机构进入借贷市场向市场提供贷款。

（5）宏观审慎政策可以针对不同的经济部分。

在美国，宏观审慎政策的实施既不被局限于某个经济部分，也不仅限于整体宏观经济。因为一直以来宏观审慎政策工具既被用于影响整体经济的借贷行为，也可以特别针对某个经济领域，如房地产、消费贷款等。

（6）技术性测量可以使宏观审慎工具更加简单。

作者认为，宏观审慎监管在未来可能会新增以下指标，例如逆周期资本、反周期风险权重、反周期贷款损失准备金、逆周期流动性缓冲以及反周期保证金和抵押品要求。

（7）重大错误会使得未来的宏观审慎政策的实施变得更加困难。

20世纪80年代美国使用宏观审慎政策的频率较为频繁，但是却给经济造成较大的负面影响，因此宏观审慎政策的反对声音越来越多，也导致之后美国宏观审慎政策几乎停滞的状况。这一教训对今天的美国显得格外重要，因为现在要重开宏观审慎政策，但目前依然缺乏公众基础和政治基础。如果出现重大错误，将会为以后宏观审慎政策的制度实施造成非常大的阻力。

（8）通过单个机构制定宏观审慎政策最简单有效。

绝大部分的宏观审慎政策都是由单个机构（美联储）制定的，虽然有时美联储也会联合其他部门共同制定宏观审慎政策。因为相对联合多个机构而言，单个机构的工作能够更加简单有效。从历史上我们可以发现，多个机构共同工作时会很难达成一致，这也会导致后续的推广实施困难重重。

最后，我们认为美国的历史证据有力地表明，美国能够也应该在将来更加积极地使用宏观审慎政策。通过向历史学习和借鉴，会让未来政策制定及实施更加有效。

原文链接：http：//www.brookings.edu/research/papers/2013/09/13-macropru-dential-policy-lessons-american-history-elliott

作者单位：国际货币基金组织（IMF）

7. 货币政策、宏观审慎政策与银行体系稳定性

——来自欧元区的经验

作者：Angela Maddaloni 和 José-Luis Peydró，匡可可、刘亮编译

导读： 本文讨论了货币政策如何影响银行体系的稳定性，分析了 2008 年金融危机前短期利率和宏观审慎政策对借贷标准的影响以及危机期间利率和中央银行的流动性对借贷条件的影响，其分析过程以欧元区特有的货币为基础，调查研究了审慎政策及银行借贷对风险承担的影响等问题。

我们分析了 2008 年金融危机前，货币政策利率和审慎政策对贷款标准的影响以及在金融危机期间长期公共流动性和货币利率对贷款标准的影响。利用为研究货币政策和审慎政策而设置的欧元区机构的数据以及通过对银行贷款的调查，我们发现宽松贷款条件下的低利率货币政策与在危机爆发之前一段时间内借款人的风险无关。此外，一些证据表明过度冒险会导致按揭贷款的低利率。而宽松标准下低利率所受的影响由于对银行资本金或贷款价值比实施了更严格的审慎政策而有所减少。2008 年金融危机开始后，我们发现由于银行资本和流动性约束，尤其是对商业贷款，使得低货币利率让原本紧缩的贷款条件变得更为宽松。更重要的是，那些从欧元区借入较多长期流动性贷款的银行所受的影响更大。因此，研究结果表明，低利率政策和公众长期存款对减少企业的信贷紧缩起到了相互补充的作用。

自 2008 年金融危机爆发后，货币政策对银行体系稳定性的影响就一直是学术和政策讨论的焦点。有关危机爆发前的一个重要问题是，低利率货币政策是否刺激了银行业的风险承担倾向。2002~2005 年的名义利率创下几十年来的新低，低于泰勒法则下的利率，某些国家甚至出现了负实际利率。

一些文献表明，货币政策利率太低将导致银行道德风险问题，并增大银行的信用风险和流动性风险（Jim Enez 等，2012）。Allen 和 Gale（2000，2004，2007）研究表明，在扩张性货币政策下，由于道德风险，银行信贷的风险偏好会发生迁移。

首先，针对 2008 年金融危机前的时期，我们分析了货币政策利率是否影响企业和居民贷款的借贷条件，尤其关注货币政策利率是否影响与银行借贷供给因素相关的借贷条件。这些因素包括银行资本和流动性方面的限制、资产负债表因素和竞争压力，而不包括借贷者净资产和信用风险的变化。因为它们属于与公司或个人基本面相关的信贷需求因素，所以这些借贷条件与借贷者质量无关，它们只反映银行信贷和流动性风险承担方面的变化。

其次，我们分析了更严格的银行审慎监管能否改变货币政策对借贷标准的影响。我们使用了两个跨国审慎银行政策衡量标准，一个来源于世界银行对资本监管严格程度的标准，另一个与宏观审慎政策相关，是不同国家抵押贷款的贷款价值比（LTV）限制。针对 2008 年金融危机爆发后的时期，我们将通过类似分析来研究低利率货币政策是否起到了放松借贷条件的作用。此外，我们的分析还纳入了危机期间欧洲央行实行的最重要的非常规政策——长期流动性供给机制。这样就可以分析在银行难以从批发市场上融资从而需要借助欧元系统公共流动性的情况下，借贷条件的放松幅度是否更大。

我们证明，2008 年金融危机爆发之前的短期低利率可能导致企业和个人借贷条件的放松。具体来说，由于银行净资产、流动性和竞争等供给方因素，短期低利率会导致借贷条件的放宽。当我们纳入其他可能导致危机的因素时，发现短期低利率对借贷条件的影响大于长期低利率和经常项目逆差的影响。事实上，我们并没有发现长期低利率和经常项目逆差与宽松借贷条件相关联的有力证据。

最后，我们发现严厉的审慎政策（无论是资本要求还是贷款价值比限制）有助于减少低利率对借贷条件的影响。

我们的证据显示，在低利率环境下银行的借贷决策会导致银行风险承担的上升。仅凭这一点就可以表明在这一情况下银行系统的稳定性会受到影响，从而增加危机爆发的可能性。换言之，即使每个银行增加其风险承担并实施相应的风控措施，系统风险仍将不断积累。我们进一步分析了银行的"过度风险承担"问题。事实上，我们找到了一些低利率环境下银行发放抵押贷款时过度承担风险的证据。原因是风险高于平均水平的借贷者面临的借贷条件变得宽松了。在分析过程中我们对经济周期、长期利率、银行总资本和流动性情况以及借贷者风险和质量的变化进行了控制。由于抵押贷款的年限较长且借贷标准受短期利率影响较小，因此控制长期利率尤为重要。

2008 年金融危机爆发后，我们发现短期低利率对放宽由于银行资本和流动性限制而收紧的借贷条件起到了一定的作用。这一效应在那些从欧元系统中借了更多长期流动性的银行身上体现得更为明显。上述结果在企业贷款方面都得到了验证。因此，研究结果表明，货币政策利率和长期公共流动性提供机制在减少企业信贷紧缩方面起到了互补作用。我们还发现，那些在金融危机爆发前资本状况更好的银行，其借贷条件放宽的程度较大，这一发现与货币政策的银行信贷渠道作用相符。

该项研究的主要贡献有三个方面：一是由于欧元区的银行贷款调查提供的详细资料，可以剔除借贷方因素对借贷条件变化的影响，从而专注于对供给面因素（银行净资产和竞争等）造成的借贷条件变化。此前，研究对象局限于整体借贷条件，整体借贷条件又受借贷者的质量和净资产，也就是需求方因素的影响。我们对信贷需求变化进行了控制，只分析低利率对具体借贷条件（贷款利差、数量、抵押物、期限和贷款价值比等）的影响。为了分析银行的过度风险承担行为，我们还分析了银行对高风险借贷者的贷款条件。此外，我们对货币政策和其他因素（尤其是经常项目逆差和长期利率）对借贷标准（风险承担）的影响进行了比较。二是我们对按揭贷款的价值进行了限制，来探究货币政策和宏观审慎政策间的互动对借贷条件的影响。三是在研究货币政策对借贷条件的影响时，不仅考虑短期利率的变化，还考虑了欧洲央行实行的固定利率全额分配长期流动性操作。

原文链接： http://www.ijcb.org/journal/ijcb13q1a6.pdf

作者单位： 欧洲中央银行（European Central Bank）、西班牙庞培法布拉大学（Universitat Pompeu Fabra）和巴塞罗那经济学院（Barcelona GSE）

8. 欧洲银行体系中的宏观审慎监管工具

作者：Peter Balogh，匡可可、刘亮编译

导读：本文研究了与银行宏观审慎监管相关的因素、宏观审慎监管的概念以及对欧盟层面与宏观审慎监管相关的制度等问题。本文还通过实证分析来确认那些对欧盟成员国银行系统指标具有重大影响的宏观变量。

本次金融危机使政策制定者们的关注焦点从微观审慎监管转向了以制度为核心的监管和宏观审慎监管框架的构建。本文为欧元区银行体系的监管提出了一种宏观审慎的途径。我们运用 27 个国家的面板数据估算了宏观经济环境对两个重要银行财务稳健性指标的影响。最终，我们构建了一个可以在事前和事后识别和监控系统性风险的宏观审慎监管框架。

在本文中，我们的目的是研究和银行宏观审慎监管相关的因素。首先，我们简略地分析了宏观审慎监管的概念。其次，对欧盟层面与宏观审慎监管相关的制度问题进行研究，下一步是一个宏观审慎分析的框架的建立。最后，将通过实证来确认那些对欧盟成员国银行系统指标具有重大影响的宏观变量。

为了评估系统性风险以及确保财务稳定，我们需要做出适当的调整来应对政策变动带来的影响，其中至关重要的是识别和保护相关数据的可获得性。附加值的计算模型为测量系统性风险以及相关的数据提供了强大的数据统计基础，是宏观审慎分析的根本。当下，国际层面就能有效监管整个金融系统的指标体系还没有达成共识。2009 年，Borio 和 Drehmann 曾尝试将这些指标归为以下四个方面：

（1）财务指标。我们可以由国际货币基金组织（IMF）执行宏观审慎分析来提高金融稳定性。为了应对潜在的金融系统崩溃可能造成的后果（IMF，2008），IMF 设立金融稳健指标。通过计算资产负债表中的数据的各项指标可以关注银行的资本化程度，这些指标包括金融资产质量、盈利能力的程度和流动性。这些指

标是基于过去的数据，考虑了过去的行为动作。

（2）预警指标。前瞻性预测的监督仪器，用于分析和测试系统性弱点，预测了金融危机的可能性。

（3）基于向量自回归模型（VAR）指标。VAR 模型，由 Sims 创建于 1980 年，是一种基于经济预测数据系列。这种方法类似于建模联立方程，即同时考虑几个内生变量，每个内生变量是由过去的值，以及其他包含在模型中的内生变量的过去值决定的。这些都是很简单的数学表示，但是在汇总数据上有一些理论的限制（Gujarati，2004）。

（4）在系统层面的多模块化测量模型（如宏观压力测试）。以数据为基础进行经济压力测试来确定一个给定系统或实体的稳定性。但是这一模型的实施显然超出了正常工作能力范围，而且观察结果显示这往往涉及测试经济能承受压力临界点数据。在已有的文献中，关于压力测试已经进行过传统资产组合分析，但对银行的全面的分析，包括银行系统、金融系统才刚刚开始。

结论：虽然宏观审慎监管框架仍在构建过程中，但我们在建立一个具体的、规范的框架方面已经取得了重要进展，这对于确保金融稳定是至关重要的。对欧盟银行系统的实证分析发现宏观经济走向和银行金融稳健指标间存在很强的相关性。这种相关性意味着负责金融监管的机构和负责制定宏观经济和财政政策的政府机构之间需要更为有效和协调的合作机制，从而达到降低系统风险和促进金融稳健的目的。预测金融危机的方式是多种多样的，本文中的实证检验研究了几种趋势和相关性，但这个模型可以被扩展成为银行危机的预警系统。另外，我们也可以通过这个模型进行宏观压力测试来检验银行系统对宏观经济波动的承受能力。

原文链接：http：//www.sciencedirect.com/science/article/pii/S2212567112002080
作者单位：罗马尼亚克鲁日"巴比什—博雅伊"大学（Babeş-Bolyai University）

9. 宏观审慎监管与欧盟非均衡经济

作者：Michał Brzezina、Marcin Kolasa 和 Krzysztof Makarski，余凯月编译

导读：欧盟核心成员国和边缘成员国的经济支柱差异注定了欧盟各成员国经济发展的不均衡。为了平衡各国经济的发展，宏观审慎政策应该更符合区域的发展特点。为此，欧洲中央银行致力于找出合适的宏观审慎政策。本文将建立由一个核心成员国和一个边缘成员国组成的一般均衡模型，试图模拟欧洲经济现状，最终发现 LTV 政策相对于其他宏观政策更有利于平衡成员国和边缘国的经济发展。

欧盟的成员国根据经济支柱不同大致可以分为两大类，一类是依靠实体经济（工业），如德国、法国等，它们又被称为核心成员国；另一类主要是依靠非实体经济（服务业），如希腊、西班牙、爱尔兰等，它们又被称为外围成员国。边缘成员国相对于核心成员国，其经济增长的波动性较大，在市场环境较好的情况下，其增长率大于核心成员国，但是一旦经济下滑，经济泡沫破灭，其经济就急转直下。2008 年金融危机爆发引发了欧洲经济的衰退，为了缓解经济危机带来的负面效应，欧盟采取了一系列措施，其中就有降低利率，加大对边缘成员国的贷款。这些措施，对于实体经济的成员国效果尚佳，而对于非实体经济的成员国，其效果就不是很明显，当希腊、爱尔兰、西班牙、葡萄牙逐个陷入主权债务危机时，我们开始思考用什么样的宏观监管政策可以有利于这些外围成员国经济的发展，进而更进一步地促进欧盟整体经济的稳定性。

学术界有研究表明，统一的利率和低门槛贷款加大了核心成员国和边缘国之间的非均衡发展，除此之外，统一的利率政策还削弱了各国实行不同财政政策的效果，进一步增加了金融的不稳定性。2008 年的金融危机让我们认识房地产和银行对于经济的发展起到了至关重要的作用。在国际上，一部分国家采取贷款房价（LVT）比作为宏观审慎政策，如中国香港、新加坡；一部分国家根据巴塞尔委员会提出的最低资本充足率（CA）作为宏观审慎政策。本文将模拟欧洲经济发展现状，即核心成员国发展和边缘国成员发展，构建一般均衡模型，检验 LVT 和 CA 政策的有效性。

首先，我们检验了 LVT 和 CA 在独立货币政策下，对产出的影响：

（1）加入统一货币联盟增加了产出的变动率。这主要是因为统一的货币政策取代了单一货币政策所面对国内特定问题的针对性处理。相对独立的货币政策更有利于保持经济的稳定，当 LTV 尚未超过 5% 时，相对独立的货币政策是稳定有效的，当 LTV 变动到 7.5%，相对独立的货币政策只需要 0.5% 的变动即可以消除 LTV 变动带来的影响。

（2）CA 工具同样能够降低产出的变动率，但是其有效性低于 LVT。例如，当 CA 每变动 3%，总产出率只变动了 0.02%。这种细微的变动将不足以弥补独立货币政策所带来的交换摩擦。

其次，我们将检验 LTV 和 CA 是否有利于消除外来冲击，得出以下结论：

（1）LTV 是对于房地产市场冲击和货币市场冲击最有效的控制方式。

（2）CA 对于房地产市场的冲击也能达到很好的控制效果，但是其控制效果没有 LTV 明显。

最后，我们检验了统一的宏观政策与差别的政策对于经济的影响，结论如下：

（1）对于一个地区的特殊问题，统一的宏观政策的效果明显比差别的政策要差。

（2）差别的 LTV 比统一的 LTV 所产生的效果要明显。

结论：宏观审慎政策（LTV）有利于降低外围国家产出的变动率，更为重要的是，这种宏观审慎政策对于其他的宏观变量的影响也不大。宏观审慎政策对于房地产市场价格冲击和货币政策冲击十分有效，有利于平衡欧盟核心成员国和外围成员国经济的非均衡发展。

原文链接：http：//www.ecb.europa.eu/pub/scientific/wps/author/html/author616.en.html

作者单位：波兰国家银行（National Bank of Poland）和华沙经济学院（Warsaw School of Economics）

10. 欧元区的货币政策和宏观审慎政策的可行性

作者：Dominic Quint 和 Pau Rabanal，余凯月编译

导读：在 2007 年金融危机发生之前，宽松的货币政策和监管政策刺激了信贷增长，从而促使了房地产的虚假繁荣，但是当 2007 年金融危机爆发后，经济出现了自"二战"以来最大的衰退。本文试图通过定量分析货币政策和宏观审慎政策怎样联合对银行信贷产生影响，从而怎样影响整个欧盟经济发展来为更好地规避金融危机带来有益的启示。

每当金融危机发生以后人们就开始反思此次危机的原因，后有学者总结认为，信贷政策会对房地产市场和金融市场起到推动作用，因而，会对金融危机产生放大作用。目前，人们在防止经济大衰退上达成了共识，即降低信贷周期的波动，以降低信贷周期对宏观经济的影响。但是，对于具体降低信贷周期波动的方法还在探寻之中。传统的货币政策对于特定行业波动（如房地产）控制过于笼统，因此有必要寻找其他政策工具来应对特定的行业波动，其中根据此次金融危机总结认为，特别需要注意的是宏观审慎政策对信贷波动的影响，从而引起对市场的影响。例如，对房地产的影响。宏观审慎政策是否能够起到逆周期监管的作用，从而抵消信贷波动带来的市场价格波动呢？

本文围绕如何运用最佳的综合政策来降低信贷波动，假设有两个国家，一个看作国内（这里的国内将选取欧盟作为研究对象，因为欧盟是一个特殊的经济体，统一的货币政策和不统一的财政政策造就了其特殊性），另一个看作国外；有两种产品，一种是快速消费品、一种是持续消费品；每个国家的人民分为储蓄者和借款者，借款者相对于储蓄者更偏好即期消费，这就为信贷创造了条件；两类金融中介，国内金融中介和国际金融中介，国内金融中介从储蓄者手中获得存

款或者通过发放债券获得资金，同时以债权的形式发放贷款给借款者；国外的金融中介通过这些债券与国内金融中介产生联系。最后我们假设，国内市场遭受金融冲击时，国内货币政策由中央银行统一实施，中央银行主要通过应对通货膨胀来控制整个欧盟的经济波动。

本文将在市场完整的条件下，定量分析货币政策和宏观审慎政策如何联合对银行信贷产生影响，从而影响整个欧盟经济发展。这里指的政策具体有额外资本要求、流动性比率、准备金、贷款损失金。通过实验我们发现，最优的货币政策和宏观审慎政策将有利于提高人们在金融危机冲击下的福利，这些措施通过抵消金融冲击导致的加速反应减小了真实变量的波动率。但是，当技术冲击对经济发生反应时，宏观审慎政策所带来的就是负面的效果，存贷款的利差将会促进经济波动，它会导致消费的剧烈波动、会导致房地产工作人员的福利大幅度降低。因此，确定信贷和房价暴涨的原因是宏观审慎政策成功的关键。除此之外，我们还发现，宏观审慎政策对存款者和贷款者的影响是不一样的，宏观审慎政策虽然增加了欧盟的整个经济区的福利，但是却降低了贷款者的福利。除非宏观审慎政策会对名义信贷增长做出回应，否则一部分人的损失是不可避免的。最后研究还表明，宏观审慎政策对于欧盟不同国家产生的效果大致是一样的。

原文链接： http：//www.imf.org/external/pubs/ft/wp/2013/wp13209.pdf
作者单位： 国际货币基金组织（IMF）

11. 逆风而行：亚洲宏观审慎政策

作者：Longmei Zhang 和 Edda Zoli，顾嘉翕编译

导读：近年来，宏观审慎政策已成为一个日益活跃的政策领域。许多国家都采用它作为一种工具来维护金融稳定，特别是当受到全球资本流动不断推进时，用来应对信贷和资产价格周期问题。我们探讨了 13 个亚洲经济体和 33 个其他地区的经济体自 2000 年以来使用过的重点宏观审慎工具及资本流动的措施，并构建了各种宏观审慎政策指标。

相比其他地区，亚洲经济体似乎已经更多地使用宏观审慎工具，尤其是在与住房有关的措施中采用。宏观审慎政策的影响可以通过一些事件进行研究，以及宏观面板回归和银行级别的微型面板回归进行分析评估。分析表明，宏观审慎政策及资本流动的措施都有助于遏制房产价格增长、股权流动、信贷增长以及银行的杠杆作用。这些特别有效的宏观审慎政策工具包括贷款与价值比率上限、房屋税的措施以及与外币相关的措施。

从 2000 年开始，亚洲的资本流动开始激增，并且变得越来越不稳定。记录显示，从 2006 年第四季度到 2007 年第三季度亚洲资本流动开始繁荣，全球金融危机（GFC）时急剧下降，而另一次繁荣时期是从 2009 年第三季度到 2012 年第三季度。

资本流动的后危机反弹主要受到强劲的区域增长的驱动和影响，包括在美国和欧洲的宽松货币政策以及新兴市场（IMF，2011）组合配置结构的转变。强劲的资本流入导致金融失衡逐渐堆积，信贷增长和资产价格飙升。

管理庞大的资本流动和相关的财务风险已经成为亚洲政策制定者的一大挑战，因为出于各方面的原因，单独的货币政策已经被证明是不够的。在开放经济中，提高政策利率以抑制经济过热的压力可能会导致更多的资本流入，加剧金融

的不稳定性。此外，货币政策的经济影响面广，而且解决特定行业的过热问题成本往往太高。当资产价格和通胀周期发散时，货币政策可能面临两难境地。这些因素都使得对新的政策工具的需求不断增加，宏观审慎政策迅速成为学术和政策讨论的一个重要区域。

宏观审慎政策已被定义为"利用主要审慎工具来限制系统性风险对金融服务的干扰，即可能造成的对所有金融系统或部门的资产减值，并可能导致对实体经济严重的负面后果"（IMF，2013）。它包含了一系列工具，如用以解决特定行业风险的措施（例如，贷款成数（LTV）和债务收入（DTI）的比率）、逆周期资本要求、动态拨备、存款准备金率、流动性工具和影响外国货币或金融交易的措施。

尽管宏观审慎政策在亚洲已被使用很多次，关于其有效性的实证证据仍然很少。一方面是考虑到量化各种宏观审慎措施的难度，另一方面则是由于宏观审慎政策只是在最近几年才开始变得活跃。我们提出了关于在亚洲有效使用宏观审慎政策的新证据。通过使用新建的数据库，我们探讨了 13 个亚洲经济体和 33 个其他地区的经济体自 2000 年以来使用过的重点宏观审慎工具及资本流动的措施，并构建了各种宏观审慎政策指标。这些指标将被用来评估整体宏观审慎工具的政策立场及其与货币政策的关系。宏观审慎政策的影响将被通过一些事件进行研究，以及对宏观面板回归和银行级别的微型面板回归进行分析评估。

原文链接：https：//www.imf.org/external/pubs/cat/longres.aspx？sk=41312.0
作者单位：国际货币基金组织（IMF）

12. 如何定义影子银行

作者：**Stijn Claessens 和 Lev Ratnovski**，匡可可编译

导读：影子银行是近年来最受关注的热点问题之一，然而至今尚无一个权威的定义。本文认为将影子银行描述为"除传统银行业务外，需要一份私营或公共部门提供的担保才能进行的所有金融活动"。

为了完善现有界定影子银行的方法，我们提议将影子银行描述为"除传统银行业务外，需要一份私营或公共部门提供的担保才能进行的所有金融活动"。这种担保可以是银行或保险公司的特许权价值，也可以是政府担保。

同传统银行业务一样，影子银行也涉及风险转移。具体而言，就是信贷风险、流动性风险和到期风险。风险转移的目的是剥离蕴含一些投资者不愿承担的"不良"风险的资产。传统银行业务在一个单一的资产负债表中转移风险，使用大量法律条文、监控和资本缓冲将风险贷款转化成安全资产，即银行存款。影子银行则利用一套不同的机制来转移风险，其目的是在金融系统中分散不良风险。

虽然影子银行使用了许多资本市场型工具，但还是有别于传统资本市场活动，因为影子银行需要担保。这是因为，虽然最严峻的风险可被分散开来，但一些残余风险仍会存在，通常是稀有风险和系统性风险（尾部风险）。这些残余风险包括证券化中的系统性风险、流动性风险，大型借款人无力回购和履行证券借贷协议所涉及的风险，非银行金融机构贷款的信用风险中隐含的系统性风险。从事影子银行业务的机构需要展示其具备消化这些风险，从而使不愿承担这些风险的最终债权人，其潜在风险敞口降至最低水平的能力。

但是，影子银行自身无法创造所需的最终风险吸纳能力。其原因在于，影子银行活动的盈利水平过低。为了能够顺畅地在金融系统中分散风险，影子银行主要关注通过信用评分等方法易于评估、定价和沟通交流的"硬信息"风险。影子

银行无法积累充足的内部资本来缓冲剩余风险,因此需要获得担保（即从外部获得从事影子银行活动所需的风险吸纳能力）。

影子银行可以通过两个途径获得这样一份担保:一是私营部门,即使用现有金融机构的特许权价值,这就是为何很多影子银行活动出现在大型银行中或是向大型银行转移风险的原因。二是公共部门,即通过显性或隐性的政府担保。

对影子银行需要担保这一重要特征的认知使我们获得了以下一些有益的政策启示:

首先,指明了寻找新影子银行风险的方向,即风险蕴含在需要获得特许权价值或政府担保的机构所从事的金融活动中。银行或保险公司从事的非传统业务是"主要嫌犯"。

其次,阐明了影子银行对宏观审慎监管和其他监管构成重大挑战的原因。影子银行利用担保来进行运营活动。担保的出现造成市场自律性下降,进而能使影子银行积累大量（系统性）风险。

再次,表明了影子银行几乎一直直接或间接处于监管范围之内。监管机构可以通过影响受其监管的金融机构使用特许权价值来支持影子银行活动的能力,或是通过管理政府担保来控制影子银行。

最后,这表明风险从受监管的领域向影子银行转移（人们通常认为这可能是加强银行业监管带来的一个意外后果）的问题并不像某些人担忧的那样严重。影子银行活动不能向那些无法获取特许权价值或政府担保的金融系统领域大规模转移。

原文链接: http://www.imf.org/external/pubs/ft/wp/2014/wp1425.pdf
作者单位: 国际货币基金组织（IMF）

13. 影子银行的短期和长期驱动因素

作者：**John V. Duca**，匡可可编译

导读：本文分析了自20世纪60年代初期以来风险和其他因素如何改变对影子银行体系支持的短期商业债券的使用。结果表明，在长期内其份额既受到市场信息变化和存款准备金要求的影响，又受到银行与非银行信贷资源监管的影响。在短期内，当存款利率有上限、经济前景好转或者风险溢价下降时影子银行的份额上升，在特别事件造成的风险扰乱金融市场时份额下降。

通过"影子银行体系"发放的贷款——无论是那些资金源自无担保债务的非银行贷款或是那些通常被货币基金购买的直接发行的票据——已经变得日渐重要。自20世纪60年代后期以来，非金融企业短期债务中的商业票据和非银行贷款占比几乎翻了一番，并且撇开由非金融企业直接发行的商业票据来看，来自非银行金融公司的债务也出现了较大的变化。这一点非常重要，因为非银行金融机构商业票据和债券都比较容易受到金融市场震荡影响且具有顺周期性，2007年后影子银行贷款的急剧下降正体现了这一点。由于这些原因，影子银行体系的规模及其对流动性冲击的反应使实体经济容易受到由资产避险导致的信贷短缺的影响。银行无法完全抵消这些影响，在类似于2008年危机期间的关联贷款损失影响了银行和非银行金融机构资本充足率的情况下更是如此。

许多文献都证明企业通过证券市场融资的情况正发生着改变，这反映了监管套利及金融创新等长期因素和短期金融市场冲击的影响。对现有文献进行有效总结，就可以得出一个研究影子银行重要性的长期演进和短期变化情况的统一框架。这样的模型不仅可以帮助我们制定应对金融危机的短期政策，更可以帮助我们在金融体系的设计上达到金融创新与金融稳定之间的平衡。

本文从实证角度分析了造成过去50年间影子银行信贷在短期非金融企业融

资中占比的长期和短期变动的驱动因素。影子银行的长期均衡份额与信息成本负相关，与银行准备金要求、商业银行与影子银行资本金相对要求正相关。同时，影子银行份额也受到货币市场共同基金等金融创新的影响。从短期来看，影子银行份额会在短期流动性溢价高企、期限溢价反映经济改善预期或者事件风险对证券市场造成影响时降低；并在存款利率存在上限或是短期监管政策变化更有利于非银行融资渠道时上升。从历史角度来看，这些结果也与其他学者关于大萧条的研究结果一致。在大萧条期间，信贷供给向资金来源受流动性冲击较小的债券转移。

本文的研究结论对宏观政策有三大意义：首先，证据显示影子银行很容易受到流动性冲击影响且有很强的顺周期性，这给金融和宏观经济的稳定带来了挑战。由于《多德·弗兰克法案》使得美联储很难通过购买商业票据等干预措施来迅速稳定金融市场，本文得到的结论倾向于支持那些对货币市场共同基金业进行改革，以改善其对流动性及其他金融冲击的抵抗力的观点。

其次，《多德·弗兰克法案》通过施加证券化资产风险敞口和对系统重要性银行及非银行机构的压力测试，使得对商业信贷与影子银行信贷的监管力度更趋于统一，在限制了监管套利行为的同时加强了金融监管。在这一方面，《多德·弗兰克法案》有助于减少影子银行提供的短期商业信贷规模，解决了巴塞尔协议 I 中存在的缺点。

最后，从更宽泛的角度来看，正如许多货币和银行学术研究一直反复强调的那样，研究结论还揭示了在分析传统和非传统信贷模式在市场中的份额变化时，需要对信息成本、金融法规、创新和风险等因素进行综合考虑。

原文链接：http：//www.dallasfed.org/assets/documents/research/papers/2014/wp1401.pdf

作者单位：达拉斯联邦储备银行（Federal Reserve Bank of Dallas）

14. 对金融系统来说，影子银行是福亦是祸

作者：IMF，刘亮编译

导读：各国影子银行特点不尽相同，但受共同因素驱动。影子银行是引发美国金融危机的重要因素，但其影响在欧洲要小得多。监管机构应协力避免风险转移。

影子银行既能给各国带来福音，也有可能造成灾难。要使影子银行造福于国家，政策制定者应该尽量降低影子银行给整个金融系统带来的风险。

影子银行像常规银行一样，从投资者手里获取资金然后贷给借款人，但却不必遵守同样的规则或监管。影子银行包括货币市场共同基金、对冲基金、金融公司和经纪人/交易商等金融机构。

基金组织最新《全球金融稳定报告》分析了近年来先进经济体和新兴市场经济体影子银行的增长和带来的风险。该报告指出，美国影子银行价值 15 万亿~25 万亿美元，欧元区 13.5 万亿~22.5 万亿美元，日本（取决于衡量指标）为 2.5 万亿~6 万亿美元，新兴市场约为 7 万亿美元。新兴市场的影子银行比传统银行系统增长更快。

基金组织全球金融分析处称各国影子银行的增长似乎受相同因素驱动：当银行受到严格监管时，影子银行往往会兴盛起来，以规避监管；当实际利率和收益率低于投资者寻求的高收益时，影子银行也会迎来增长；当保险公司和养老基金等机构对"安全资产"需求量大，也会促进影子银行的增长。

风险与惠益

全球金融危机说明，影子银行依靠短期融资，那么投资者临时撤资的时候，可能会出现被迫出售资产和价格螺旋下降，这样就会带来风险。

在美国，影子银行带来的风险至少占全部系统性风险的 1/3（按照发生可能性极低的金融系统极端损失测量），与传统银行类似。在欧元区和英国，它们带来的系统性风险比银行系统要小得多。这在很大程度上反映出欧元区和英国的金融系统更多以银行为基础。

2009 年以来，先进经济体传统上认为风险较小的业务（如非货币市场投资基金）增长最快。美国这部分业务占 GDP 的比重从 35%上升到 70%，欧元区从 35%上升到 65%。但特别是在欧元区，与五年前相比，这些基金持有的流动性相对欠缺的资产比重更大，美国也出现了同样趋势。投资者债权流动性强会带来一些问题。多个投资者想同时出售时，如果此类基金无法迅速出售资产，不能满足赎回需求，就可能导致此次全球金融危机中出现的挤兑和甩卖。

在新兴市场经济体中，中国影子银行的规模很大（占 GDP 的 35%~50%），增长迅速（年增长率超过 20%），需要密切监测。最近当局采取了各种措施遏制影子银行的过度增长。

如何发挥影子银行的有益作用

影子银行可以带来惠益。特别是在新兴市场经济体中，传统银行系统往往受能力或监管限制，如借款或利率限制，而影子银行扩大了信贷渠道。在发达市场上，随着银行贷款减少，各类基金正参与向私营部门提供长期信贷活动中。影子银行还能深化市场流动性，促进风险共担，从而提高金融系统效率。

基金组织在报告中呼吁各国将影子银行监测纳入旨在保持金融系统整体安全的政策之中。基金组织表示，金融稳定委员会认为各国当局要共同努力保持金融稳定。根据其建议，对影子银行的监管程度应取决于它们对系统性风险的贡献。

宏观审慎框架将确保影子银行业务不会不知不觉地转移到监管和政策框架更薄弱的领域。为此，宏观和微观审慎监管机构需通力合作。监管机构和统计部门需提供更详细的影子银行数据，这样才能恰当评估风险。国际监管合作同样重要。如果只是在少数几个国家采取监管措施或实施时协调不力，那么风险增加的可能性更大。例如，一国监管收紧可能导致业务转向其他控制不那么严格的国家。在金融稳定委员会的努力下，各国政府已经着手制定解决风险问题的规则。

原文链接：http：//www.imf.org/external/chinese/

作者单位：国际货币基金组织（IMF）

15. 关于影子银行的监管

作者：Tobias Adrian、Adam B.Ashcraft 和 Nicola Cetorelli，余凯月编译

导读：影子银行由许多特殊的金融机构构成，这些金融机构通过特殊的金融产品改变一般银行产品的流动性风险、到期风险、信用风险，但是，影子银行这些活动并没有受到监管，它的不透明性和复杂性更是加大了监管的难度。美国联邦银行在分析影子银行监管必要性的同时，指出影子银行最新的发展动态和监管时应该注意的风险。

传统的金融中介是指在资金需求者和资金供给者之间提供桥梁的金融掮客，这种直接的融资形式相对于以往的融资形式确实减小了成本。但是，它也有着人们所熟知的信息不对称和流动性问题带来的成本。金融的发展是不断追求经济的过程，因而也可以认为是一个不断减小成本的过程，传统金融的弊端促发了影子银行的产生。

具体而言，影子银行的产生可以归结为几个方面。从金融创新层面，影子银行可以将一个长期风险借贷转化为看似无风险的多个短期信用工具，同时也转换了到期偿付的风险；从监管方面，影子银行可以通过监管套利来逃避资本监管，FSB 就曾定义影子银行即是规避了正常监管的信用提供体系。近年来，影子银行得到了很大的发展，在金融危机发生以前，影子银行所占有的社会资本从 2002 年的 26 万亿美元上升到 2007 年的 62 万亿美元，2007 年是影子银行发展的高峰，在金融危机过后影子银行受到了很大的冲击。

FSB 认为，影子银行脱离了正常的监管，很容易造成金融行业的系统性风险，因而需要加强对其的关注与监管。除了监管套利所带来的风险，影子银行还从其他几个方面导致一些无效率结果的产生。首先，影子银行固有的、被忽视的风险，影子银行所积聚的资产是对市场敏感的资产，在整个金融体系中相当于聚

集了尾部风险，与此同时，这些资产具有的信息不透明的特点更加大了影子银行的系统性风险。其次，影子银行融资的脆弱性，影子银行对于金融冲击的抗压能力比正常银行要小，在经济上行时表现还不是特别明显，一旦经济下滑，影子银行受到的冲击是大于一般银行的，特别是对于"挤兑"这种事件。再次，杠杆周期的影响，杠杆周期是金融机构都需要面对的问题，杠杆周期对于影子银行的影响在于，在不同的经济周期阶段，监管对于金融中介活动的干涉程度是不一样的，金融中介是典型的顺周期活动，在经济形势一片大好的情况下，金融中介受到的管制相对较小，影子银行发展也较快。在经济衰退的情况下，金融中介受到的管制就相对较多。最后，代理问题，影子银行的业务所涉及的范围比较广，很多都存在跨地区、跨行业的现象，要精确地掌握所有借款者的信用信息是有难度的，同时成本也是昂贵的。为了提高效率，大多影子银行最后决定依赖信用评级，但是，信用评级机构也需要面临自己的代理问题。过度的依赖信用评级可能会造成类似 2008 年金融危机的风险。

为了解决影子银行所面临的问题，监管者采取了不同的监管措施。但是，影子银行的问题是不断发展的，随着监管的深入，一些问题将不再是难题，而与此同时，一些新问题也开始出现。下面将列举影子银行最新表现形式。

地区政府发放的不动产信托投资（Agency REITs）主要面临两个风险，一个是久期风险，一个是流动性风险。Agency REITs 还需要考虑的一个问题是大规模发行的 Agency REITs，它可能会引起整个金融环境的变化，也可能会引发系统性风险。

再保险本义是为保险公司分散承保风险。但是，目前有一种特殊的再保险值得我们注意，保险公司投这种再保险是为了减少被监管成本，而不是分散风险。在这种特殊再保险中，保险公司能够减少资本成本，但是，保险公司的风险只是简单地从保险公司转移到再保险公司，而并未起到分散风险的作用。

杠杆融资并不是一个新问题，它可以通过企业之间、银企之间的借贷管理来监管，这种融资方式具有不透明性和风险性大的特点。但是目前存在一种现象，即杠杆融资的低门槛化。有数据表明，低门槛杠杆融资占总杠杆融资的比例从2010 年的 0 突增到 2013 年的 60%。

第三方回购，早期票据交换行的第三方回购因为有银行破产法的保护，算得上是比较安全的，第三方回购的最新发展是 DVP（付款交割），这种新型交割方式，致使交易脱离了票据交易行的中介，进而脱离了监管。

货币市场基金，早期的货币市场基金的出现是为了规避美国的 Q 条例，后来越来越多的人选择货币市场基金来替代银行存款。最新的研究表明，货币市场基金中的机构投资者比散户更容易出现"逃离"现象，这就增加了货币市场基金的波动性，在系统性风险不断积聚的过程中，当系统性风险还处在低程度的范围内时，货币市场基金相对而言承载着较高的风险。

本文首先定义了影子银行，然后阐述了影子银行存在的必然性，紧接着说明了对影子银行监管的必要性，最后指出影子银行最新的发展形势。

原文链接： http：//www.newyorkfed.org/research/staff_reports/sr638.html
作者单位： 纽约联邦储备银行（FRBNY）

16. 加强影子银行监管的咨询文件

作者：FSB，顾嘉翁和刘亮编译

导读： 加强影子银行监管，首先应该建立一个政策框架。金融稳定理事会2011年10月的报告中，对影子银行体系的定义做了一个回答，并从广义上将影子银行体系定义为与普通银行体系之外的实体或活动完全或部分相关的信用中介体系。该报告提出了加强影子银行监管的政策框架。

为了加强影子银行监管，我们认为首先应该建立一个政策框架。在金融稳定理事会2011年10月的报告中，理事会首先对影子银行体系的定义做了一个回答，并从广义上将影子银行体系定义为与普通银行体系之外的实体或活动完全或部分相关的信用中介体系。针对其他影子银行实体的政策框架，本文提出了三大要素：第一，在决定辖区内的非银行金融实体（货币市场基金除外）是否参与了会带来系统性风险或监管套利的信用中介活动时，各国监管机构应该参考"五大经济职能（或活动）的框架"，并依此来识别其辖区内非银行金融实体的影子银行风险的来源。第二，政策工具包的框架：在所有经济职能中监管机构均能使用的总体原则以及每种经济职能适用的、可以减轻与该种职能相关的系统性风险的工具包。第三，各国监管机构之间通过金融安全理事会程序进行"信息共享"，以促使各国或地区在应用政策框架的过程中保持一致性，同时将监管"空白"或新的监管套利机会减少到最小。另外，这种信息共享可以有效地观察到金融市场中新出现的调整和创新。

通过分析基于五大经济职能的评估，可以得出每种经济职能引发影子银行担忧的方式。第一个经济职能是关于容易引发"挤兑"的客户现金池的管理。由于经济生活中金融实体将投资者的资金集中起来，并接受投资者的全权委托把这些资金投资于金融产品，这就可能引发"挤兑"风险，因为在某种程度上这些金融实体参与了期限或流动性转换，并且如果这些实体采用了杠杆，那么挤兑风险将会加剧。第二个经济职能是基于短期融资的贷款提供。当非银行经济实体为零售或公司客户提供银行体系之外的贷款/信用可能涉及流动性和期限转换。从事这些活动的实体可能与银行展开竞争，或在银行不活跃的利基市场提供服务。如果这些实体信贷集中的行业在本质上是周期性行业（如房地产业、建筑业、船舶业、汽车业和零售业等），就会引发重大风险。第三个经济职能是依赖短期融资或客户资产担保的融资的市场活动中介。由于市场参与者之间的中介活动可能包括证券经纪服务以及为对冲基金提供的大宗经纪业务，所以，从事这些活动的非银行金融实体很可能会面临巨大的流动性风险。在这些实体高度依赖客户资产获得资金时，这些活动在经济上类似于银行吸收存款并将存款投资于长期资产。第四个经济职能是信用创造便利。所谓信用创造便利，其实是经济社会中的信用担保。虽然提供担保信用等级有助于促进银行和/或非银行信用创造，这可能是信用中介链条上必不可少的一部分，但同时可能引发不完全信用风险转移风险。从事这些活动的非银行金融实体可能为该体系过度杠杆化提供了帮助。第五个经济职能是证券化和金融实体的融资。证券化融资活动，即向相关银行和/或非银行金融实体提供资金，可能是信用中介链条不可或缺的一部分。然而在某些情况下，这种活动可能会有助于在体系中引发过度的期限和流动性转换、杠杆或监管套利。

在带来影子银行风险的非银行金融实体在受到监管方面，我们认为各国监管机构应该参考四个总体原则，并应该以此为指导。原则一：各国监管机构应有能力界定监管范围；原则二：各国监管机构应采集评估影子银行风险的程度所需的信息；原则三：如有必要，各国监管机构应加强其他影子银行实体的信息披露，以帮助市场参与者理解此类实体带来的影子银行风险的程度；原则四：各国监管机构应该根据经济职能来评估其辖区内的非银行金融实体，并利用政策工具包内的工具采取必要行动。

关于政策工具包，也就是用来应对风险的具体工具。首先是关于容易引发"挤兑"的客户现金池的管理的政策工具，其次是关于处理依赖短期融资的贷款提供的政策工具，此外，还包括应对依赖短期融资或客户资产的担保融资的市场活动中介的工具。在信用创造便利方面，也提出了与那些提供担保等信用增级的非银行金融实体相应的工具，关于证券化和金融实体的融资，本文讨论了针对相关金融机构融资的监管工具。

　　关于信息共享，本文认为各国/地区应对相似风险使用的政策框架的一致性非常重要，这可以将余下的监管"空白"和新的监管套利机会限制在最低程度，同时有助于实现监管的一致性。这种信息共享还可以有效检测出金融市场上的新变化。

原文链接：http：//www.financialstabilityboard.org/publications/r_121118a.pdf

作者单位：金融稳定理事会（FSB)

17. 加强影子银行监管

——影子银行监管的政策框架

作者：FSB，匡可可编译

导读： 本文为治理非银行金融机构（不包括货币市场基金）的政策框架的最终版本。金融稳定理事会于 2012 年 11 月 18 日发布了治理非银行金融机构（不包括货币市场基金）的政策框架的意见咨询稿，我们在上一期国际研究镜鉴中对这一框架进行了描述。总的来说，回复者支持金融稳定理事会将非银行金融机构造成的潜在风险分为五种经济职能进行治理的做法，但认为各个分组之间应该加强配合，定义需要更为清晰，而政策工具在精确性方面有待加强。理事会在收到的五十余个回复意见的基础上，对政策框架做出了以下调整。

框架的大体结构不变，仍然保留经济职能—政策工具—信息共享的形式，但对个别经济职能进行了完善。原框架中的五个经济职能分别为：第一个经济职能是关于容易引发"挤兑"的客户现金池的管理；第二个经济职能是基于短期融资的贷款提供；第三个经济职能是依赖短期融资或客户资产担保的融资的市场活动中介；第四个经济职能是信用创造便利；第五个经济职能是证券化和金融实体的融资。最终版本将第一个经济职能中的"客户现金池"改为了集体投资工具（Collective Investment Vehicle）。在许多情况下集体投资工具通过分散风险可以起到金融系统避震器的作用，但在极端情况下，一些牵涉期限/流动性转换或是杠杆化的集体投资工具很有可能面临挤兑，并有可能引发系统性风险。由于并不是所有集体投资工具都有挤兑危险，当局在监管过程中应考虑到不同集体投资工具的不同情况。导致集体投资工具挤兑风险增加的因素包括：①集体投资工具的投资者群体和他们对待亏损的容忍度；②集体投资工具的投资组合复杂性和流动性以及在不对其投资组合产生负面价格影响的前提下卖出资产以满足赎回要求的能力；③集体投资工具的杠杆率；④集体投资工具在受到冲击的市场区隔和交易方的集中程度；⑤受挤兑影响的资产和其他集体投资工具或投资者持有的资产间的关联度。另外，第五个经济职能被修正为基于证券化的信贷中介和金融机构融资。

对政策工具箱进行了进一步调整。在应对基于短期融资的贷款提供问题的政策工具中，删除了对资产负债期限错配以及对非银行机构与银行和集团间的联系监控。

原文链接： http：//www.financialstabilityboard.org/publications/r_130829c.pdf
作者单位： 金融稳定理事会（FSB）

18. 中国地方政府融资平台的作用及其扩张的影响

作者：Yinqiu Lu 和 Tao Sun，肖洁编译

导读：中国 2009~2010 年快速的信贷扩张使得地方政府融资平台（LGFPs）备受关注。我们讨论了地方政府融资平台的作用、近来不断扩张的原因以及它们对于金融部门、地方政府和主权债务所带来的风险。我们认为，LGFPs 在过去对中国有利，但如果其迅速扩张却未能对其进行有效控制，则将带来不幸。在这种背景下，我们提出了解决方法：认识并解决地方政府收入支出不匹配的问题；建立一个规范和监督地方政府预算的框架；确保以土地出让金融资的可持续性；发展地方政府债券市场，促进金融改革。

地方政府融资平台（LGFPs）是促进中国基础设施建设的主要力量。作为中国地方政府融资的主要工具，它们在促进中国基础设施建设和经济增长方面的重要作用已经得到了广泛认可。从某种程度上来看，LGFPs 是中国地方政府的财富，因为它们能够为地方政府提供资产负债表以外的金融支持，同时不会增加财政赤字和发债压力。

2009~2010 年快速的信贷扩张使得 LGFPs 备受关注。为了在金融危机中保护国内经济，中国政府在 2008 年底开始实施财政刺激措施和宽松的货币政策。刺激措施促进地方政府更多地投入基础设施建设以促进经济增长和创造就业。鉴于其有限的财政收入基础和预算法禁止从金融市场直接借贷，地方政府越来越依赖于 LGFPs 渠道为基础设施开支融资。LGFPs 的快速扩张引发了关于地方政府债务、银行的资产质量、更广泛的中期金融稳定性和中国主权债务风险的担忧。如果快速扩张没有得到很好地控制，那么这将演变成一场不幸。

我们探讨了 LGFPs 的作用及其近期扩张背后的原因。我们认为，LGFPs 和地

方政府之间的关系相互交织在一起，LGFPs 的迅速扩张是由于经济中政府作用过大且过度依赖投资；财政刺激加剧了地方政府层面收入与支出的不匹配以及银行薄弱的风险控制和内部管理。

LGFPs 的快速发展使得经济受到房地产市场波动的影响，进一步扭曲了经济结构。2010 年底，LGFPs 债务总额达到了 4.97 万亿元人民币，相当于地方政府总收入和中央政府转移支付总额的 2/3。此外，由于土地出让金成为偿还债务的主要来源，房地产价格的调整可能损害地方政府和 LGFPs 的偿债能力以及银行的资产质量。在最坏的情况下，金融部门的风险可能会蔓延到国家主权债务。

随着地方政府融资平台债务的不断累积，我们有必要了解其迅速扩张的原因，减少风险，更重要的是防止类似现象的再次发生。本文没有讨论中国的经济增长模型、货币理论和金融框架，但在四个方面提出了建议：第一，应该充分认识到地方政府收入和支出的不匹配并解决。第二，有必要建立一个全面的框架来规范和监督地方政府预算资金。第三，从中长期来看土地供给是有限的，这种情况下要确保从土地出让金融资具有可持续性，这需要土地资本化的综合战略。第四，鼓励地方政府发行债券也可以帮助实现可持续的土地资本化，并通过切断地方政府到中央政府的风险传递减小主权风险。

在过去四年快速发展的 LGFPs 反映了一些事实：依赖投资的经济增长模式；地方政府日益增加的财政缺口；地方政府有限的融资能力和工具；对土地销售的过度依赖和尚未完成的银行商业化带来的无限制贷款。

LGFPs 所具有的风险在于三个方面：信用风险，银行可能无法回收所有贷款；中国地方潜在的财政风险；未来土地价格可能下降，这会造成风险在地方政府、银行业、房地产业和中央政府之间相互传递。

解决 LGFPs 的风险需要一套相应措施。这些措施包括：经济增长模式从出口和投资拉动转型为消费驱动；财政收入与支出相匹配；鼓励符合条件的地方政府发行债券；用更加透明和可持续的方法管理土地出让的数量和速度。我们迫切需要这种政策来减少地方政府用土地出让金填补财政缺口的过度依赖。

将地方政府债务作为一种全球安全型资产进行发行需要更加根本的改革。这些改革包括：增加中国债券市场的深度，以鼓励那些具有强大财政收入的地方政府和国有资产发行更多的债券；通过扩大 LGFPs 贷款和土地的资产证券化深化金融市场；持续进行汇率自由化和资本账户放开改革，加大国外资本对国内地方政府债务的投资。

总之，LGFPs 代表了中国目前面临的风险。通过进行一套全面的改革措施，这些工具能够极大地促进中国的经济发展和金融稳定。

原文链接： http：//www.imf.org/external/pubs/ft/wp/2013/wp13243.pdf

作者单位： 国际货币基金组织（IMF）

五

普惠金融与互联网金融

1. 打破储蓄障碍

作者：Anne Stuhldreher 和 Jennifer Tescher，陈锦宏编译

导读：在美国有超过 2200 万家庭没有银行账户，这些家庭不使用支票，也没有储蓄账户。此外，还有数百万人拥有银行账户，但是仍然依赖于其他金融渠道来获得现金，例如支票兑现业务等。本文将分三个部分来探讨这一问题，并向联邦政策制定者建议如何让这数百万不使用银行服务的人们加入我们今天的主流金融系统。

（1）为什么普惠金融体系非常重要。

在今天，人们单纯依赖现金生活已经变得越来越难以维持。拥有支票或者储蓄账户往往是人们得到金融服务的第一步，金融服务让人们拥有金融资产、提供信用记录，以及提供各式各样的金融产品，这些服务都有助于个人财富的增长。那些没有银行账户的人们需要依赖于金融服务的替代商来提供类似服务。不过，这些类似服务不仅无法帮助人们积累资产（如存款账户和信用卡服务），也无法为人们提供长期可信的信用记录。此外，这些金融服务不但不可持续，而且代价高昂或条件苛刻（如私人借贷、高利贷等），由于监管和风险控制措施的不足，这些非正规机构的存在同时也增加了社会的整体金融风险。

（2）哪些人不使用银行服务以及不使用的原因。

总体来说，不使用银行服务的人群一般具有受教育程度低和收入较低的特点。人们不使用银行服务的原因是多方面的，银行的网点和营业时间会影响一部人们对银行服务的选择，特别是在农村和低收入社区，因为在这些区域银行的网点密度、服务类别和营业时间都会有所下降。相比之下，一些其他金融服务提供商的网点位置更加方便、营业时间更长而且服务种类更多。有些移民者不使用银行服务可能是因为文化原因或者语言障碍。还有一部分人，由于拥有不良信用记

录，无法在正规银行开户，所以不得不选择非正规的金融机构。除此之外，银行的最低存款要求或是其他限制也导致一些人决定不使用银行服务。

（3）联邦政府可以通过哪些途径来解决这一问题。

1）刺激民营企业参与和创新，从而改善现有服务。

目前，大企业和富人已经拥有了良好的金融服务，但是低端客户或者低收入用户并没有被很好地纳入现有的金融服务体系之内。政府和金融机构需要针对这类用户进行研究，让这些用户可以用合理的价格获得各种金融服务。与此同时，我们需要保证金融机构适宜的生存空间，使它们有能力持续性地为贫困人群和低收入人群提供合适的金融服务或金融产品。

2）政府应该努力增加人们对金融服务的认识和需求，并提高普惠金融的供给能力。

我们建议学校开设金融基础知识的教育课程从而提高人们对金融服务的理解。政府还可以通过将税收、社会福利的发放方式直接对接到人们的银行账户，这样可以很大程度上提高人们对银行账户的使用。

3）制定宏观金融政策、规章制度，通过财政刺激等手段引导资金和鼓励金融机构为贫困和低收入人群服务，主动提高普惠程度。

原文链接： http://www.cfsinnovation.com/publications/article/440246

作者单位： 新美国基金会（New America Foundation）和美国金融服务创新中心（Center for Financial Services Innovation）

2. 金融包容性的问题和挑战

作者：S.Mahendra Dev，顾嘉翕编译

导读： 金融包容对于提高贫困农民的生活条件，农村非农企业和其他弱势群体是很重要的。目前，金融排斥，即金融机构的信用门限，对于普通农民和一些社会团体而言条件过高。除了具有一定商业机会和社会责任的正规的银行机构之外，普通机构和小额信贷机构对改善金融包容性也起到了很重要的作用，这就需要新的金融体系的监管程序。

国有化的银行在 1969 年和随后的发展过程中通过规模和功能的扩张形成了商业银行、地区农村银行（RRBs）和信贷机构合作。尽管已经经过规模扩张，大量的机构仍然被排除在金融部门所提供的服务之外。这些被排斥的团体包括农民、小户和女性，非正式部门人员包括工匠、个体户和养老金领取者。联邦财政部长表示，在 2006~2007 年的预算中，农村家庭中只有 27% 从正式渠道得到信贷，而 22% 的家庭从非正式渠道得到信贷。部长提议任命一个委员会来处理金融包容性。基于这一宣布，印度政府成立了一个委员会来处理金融包容性，并提出了相关的建议和方法来扩展其在金融领域覆盖人群的范围。在此背景下，该提议的目的是减少金融排斥的问题和挑战。本文只专注于所选定的几个方面的问题。

金融包容性可以定义为银行的服务，在一个负担得起的成本的情况下，能够满足绝大部分弱势群体和低收入群体。而关于信贷，财务上的定义排除了那些存在需求，但仍拒绝信贷的家庭。虽然信用是十分重要的，但金融包容应需要覆盖各种其他金融服务如储蓄、保险、支付、汇款等正规金融系统排除在外的人。在有些信贷的情况下，许多家庭被放债者以很高的利率（50%~60%）利用，因此，这些家庭不应被视为金融排除。央行正在考虑使用放债者作为代理，但是，建议尚未实现。因此，金融包容是指家庭有权访问这些机构包括商业信贷银行、合作

银行、地区农村银行和其他自助团体、可信的小额信贷机构。为了履行金融包容的目标，更多的银行账户可能存在于正式系统中的情况是可能出现的。然而，光开设银行账户本身是不够的。金融包容性也指努力覆盖普通农民和弱势社会群体，更广泛的定义包括不仅关注信用，还包括增加农民和其他弱势群体的生产力和可持续性。

我们在本文中的目的是明确金融包容性在提高贫困农民的生活条件、改善农村非农企业和其他弱势群体中的重要性，此外，也讨论了一些过程中出现的重要问题和挑战。但由于某些原因的限制，本文并没有涵盖所有的问题。金融包容性的概念涵盖了广泛的金融服务，如信贷、储蓄、保险等。

我们注意到金融排斥机构从正式机构获得信贷的机会要比那些普通农民和一些社会团体更大。例如，在安得拉邦，普通农民手中73%~83%的未偿贷款都来自放贷者和商人等非正式的来源。银行应该意识到金融包容既是商业机会也是社会责任。除了正式的银行机构，自助小组和小额信贷机构在改善金融包容中的作用是非常重要的。然而，一些小额信贷机构的监管程序可能需要通过与小额信贷机构、消费者和政府协调之后确立。非政治化的金融体系需要维护正规金融机构的生存能力。微弱风险、普通农民和其他弱势群体必须考虑在金融包容性的政策框架之内。最后，为了改善小户和农民的生产力，以及改善农村非农技术工人的生活水平，银行系统可能需要承担信贷以及咨询服务。

原文链接：http://www.jstor.org/stable/4418799
作者单位：亚洲及太平洋经济社会委员会（ESCAP）

3. 政策和银行系统在金融包容性中的作用

*作者：**N.Srinivasan**，刘亮编译*

导读： 金融排斥对于非正式部门仍然是一个重大问题。考虑到非正式部门的特殊情况和需要，银行想要扩大这一领域的服务将不会很容易。我们在本文中提出，结构性解决方案虽然价格昂贵，但仍然需要继续坚持。此外，银行应该通过借鉴传统银行处理非正式部门时的实践经验，提出相应的方法来解决问题。

世界范围内越来越多地关注金融包容性这一问题，这反映了目前政府和中央银行对于为民众提供全方位的金融服务的强烈愿望。金融包容性目前努力解读的主要目标是那些至今依旧被主要金融机构排除在信用范围之外的非正式部门。目前，银行业在如何处理金融排斥时的主要方法如下：

由于非正式部门被金融机构排除在外，因此，在金融包容性的过程中难以覆盖；其业务部门提供的商业利益更是无关紧要；分散性质和小型的个体户向金融部门诉求提供服务尚不可行；由于这些经济部门的经济价值不高，因此贷款变成高违约率的不良资产（NPAs）；金融部门面临的约束应通过福利救济缓解而不是商业贷款。

"大而不倒"的模式是传统银行业的一种传统思维，即追求大容量和大客户。很大一部分的普通民众因此被商业银行的这种模式排除在外。它符合银行有限的网络能力和尽可能减少人员成本的特点。然而，这并不是解决大量无法获得金融服务的人依旧保持对银行系统很高的期望的方法。由 NSSO（国家样本测量组织）在 2002 年给出的相关债务的调查报告显示有 3/4 的农村家庭、4/5 的城市家庭没有获得银行贷款。在 1991~2002 年的 11 年间，银行系统只添加了 4% 的农村家庭为其新增客户。在 1995~2005 年的 10 年间，银行系统虽然一直在增加小型贷款账户的数量，优先部门贷款的数量并没有明显的增加。在 1995~2005 年的 10 年间人口约增加了 1.6 亿人，然而人口数量的增加对优先级部门贷款带来的提升似乎微不足道。

当我们在思考银行如何努力使其增加更多的有效客户时，可以更多地借鉴其他行业的发展经验。大多数营销人员说，汽车、手机、白色家电和棕色的产品在对待非正式部门时拥有特定的产品和针对性策略。从他们所做的广告中我们可以发现，他们似乎对这个市场有长期积极的看法。如在 ITC 电子市场中，Godrej Adhar、Mahindra Shublabh 和 HLL Shakthi，明确将非正式部门纳入经营目标，并寻求将它们带入经营框架，从而挖掘它们的经济潜力。目前，企业界已经采取了前所未有的举措来开发农村地区和城市贫民窟，只是因为他们的商业意义。所以，为什么银行就不能拥有相同的看法，即提供服务给大量的从事经济活动的人呢？

金融包容性的另一个问题是网络容量和成本。可以明确的是目前分支网络和人员力量不足够支撑业务扩张。在 1996~2005 年的 9 年间，银行系统裁减了超过 10% 的员工数量，但其分支网络却增加了 6.3%，客户账户数量增加了 21.2%。这种扩张业务带来了严格的成本削减，加上过程改进和自动化，这种通过增加客户数量以及收购闲置资产来提升生产力的模式可能在目前的银行系统中存在，但不太可能在未来存在。但当印度储备银行（RBI）和政府开始明确金融包容的政策目标后，金融部门目前面临的问题是实现金融包容。

原文链接： http://www.jstor.org/stable/4419836
作者单位： 印度 SRM 大学（S. R. M University）

4. 反洗钱和非法融资的措施与金融包容性

作者：FATA，顾嘉翕编译

导读： 良好的金融监管系统对于有效的和全面的反洗钱反非法融资部门的形成是十分重要的。然而，过度谨慎的方法应用到反洗钱反非法融资保护措施可能会对金融体系内合法的企业和消费者产生预料之外的后果。

金融行动特别工作组（FATF）准备了一篇指导性文章，为部分国家和金融机构在设计满足金融包容性的反洗钱反非法融资保护措施时提供支持。指导性文章的主要目的是开发一个易于理解的金融行动特别工作组（FATF）标准，为促进金融包容性和制定相关标准提供更多的灵活性，特别是关于基于风险的方法（RBA），使得司法管辖区可以提供更有效和适当的控制。

该指导性文章开发的框架以金融行动特别工作组（FATF）的 2003 版标准为依据。该文是不具约束性的，并且不覆盖国家有关部门已采用的相关措施。

该指导性文章认为有很多原因可以解释为什么非金融和服务水平低下的组织可能无法利用主流金融服务提供商。这个指导论文认为反洗钱反非法融资保护措施不排除非金融和服务水平低下的组织，包括低收入群体、农村和非法团体。该文广泛地探讨了反洗钱反非法融资的环境下发展中国家如何发展金融包容性，然而这样的挑战是巨大的，但同时我们也参考了发达国家采取类似行动的例子。指导性文章还基于一个重要的假设，即非金融和服务水平低下的组织在发展中国家和发达国家都不应该自动归类为风险较低，但可以根据风险降低各种风险因素。指导性文件重新强调了反洗钱反非法融资保护措施在实施过程中的不同步骤，并详细解释了支持金融包容性的详细标准。标准如下：

客户尽职调查。关于客户识别，金融机构可以根据客户未来的形象的同时应用差异化来进行尽职调查。这可能意味着普通客户只能访问非常有限的金融服务功能，只有当客户能够提供进一步的识别数据时才会被提供更广泛的服务。根据客户的调查报告，金融行动特别工作组（FATF）要求"可靠、独立的源文件、数据或信息"，即需要监测范围广泛的监测系统和创新的 IT 解决方案来提供可靠的支持。此外，各个国家仍应注意选择可以接受的监测系统来监测某些欺诈和滥用行为。金融机构可以评估风险和其他风险因素时简化尽职调查，同时根据不同类别的风险设计和实现不同级别的控制。

尽职调查数据和交易的记录。身份证明文件上的信息并不总是需要复印件，电子存储正越来越多的被接受，特别是用在手机银行时。如今，大多数相关尽职调查和业务监控的流程必须通过手工或电子扫描。此外，某些基于风险的方法已经获得允许，主要是对客户及其账户，以及使用的产品或服务中出现的相关风险进行一定程度的监测。监管当局应该注意并给予金融机构应有的关注。重点监测异常报告中出现的潜在的可疑交易是十分有必要的，无论任何异常、任何怀疑都需要报告。当服务低收入和低风险客户时，金融机构需要平衡 ML / TF 风险评估与他们的技术能力和水平/客户类型的信息。简化尽职调查可以简化监控程序，然而由于缺乏足够的信息，尽职调查的监测意义尚不明显。

可疑交易报告。基于风险的方法将使金融机构将附加资源集中在高风险地区，但是一旦出现可疑情况，央行将停止该项操作。

代理的使用。代理被金融行动特别工作组（FATF）视为金融服务提供商的业务扩展。因此，主要金融机构的这些代理行为被视为尽职调查的主要对象。同时，国家授权或注册代理的效果则显著不同。当机构进行汇款服务时，义务许可证或注册代理是企业能进行当前代理业务的最低要求。

内部控制。金融机构必须制定一个有效的内部控制结构，包括监测和报告相关的可疑活动，以及创建一个合规的、确保员工能够遵守的金融机构的政策、程序和流程，以限制和控制风险。

金融行动特别工作组（FATF）将继续努力，以确保金融包容性和反洗钱反非法融资目标不冲突，并尽快将金融包容性问题提到议事日程上来。

原文链接： http://www.doc88.com/p-2768102202656.html
作者单位： 金融行动特别工作组（FATF）

5. 金融普惠数据

作者：GPFI，匡可可编译

导读：为了加强金融普惠数据的搜集和测量、发展国家层面的普惠金融目标制定方式，G20和全球普惠金融合作伙伴组织（GPFI）联合成立了数据和测量小组。工作小组的主要工作是确定目前的普惠金融数据情况、评估数据缺口、建立表现评估指标、探索普惠金融的目标设定方法，本报告是对小组工作成立一年以来研究成果的总结。

通过对普惠金融相关数据情况的分析，工作小组认为应从以下几个方面改善普惠金融数据的质量：

第一，加快普惠金融数据相关概念的国际协调进程；

第二，推进标准化数据采集和指标计算；

第三，建立或改善相关国家统计机构；

第四，在改善数据可得性和质量的过程中重点关注缺失的指标（如金融服务质量相关指标等）；

第五，加强金融身份的建立；

第六，确保数据的公开性和可得性；

第七，加强国内各相关机构间在普查等工作上的协调和合作；

第八，鼓励IMF进一步加强全球供方数据的采集。

虽然普惠金融数据的重要性日益凸显，但目前仍没有一个国际公用的衡量标准和方式。为此，工作小组提出了五个核心指标：

一是每一万人所享有的接触点（Access Point）数量；

二是拥有最少一个接触点的行政单位的占比；

三是住在有至少一个接触点的行政单位的人口占比；

四是拥有至少一个存款账户的成年人占比；

五是拥有至少一个贷款账户的成年人占比。

对于普惠金融这样一个多维度的挑战而言，制定合适的目标是至关重要的。工作小组认为，各个国家应根据其普惠金融发展阶段制定适合本国国情的目标。

第一类是"基础建设"类国家。此类国家的普惠金融程度很低，目标应集中在由公共部门推进的基础建设上。

第二类是"专注进入点"类国家。此类国家已经具有一定的普惠金融基础，但没有正式进入金融体系的个人和家庭以及面临融资困难的企业数量仍然较高。此类国家应将加快推进正式金融体系的进入。

第三类是"专注广度"类国家。此类国家已经具有相当不错的基础，在金融股体系进入方面也取得了实质进展，此类国家的目标是进一步拓宽对金融产品和服务的使用，使个人和企业能够获取品种齐全的金融产品。

第四类是"发展类"国家。在此类国家，各类金融产品的可得性和使用程度均达到了较高水平，应将目标设定为普惠金融的全方位均衡发展。例如，金融服务质量的提升以及获取障碍的进一步降低。

原文链接： http：//www.gpfi.org/sites/default/files/documents/WORKINGDATA.pdf
作者单位： 全球普惠金融合作伙伴组织（GPFI）

6. 建立普惠金融体系

作者：**Brigit Helms，陈锦宏编译**

导读：普惠金融的核心理念是致力于将弱势群体纳入正规的金融体系。在过去的 30 年里，微型金融获得了巨大的成功，这证明了贫困者作为金融机构客户的可行性，证明了微型金融能够更加有效地覆盖更多贫困人群的巨大潜力。正如 20 世纪 90 年代微型金融取代了小额贷款的概念一样，如今，普惠金融也正逐渐取代微型金融的概念。

普惠金融体系框架认同的是将包括穷人在内的金融服务有机地融入微观、中观和宏观三个层面的金融体系，这样才能让过去被排斥于金融服务之外的大规模客户群体获益。最终，这种包容性的金融体系能够对发展中国家的绝大多数人，包括过去难以达到的更贫困和更偏远地区的客户开放金融市场。截至目前，发展中国家的大部分人们依然被排除于金融服务之外，无法享受到现代金融服务所带来的便利（存款、贷款、快捷转账等）。在今天，现代金融体系发挥着越来越重要的作用，金融服务虽然不能直接解决贫困问题，但却可以为贫困人群提供资源和机会，在帮助人们摆脱贫困方面起到了巨大的作用。

微观层面，金融体系的脊梁仍然为零售金融服务的提供者，它直接向穷人和低收入者提供服务。这些微观层面的服务提供者应包括从民间借贷到商业银行以及介于它们中间的各种类型的机构。贫困客户的需求是十分多样化的，不仅需要短期贷款来推动他们的业务发展，也像其他人一样，需要一系列便捷、灵活、定价合理的金融服务（如储蓄、汇款、保险等）。没有哪一类金融机构能够满足所有客户多样化的金融需求。很多贫困人群依赖于一些非正规的金融机构来提供金融服务，但这类机构一般安全性较差、服务种类也不多。相比之下，正规金融机构更加安全，也拥有更加雄厚的资金实力，可以用来投资技术进行开发创新从而降低服务成本。

（例如，肯尼亚手机银行和巴西代理银行的实践经验，创新性地以技术手段为依托代替传统物理网点，尽可能地规避铺设物理网点的高成本）。在市场机制下，多种机构的相互竞争有助于建立多层次、覆盖广泛、方便快捷的金融服务网络。

中观层面，这一层面包括了基础性的金融设施和一系列能使金融服务提供者实现降低交易成本、扩大服务规模和深度、提高技能、促进透明的要求。这涵盖了很多的金融服务相关者和活动，例如审计师、评级机构、专业业务网络、行业协会、征信机构、结算支付系统、信息技术、技术咨询服务、培训等。这些服务实体可以是跨国界的、地区性的或全球性的组织。

宏观层面，如要使可持续性的小额信贷蓬勃繁荣发展，就必须有适宜的法规和政策框架。中央银行（金融监管当局）、财政部和其他相关政府机构是主要的宏观层面的参与者。政府在为金融市场构建良好的市场环境方面起着至关重要的作用。具体来说，政府应该努力保持宏观经济的稳定、实现利率的自由化、取消干扰市场的各类不可持续性的补贴政策等。除此之外，各国政府还可以调整银行监管，在促进微型金融发展的同时保护好贫困人群的存款安全。可能的话，政府也可以通过提供财政激励措施或要求金融机构服务低收入人群，从而推进普惠金融体系的发展。我们相信随着时间的推移，低收入人群会摆脱受帮助对象的标签，从而成为金融机构的真正客户。

虽然到目前为止，小额信贷一直十分依赖国际捐助者的资助，但是为贫困群体服务的金融体系还是有赖于建设本国的金融市场，应培育大量有实力、可持续的金融服务供给者为贫困和低收入客户服务并展开竞争。这些服务供给者应正常地从国内的融资来源获得资金，例如公众储蓄、批发贷款融资或资本市场的投资等。当然在已成功挖掘国内资源的同时，国际资金在扩展金融服务方面仍可能继续发挥作用。事实上，国际资金对上述所有微观、中观和宏观三个层面金融体系的启动和加速推动建设国内体系的进程，都是能够有所作为的。

今天，普惠金融正在逐渐取代微型金融的概念。我们相信，通过金融服务供应商、政府机构和国际开发组织的共同合作，可以真正把普惠金融的梦想变成现实，让每个人都能获得金融服务的机会，参与经济的发展，实现社会的共同富裕。

原文链接： http://www.zh.scribd.com/doc/16060055/Access-for-All-Building-Inclusive-Financial-Systems

作者单位： 世界银行扶贫协商小组（CGAP）

7. 普惠金融系统的构建

作者：**Michael S. Barr**、**Anjali Kumar** 和 **Robert E. Litan**，刘亮编译

导读： 微金融，即为低收入者提供小额贷款和其他金融服务渠道，是近来的一个热门话题。这一领域的创始人 Muhammad Yunus 在盂加拉乡村银行做出了开创性工作，并在 2006 年获得诺贝尔奖，联合国由此指定 2005 年为国际小额信贷年。至今，已有超过 10 亿美元的小额贷款发放给近 3000 万人，这是一项杰出的工作。

营利性银行已经发现小额信贷的潜在盈利能力，并且开始和作为发起者的非营利组织竞争。目前市场正处于一个有利时机。因此，我们需要盘点到目前为止所取得的成就和经验教训，并找出未来扩大金融访问、深化小额信贷市场过程中将会遇到的挑战，从而尽可能地将小额信贷提供与传统金融机构更紧密地结合。为此，从业人员、学者和政策制定者参加了 2006 年 5 月 31 日在华盛顿召开的"融资渠道：建立普惠金融系统"，此会议由布鲁金斯学会和世界银行主办。

该会议和本文代表了世界银行集团和布鲁金斯学会之间在新兴市场金融之间的一系列合作。2006 年的大会在一些重要的方面的探讨不同于早期的会议。在之前的会议上，作者根据会议做出了准备，并提出了完整的草案。此外，他们收到来自指定评论员和其他邀请参与者的评论。

然而，2006 年会议的演讲内容包括了一系列由实践者、政府官员和学者提出的具体实施方法，同时对每个会议的会议内容做出总结，并在借鉴了流行文学的基础上提出了专题会议的主题的概述，平均每个会话都有三个或四个撰写报告。本文代表了一系列的原始调查文章，包括由多个专家演讲的总结。

首先我们关注的一点是为个人和公司提供的金融支付服务设施的数量是否足够，这个问题很重要，因为研究记录表明金融普惠度在经济增长时期具有相当高

的重要性。特别是，越来越多的证据表明金融发展有助于减少贫困和收入不平等的现状。我们考虑到如何衡量不同类型的金融机构、金融服务或金融产品的接受度这一问题时，建议利用相关机构来进行衡量。我们还提出疑问，即关于在金融市场和机构中自愿和非自愿之间的区别是否应该被区分，以及应该使用什么单位来衡量普惠度等。我们还研究了当金融服务的供应商是"正式的"，而不是"非正式"时，金融普惠度有何不同。

在回答这些问题时，我们特别注意到发展中国家中存在的一些特殊情况，这个发现还被作为会议的焦点和本文的重点。此外，小额信贷服务的供应商也将其视为主要关注的对象。我们还强调了为度量普惠度做出巨大贡献的世界银行和其他国际组织，指出当前工作的局限性，并提出未来普惠度度量的发展方向。

原文链接： http://www.ebookee.net/Building-Inclusive-Financial-Systems-A-Framework-for-Financial-Access-repost-_2782371.html

作者单位： 密歇根大学法学院（University of Michigan Law School）、麻省理工学院（Massachusetts Institute of Technology）和布鲁金斯学会（Brookings）

8. 建立普惠大众的金融发展部门

作者：United Nations，孙帆编译

导读： 建立普惠大众的金融发展部门能够改善贫困人群的生活。一笔小额贷款、一个存款账户或者一份保险能够给低收入家庭带来较大的变化。在发展中国家，微型企业面临严峻的融资困难。发展普惠金融不仅能够解决融资困境，还能创造就业，对国家经济的繁荣具有重要意义。

贫困人群未能享受到金融服务，涉及各方面的复杂原因。在实际案例中，一些创新金融服务能够满足人们的潜在需求，而一些现有的服务却没有让人们满意。但在所有的案例中，贫困人群都希望获得便捷的、可承受的、有弹性的、持久的、可信赖的、容易获得的金融服务。

建立普惠金融，面临的一个最基本的挑战就是扩张零售能力去服务那些之前未享受到服务的人群。不同类型的零售机构有各自的优缺点。商业组织也能为贫困人群提供优质的服务，而非营利组织也并不能保证服务的质量和效率。现实中，相较于非营利机构，营利组织的服务能覆盖更多的贫困人群。将金融服务普及大众依赖于诸多因素，其中包括创新、投资、科技、成本控制能力以及适当的监管。当多种金融机构提供了多样的小额信贷产品和服务，并且这些机构能对其负债进行良好的管理，这就表明了普惠金融已经融入了金融部门。

政府制定的政策、法律和法规既能够限制普惠金融部门的建立，也能重建和振兴金融部门。在金融部门较落后的国家，政府在金融普及和深化方面应该实行干涉还是放任自由引起了广泛的争议。为了能扶植金融机构多形态的、可被接受的活动，政府采取的决策最好是既不过分干预，也不完全放任自由。传统监管的重点在于保障储户的权益和金融系统的稳定性，现在是时候考虑将普惠金融纳入监管范围。在既能维持金融系统稳定和保障储户权益又能允许创新和弹性的条件

下，监管机构应该考虑制定相关的政策目标和监管条例。与此同时，风险也很大，因为监管框架已被证明会影响金融服务的普惠。

发展中国家需要设计恰当的战略去普及金融服务到社会的各个阶层。没有一个政党能够单独有效地贯彻国家战略。他们必须将他们的战略转变成有效的政策和实施计划。这需要政府、金融机构、民间社会团体、合作伙伴、私人部门等各方的通力合作。加强各方利益相关者的对话，能够促进对国家战略的约束和前景的理解。各相关方需要持续交流、定期回顾进展和调整战略，这样有助于成立真正的普惠大众的金融部门。同时，财政部门和中央银行应该占主导地位，国家最高级别的领导是至关重要的。无论从政治上还是技术上，财政部门、行业主管部门、中央银行和银行业监事应该广泛地参与进来。

建立普惠大众的金融部门将增加大众的收入、积累资本，让成百上千万的家庭能够脱贫致富，这就是努力的最终目标。

原文链接：http：//www.doc88.com/p-91791389902.html
作者单位：联合国（UN）

9. 普惠金融系统：当今政府应扮演的角色

作者：Tilman Ehrbeck，顾嘉翁编译

导读：普惠金融指的是使更多的人以更低的成本获得所需的金融服务。"Microfinance"这个词曾经只表示提供少量贷款给低收入者，而如今涉及的范围越来越广（包括支付、储蓄和保险）。这些金融产品是为低收入人群量身定做，以满足其特定的需求。相关研究促进了普惠金融更全面发展。首先，越来越多的研究表明低收入者需要更加广泛的金融产品，而不仅仅是信贷。其次，创新的低成本的商业模式——特别是电子和代理银行的产生使得银行可以为更多的人提供全方位的产品。但是，不同的产品会存在不同的风险和交付困难。此外，单一的金融服务机构不太可能有效地提供低收入者所需要的所有产品。成功的关键在于为市场参与者创造一个更广泛的、相互关联的金融系统。这个系统能够提供市场参与者所需要的、安全的基础设施和高效产品，在这个过程中我们还需要明确政府的角色。本文首先描述了建立普惠金融系统面临的挑战，其次探讨了政府在发展普惠金融系统时可能扮演的三个角色。

（1）普惠金融系统面临的问题。

大多数金融产品都在交付、中介和风险缓冲等方面存在问题——没有一个机构能够独自有效地处理这些问题。例如，没有精算师、独立的代理销售政策和再保险人，保险公司就不能有效运转。短期储蓄产品的支付服务提供者需要一种低成本的组织框架和交易设备，能够使转账和储蓄服务价格被低收入个人所接受。同时，长期储蓄提供者需要细心地监管金融机构存款中介，同时对于信贷产品而言，可靠的征信局是必要的。

此外，如果大多数公司能够进行合作并且专注于经营它们最熟悉的产品和服

务，那么这些不同的产品缺陷就可以有效地获得改善。这样一个金融系统就表示已经不再是一个限制效率和规模的垂直整合商业模式。然而，这样的金融系统并不容易开发。事实上，竞争力量可能扼杀一些合作关系的出现，如支付服务提供商在分销基础设施上投入巨资导致新进入者很难在这些领域竞争。

（2）政府扮演的三个角色。

普惠金融的关键在于为市场参与者创造一个更广泛的、相互关联的金融系统。这个系统能够提供市场参与者所需的、安全的基础设施和高效产品，在这个过程中我们还需要明确政府扮演的角色。政府扮演的三个最重要的角色：金融基础设施的发起人；对基础设施的立法者；盘活交易量的驱动者。这些角色可以产生重大影响，并且这些角色在任何管辖范围内的应用将取决于各种特定因素，如客户需求、市场结构的成熟度、政府对市场的干预和政府的监督能力。

1）金融基础设施的发起人。

银行基础设施还没有遍及全世界。然而，近年来银行网络——零售代理商和提供金融服务的技术使得成本降低到足以允许前端的基础设施可以被绝大多数人使用。银行分支机构不能到达的地方，零售代理、信用卡和移动电话现在也可以到达。

2）对基础设施的立法者。

随着金融普惠的扩张，金融产品更加丰富，监管人也面临着更多的监管障碍，阻止了能够降低成本和扩大客户覆盖面的商业模式的产生。最好的例子就是目前的电子资金的存储和依靠移动技术的信息传输。监管机构很难定义移动网络运营商，以及其他以前没有受金融监管和监督的角色。

3）盘活交易量的驱动者。

政府推动交易量最有力的工具是 G2P 支付——即由政府为全世界 1.7 亿贫困人口提供的社会援助、工资和养老金项目。随着政府正在逐步将 G2P 支付纳入银行电子账户中，G2P 支付能够进一步推动普惠金融的发展。作为市场中的重要参与者，政府能够提高交易量和降低交易成本，促进银行非网点基础设施的建设，最终为普惠金融服务的发展奠定基础。

原文链接： http：//www.doc88.com/p-604859704692.html
作者单位： 世界银行扶贫协商小组（CGAP）

10. 普惠金融：全面惠及农村的金融服务

作者：**Mario B. Lamberte**、**Robert C. Vogel**、**Roger Thomas Moyes** 和
Nimal A. Fernando，孙帆编译

导读： 在亚洲农村存在着这样一个矛盾：贫困一直是困扰亚洲的问题，但同时，经济发展机会在亚洲农村大量涌现。小额信贷虽然是必要的，但对农村金融市场发展来说仍然是不够的。在中亚甚至整个亚洲，农村金融的发展依然是整体金融业发展的一个重要方面。

中亚地区（包括阿塞拜疆、哈萨克斯坦、吉尔吉斯斯坦、蒙古、塔吉克斯坦和乌兹别克斯坦）与亚洲其他地区有很大区别。苏联解体以及中亚国家的建立是史无前例的。在巨变的开始阶段，这些国家的政策制定者不知道如何去改革，对改革的结果也无从可知。连学术界和捐助机构在这方面也毫无经验。捐助机构前往中亚去帮助，提供资金和专家，但却没有在实际中被证明有效的模式或方法来应用。但是苏联的解体使中亚国家的各个阶层对经济和政治产生了较高的期待，大部分人希望抓住这个机会来致富。实现期望依赖于各种因素，其中最重要的就是建立一个有竞争力的、健全的金融市场。如果大众无法参与到发展中来并享受到其中的福利，那么新的政治制度对他们来说是毫无意义的。广义上来说，一个能够按照"风险—收益"原则来有效配置资源的金融部门是中亚国家向市场经济转变的关键因素。

在中亚国家发展普惠金融的挑战远远超出了仅仅在农村地区提供小额信贷的难度。农村金融市场从整个亚洲来看仍然比较落后。尽管小额信贷是针对微型企业和贫困人群，但是农村金融包含了小额信贷并涉及整个经济阶层。健全的农村金融市场可以帮助人们抓住经济发展机会、积累资本、管理风险和提高应对外部冲击的能力。建立健全农村金融市场对发展农村经济至关重要。小微企业和贫困

家庭确实需要小额信贷机构提供金融服务。但由于农村人口包括贫困人群需要存款和支付服务，在可预见的未来商业银行不可避免成为农村金融市场的主要参与者。强大的农村金融机构能够服务多元化的市场，从微型企业到中小企业，覆盖了家庭和个人消费者。这些机构在向纯粹的农业企业提供信贷时更具有优势。随着法律环境的改善、抵押登记的优化以及土地市场效率的提高，农村金融服务能够更容易地给农业企业提供帮助，使其实现大规模农业作业。

中亚国家需要农村零售银行为微型企业和其他每个人提供强有力的帮助。考虑到该地区人口密度较低，设计广泛的适合各类人群的产品对银行来说具有重大的经济意义。对其他金融机构，如租赁公司、政府机构、投资基金等，在普惠金融中也扮演着重要的角色。在局部市场中，相对银行，信用社在服务和价格上更具有竞争力。因此，在农村金融市场中，金融机构多元化是一个值得努力的目标。另外，非正式金融机构仍然将在农村金融市场中扮演重要角色。但对银行业来说，意味着提高技能和创新能力、改善资产负债状况和透明度以及加强管理是最重要的。外资和技术将成为机构发展的关键推动力。非政府的小额信贷机构可以通过转变成商业银行来致力于更多人群，而非仅仅是微型企业和穷人。中亚国家的政策制定者应该营造一个活跃的氛围，让人们自由地去探讨如何发展普惠金融。随着知识的增加和相关经验的积累，中亚国家的农村金融市场将走得更远、更好。

原文链接：http：//www.adb.org/publications/beyond-microfinance-building-inclusive-rural-financial-markets-central-asia

作者单位：亚洲开发银行（ADB）

11. 普惠金融系统的设计原则及案例研究

作者：Nachiket Mor 和 Bindu Ananth，顾嘉翕翻译

导读：普惠金融可以解读为每个个体能够接触基本金融服务的可能性，包括储蓄、贷款和保险，以及接触这些服务时是否方便和灵活。此外，普惠金融还需要设计可靠的、安全的储蓄模式，并且确保保险索赔肯定会支付给受益人。

除了促进整体经济增长，金融的存在可以帮助人们获得更稳定的收入、规避风险和扩大投资机会。经验证据表明，普惠金融系统可以显著提高经济增长、减少贫困和扩大经济机会。本文列出了一些原则，即关于应该什么时候设计这样的系统，ICICI 银行的案例证实了这一点。

普惠金融可以解读为每个个体能够接触基本金融服务的可能性，包括储蓄、贷款和保险，以及接触这些服务时是否方便和灵活。此外，普惠金融还需要设计可靠的、安全的储蓄模式，并且确保保险索赔肯定会支付给受益人。在我们看来，提供这些服务需要坚持某些核心设计原则，而不管提供者是一个合作银行、地区农村银行、商业银行、非银行金融公司（NBFC）或非营利性民间社会组织。下面我们列出了这些原则。

（1）从金融服务提供者的视角：金融服务提供商必须能够完全承担他们提供这些服务所需要的费用的预算。

（2）客户的角度：便捷的访问可以以不同的方式定义，供应商必须确保客户从居住地步行到金融服务访问点的时间，以及加上规定时间的操作必须不超过 1 小时。

（3）监管机构的角度：监管机构一直担心如果降低获得银行和 NBFC 执照的入门级资本要求可能导致实体经济的扩散。

本文旨在表达一种观点，关于金融系统的设计原则以及指导思想的关键举措

（按照优先顺序）是实现普惠。我们在文中列出的原则包括资本充足率、成本回收和机构的必备条件，即实体仓储风险可能不完整或准确。当然，我们相信这些原则在批准之前首先需要经过特定的设计或改革的阶段。许多在农村和小额信贷机构中取得的成就，本质上是由于"第二最佳"的存在，即存在更深层次的结构性约束，而这显然没有从过去的失败中吸取教训。

当前改革的核心在于是否实施普惠金融，争论的结果通常不认可这一点。例如，不能有效地跟踪信用信息或收回抵押品的现状，向在金融体系中的每个银行提出了挑战。此外，产品设计的不完善可能会导致合理贷款人被排除在信用体系之外。还有，在产品设计方面应该从供应商、客户和监管机构的角度全面地来看。我们在本文中还讨论了一些过去的经验教训，如允许存款资金匮乏时的举措，并将所有教训考虑到设计中。金融体系的设计原则应该以帮助穷人利益最大化为目标，关键在于坚持基本设计原则的可持续发展。ICICI 银行案例研究讨论了如何按照这些原则设计最大化的普惠金融系统。

原文链接： http：//www.jstor.org/page/info/about/policies/terms.jsp
作者单位： 印度工业信贷投资银行（ICICI）

12. 移动银行应用：文献综述

作者：**Aijaz A. Shaikh** 和 **Heikki Karjaluoto**，匡可可编译

导读：本文对关于移动银行应用的现有文献进行了分析和总结，并对移动银行相关研究未来的发展方向提出了建议。

电子商务持续对全球商业环境产生深远的影响，但科技和应用也开始更多地关注移动计算、无线网络和移动商务。在此背景下，移动银行作为一个重要的平台通道应运而生，并有相当多的研究都致力于它的应用。然而，对移动银行的研究一直缺乏一个清晰的方向和路线。

本文将移动银行定义为银行或者小额贷款机构（银行主导模式）又或是移动网络运营商（非银行主导的模式）提供的用移动设备（即手机、智能手机或平板电脑）进行金融及非金融交易的产品或服务。

作者对 2005 年 1 月至 2014 年 3 月间出版的关于移动银行应用的文献做了一个系统性综述，研究结果表明，移动银行相关文献往往采用技术可接受模型（Technology Acceptance Model），发现无论在发达国家还是发展中国家，生活方式与硬件设备相容性、有用性以及态度都是使用移动银行服务的最重要动力。总的来说，目前关于移动银行应用的文献还是过于碎片化。在发展中国家，现有文献大多局限于短信银行（SMS Banking）的使用，而且几乎没有研究关注过与智能手机或平板电脑相关的移动银行应用。

基于对现有文献的分析，作者对移动银行领域的相关研究提出了以下建议：第一，从研究设计角度来说，应更多地采用开放式的问卷调查；第二，应进行更多跨国和跨文化研究；第三，与人种相关的研究；第四，小微企业与移动银行；第五，从服务提供者或网络运营商的角度来看移动银行；第六，与移动银行相关的法律法规框架；第七，智能手机及平板电脑与移动银行应用；第八，移动银

行、移动支付与电子支付间的相互关系。

当然，本文也有一定的局限性。第一，本文的研究主要集中在顾客对移动银行的接受和采用上，但移动银行的范围很大，包括基础设施、技术和创新等方面。它也有潜在的成长和陷阱。在未来的研究中，结合所有这些方面，会对拓展银行业发展渠道有很大的作用。第二，本文的研究核心是对移动银行的接受和使用，所以并没有考虑到消费者后续使用的情况和以前的意图。第三，尽管移动支付和移动银行是移动金融应用的两个重要方面，但文献研究大多只探讨了移动银行。而且大多数文献没有区别移动支付和移动银行，所以本文也没有具体对这两种方式进行判别。第四，本文由于研究重心的问题，忽视了一些法律条款。第五，在本文选取的时间节点之前，其实就存在了移动银行，例如 SMS 银行。

原文链接： http://www.gpfi.org/sites/default/files/documents/WORKINGDATA.pdf

作者单位： 于韦斯屈莱大学（University of Jyvaskyla）

13. 电子金融和网上银行

作者：Apostolos Ath.Gkoutzinis，刘亮编译

导读： 自 20 世纪 90 年代末开始，由于互联网以及电信、信息技术、计算机软件和硬件方面的技术进步，金融服务的类型和金融市场的结构已经发生了很大变化。而到了 20 世纪 90 年代末，除了大额的企业贷款，电子金融已经影响了银行业务的方方面面。同样，在资本市场领域，互联网已经通过允许发行者、投资者和证券公司之间的无缝交互，从而改变了金融格局。

（1）互联网已经成为国际金融一体化的"催化剂"。

电子金融的概念可能被广泛定义为通过使用信息技术、电信和计算机网络来提供金融服务和创建金融市场。尽管电子金融的出现与先进技术在金融服务行业的最新应用有密切联系，但是术语 E-Finance 早在几十年前的互联网时代就已经出现：电子银行最早以电报的形式来进行资金转移，并在 19 世纪晚期催生了关于电子银行方面会出现的法律问题，而这正如同电子银行今天所面临的问题一样。

1）互联网和银行储户的关系。

电子银行可以定义为通过电子手段和其他先进技术来提供银行服务，以及运用在线银行系统实施支付功能。电子银行是一个概念上的通用术语，用以表示银行通过各种设备和链接来提供相关服务。

网上银行是指通过互联网提供的电子银行服务，一般通过个人电脑（PC）或其他访问设备与互联网相连。电话银行是指通过普通电话或更高级的屏显终端来提供服务。其他类型的银行在技术水平上则相对较为简单。网上银行和在线银行在概念上通常可以互换使用。而家庭银行的概念将包括任何远程交付渠道，如电话银行。

2）电子商务和国际金融一体化。

目前，市场一体化的主要困难在于地域差异方面，而不是法律。历史上，产生非完全经济一体化和分散型市场通常是由地理分隔和糟糕的交通以及通信网络造成的。然而，当法律和监管阻碍了商品、服务和资本的快速流通之后，交通工具、运输和通信开始发生明显的改善，而这为国际贸易的扩张提供了一个现实的基础条件。以类似的方式，由于数字数据的传送不需要仓库、码头、高速公路或机场流通等因素，互联网由此超越了地理和距离的制约。

数据传送通过相对低成本的介质使得任何类型的内容都可以以数字形式流通，从而促进了跨国界的商业联系和沟通。我们发现单一的欧洲市场可能已经成功实施了电子商务，因为他们意识到互联网解决了地理上的障碍，而单一市场计划则解除了法律障碍。

3）欧洲金融一体化。

根据《牛津英语词典》解释，一体化过程是指一种集合化的过程，即各个组成部分通过将单独的部分或元素结合在一起。此外，很重要的一点是，经济活动的一体化会使得国界的地理障碍无关紧要。一体化有助于独立经济体的合并，从而形成更大的自由贸易地区。在欧洲，国家经济的一体化过程通常用"内部市场"这一术语来描述，其特点是去除成员国之间商品、人员、服务和资本的自由流动的障碍。

（2）提供金融服务的互联网和单一欧洲市场。

个人电脑普及，软件的创新和通过拨号调制解调器连接到一个全球电话网络技术的突破，为 20 世纪 80 年代末和 90 年代初新兴数字经济的发展提供了硬件基础。

Thomas Friedman 认为互联网技术的发展使得地球变平了，因为数字化的内容可以使得来自世界上的任何连接人、企业和政府跨越国界并通过低成本的网络浏览器访问相关内容，这在以前是从未有过的。人们突然意识到，原先那些传统意义的市场正被先进的网络技术夷为平地——从摄影到娱乐，再到银行账户和财务信息。

可以想象，随着技术的发展，传统市场最终结果是演变为一个全球互联网市场，使其能允许多种形式信息和内容的实时交换，而不用考虑地域的问题。

（3）欧洲网络银行。

网上银行和网上证券商已经在大多数发达国家和关键新兴市场取得了显著的市场渗透，并展现出了巨大的增长潜力。此外，电子金融带来了更高的收益和更高的市场接受度。这反映了高收益和优质 IT 资源之间的联系。根据对欧洲银行的统计，目前已有 900 多家存款机构在互联网上提供服务。

而新兴商业模式的客户接受度也相当高，且仍然在上升。1/5 的银行客户通过互联网执行交易，而这个数字有望上升到 1/4。网上证券公司的发展也很可观，目前超过 500 万的投资者已经在 2001 年底前实施了在线交易。网络服务在北欧国家尤其受欢迎。

此外，在地中海国家，金融市场虽然目前仍旧欠发达，但却发展迅速。西班牙金融市场的年增长率超过 10%，此外，希腊主要金融机构都推出了完全交互式服务。我们发现在对金融市场发展增速起作用的变量中，教育水平、年龄、职业收入、客户接受度等是最具影响力的统计变量。其中影响最大的用户是高学历人群，年龄在 23~46 岁，拥有城市户口并且收入相对较高的人群。

原文链接： http：//www.cambridge.org/9780521860710

作者单位： 剑桥大学（University of Cambridge）

14. 个人网上银行使用意向影响因素分析

作者：**Neha Dixit** 和 **Dr. Saroj K. Datta**，陈锦宏编译

导读： 在印度，随着互联网技术的普及，网民的数量越来越多。但是，出于安全和隐私考虑，大部分人依然对网上银行的安全性表示担忧。本文调查研究了影响印度个人用户使用网上银行意向的因素。研究发现，安全、隐私、信任、创新、熟悉性和意识水平等因素都会影响用户使用网上银行的意向。不过，尽管人们对安全性和隐私有所担忧，但如果银行能够给用户提供一些必要的指导，大部分用户都有意愿使用网上银行。

随着网络在人们日常生活中的普及，越来越多的人运用网络来进行娱乐、消费、工作等以往只能在现实实体中进行的事情。而网上银行的便捷性吸引着更多的人加入其中。网上银行是指以互联网为基础，充分利用信息技术，实现银行业务处理自动化、经营管理虚拟化，从而为客户提供更快捷、更方便、更丰富的金融服务。网上银行所具有的功能全、代价小、手续简、速度快等特点是传统金融业所无法比拟的。本文通过对 200 位印度银行顾客进行调查，发现在印度，很多用户都对使用网上银行感兴趣，但是大部分用户目前并不具备使用网上银行的技术能力。安全、隐私、信任、创新、熟悉性和意识水平等因素都会影响用户使用网上银行的意向，其中安全和隐私因素是对用户使用网上银行意向影响最大的因素。研究发现，银行需要实施以下措施来帮助更多的用户了解和使用网上银行：

（1）银行需要确保网上银行业务的安全性和隐私性能像传统银行业务一样好。安全性和隐私性因素是对用户使用网上银行意向影响最大的因素，网络的开放性和虚拟性，给网上银行的具体业务运行带来了无法预见的风险。黑客的出现致使网上银行业务系统可能遭受破坏，交易信息泄露，最终使客户的利益遭受损失。所以银行需要确保客户的金融信息不会在未获得批准的情况下被第三方获得

及使用。

（2）银行可以组织一些研讨会或者通过其他方式来教育用户如何使用网上银行，以及如何保护自己的银行账号和隐私安全。目前许多用户都有意愿去尝试网上银行业务，但由于自身不具备相关技术知识导致无法使用网上银行。调查中发现，如果银行可以提供指导，84%的用户都愿意去尝试使用网上银行。此外，增强消费者的风险预防意识也非常重要，大部分用户对网上银行的安全知识了解较少，这也给银行客户资金带来许多安全问题。因此，只有先进的手段和管理办法，加上客户较强的安全意识与配合，防范网上银行的安全风险才能成为可能。银行应当尽可能举办网上银行业务办理的培训课，组织用户进行规范的系统学习，提高他们的风险预防意识。

（3）银行可以对网上银行的便利性进行宣传，鼓励客户使用网上银行。网上银行业务相比传统银行业务有很多优点，如用户无须亲自到银行柜台，即可直接获得银行所提供的各种金融服务。而且用户在任意时间都可以使用银行的服务，不受上下班时间的限制。综合来说，网上银行所具有的功能全、代价小、手续简、速度快等特点是传统金融业无法比拟的。

原文链接： http：//www.arraydev.com/commerce/jibc/

作者单位： 莫迪技术与科学学院 （Modi College of Technology and Science）

15. 非完全金融一体化的成因以及解决方案

作者：Apostolos Ath.Gkoutzinis，顾嘉翕编译

导读：欧洲一体化市场的法律和制度框架的主要特征是打破原有的法律和监管控制的阻碍。为了提供跨境金融服务，欧洲市场不得不打破其固有的国家性和地域性特征。此外，银行在提供跨境在线服务时受到了很多来自法律方面的不确定性影响，以及由此产生了许多不可预测的风险。

（1）法律障碍和必要的监管改革。

在欧洲，电子商务对于金融服务进一步自由化的贡献微弱，尤其是在零售层面，其中有其必然的原因。欧洲一体化市场的法律和制度框架的主要特征就是打破原有的法律和监管控制的阻碍，为了提供跨境金融服务，不得不打破其固有的国家性和地域性特征。

1）非完全欧洲一体化的原因之一——网络金融服务。

虽然边境壁垒和关税不阻碍跨境资本流动和金融服务，但是某些类型的法律法规却是对国际金融的重大障碍。

第一，对国际银行的法律壁垒。

法律障碍对国际经济一体化的影响可以是直接或歧视性障碍，或非歧视性或间接的障碍。直接或歧视性措施会明确区分居民企业和非居民金融机构、投资者或借款人，从而对非居民产生公开或隐蔽的歧视。直接壁垒通常采取全面禁止跨境资本流动的形式，以及限制国际银行分支机构和子公司的成立。而在实际情况中，更普遍的做法是实施不太苛刻的操作限制，如通过外汇管制来限制资本运动，或将外国公司在一个城市或地区的资产和市场份额限制在一个占当地市场的总价值的固定比例中。

第二，直接壁垒。

国际银行的法律壁垒可能影响所有三种模式的国际服务提供。其可能通过限制其他国家或消费者从国外访问金融服务或服务的方式来妨碍金融机构的服务提供或在线支付行为等国际服务提供。此外，歧视性壁垒可能限制公司各方面服务的提供，如禁止在当地市场建立商业机构，或通过禁止其在外资银行存放资金等方式限制其可接受的服务，或限制其资本的跨境流动等。

第三，欧洲一体化市场的法律壁垒的改革尝试——1992 年的改革。

直接和间接壁垒并非当前金融服务在实现欧洲一体化市场时面临的所有障碍。经过了一段时间的停滞之后，欧洲一体化市场在 20 世纪 70 年代末和 80 年代初慢慢建立起来，欧洲领导人决定通过实施一个雄心勃勃的混合政策来振兴一体化市场，其结果显示其能显著降低贸易壁垒，并成功改变了欧洲的经济格局。

第四，法律的多样性和国际法律的冲突导致了非完全的金融一体化。

由于缺乏国际协调，地域范围内的国家法律是由主权国家单方面决定的。而国际公法确保了领土边界内跨国公司不适用于该国国家法律。原则上，在他们的领土内，各个国家可以运用国内法律来保护其免受来自跨国公司的伤害或其他实质性的影响。

2）跨境电子商务和金融的国际治理方法。

鼓励电子金融的成功可能会导致对大规模金融机构，服务和资本的跨境流动的忽视。因此，相关电子商务的监管政策的出台受到较高的关注。

第一，国际电子商务监管政策——从电子商务发展的早期阶段就开始建立针对在线活动的法律和监管控制。

第二，引入另一种治理模式——即关于在线交易的国家法律的应用方面，应以法律产生的"当地效应"或"当地目标"为基础。跨境电子商务应该与传统商务活动受到同等待遇，而非特殊待遇。

第三，欧盟的政策对电子商务在金融服务业的影响。

欧洲一体化市场内的电子银行业务方面的制度和法律框架的出台受到一系列来自欧盟委员会（European Commission）关于政策和法律改革方面考虑的影响，包括有关金融服务措施、消费者保护和电子商务。

（2）欧洲市场在跨国电子银行业务方面的治理措施。

我们认为银行在提供跨境在线服务时受到了很多来自法律方面的不确定性影

响，以及由此产生的不可预测的风险，因为目前我们尚未完全消除关于不同国家的行政和司法部门在监管和执法方面的差异性。

1）欧洲一体化市场提供金融服务的制度基础——内部市场是欧洲一体化的支柱，这是建立在欧共体条约中法律和制度的基础上的。

2）建立相互承认的国家法律来作为制度原则——1992 的计划，即在相互承认的国家法律基础上建立一个一体化的欧洲市场是当时成功的政策。

3）建立超越《欧共体条约》的共识性条约——即以各种形式实现一体化金融市场。

成员国已经认识到跨境服务实现的前提是共同适用的法律和制度等实质性规则的产生，它们都需要一定程度地接受他国的法律和监管系统才能成为长久合作伙伴。

4）建立相互承认的国家法律的基础是最低限度协调国家法律，以及加强在执法过程中的统一。

原文链接：http：//www.cambridge.org/9780521860710

作者单位：剑桥大学（University of Cambridge）

16. 欧盟内电子银行业务监管的日渐趋同

作者：**Apostolos Ath.Gkoutzinis**，顾嘉翕编译

导读：本文主要对具有特殊风险和监管利益相关的电子银行业务进行描述性的讨论，旨在对欧盟审慎监管标准的建立与特定方面的法律协调做出贡献。本文还提出欧盟法律协调的主要措施包括异地金融服务、电子商务、数据保护、银行合同和投资者保护。

（1）有关电子银行业务方面的风险和监管问题，以及国家审慎监管标准的趋同。

我们认为网上银行提供跨境服务应当以服从国家法律为基础，因为相关法律、合同的建立是以市场的自由选择为基础的。他们提出要建立相关法律，并使其既能满足最低水平的国家审慎标准，又能够保护消费者和投资者。我们主要对具有特殊风险和监管利益相关的电子银行业务进行描述性的讨论，旨在对欧盟审慎监管标准与特定方面的法律协调做出贡献。此外，我们还需要了解国家监管目标，只有这样我们才能明白在哪些条件下能够实现相关法律法规的相互承认，以及哪些因素会对需要相互承认的国家法律和监管实践产生影响。

1）欧洲一体化市场内关于相互承认的法律法规的现状。

整体利益的司法理念是引导相互承认的规范的关键所在，也许我们在理解法律协调实施之前应该建立一个纯规范形式的相互承认。因此，必须在以下几方面探讨整体利益概念的重要性：

第一，整体利益在金融市场服务中的作用。

第二，整体利益在在线银行服务提供中所起的作用。

第三，整体利益同安全，稳健的审慎标准的关系。我们发现提高金融机构的偿付能力和可靠性是法院在维护消费者利益时的首要措施。

第四，在提供相关金融服务时，如何保护储户、借款人和投资者三者的利益。

第五，提高透明度和信息披露有助于整体利益的实现。

第六，从业人员诚实和正直的性格对于整体利益的实现亦是至关重要的。

第七，消费者保护措施的有效实施亦有助于整体利益的实现。

2）电子银行业务中出现的风险和审慎监管问题。

尽管技术创新和电子金融的发展有重要意义，但电子银行应用程序的快速发展在带来利益的同时也带来了风险。重要的是，这些金融机构产生的风险受到审慎监管机构的监督。

3）非欧盟的国际行动中电子银行业务的法律协调。

目前，在国际金融领域，由于缺少一个正式的国际法律协调程序，故而生产标准、规则、准则和原则等各式各样的国际标准通常由巴塞尔委员会、IOSCO、经合组织、金融行动特别工作组（FATF）等机构制定。

4）欧盟在审慎银行监管领域的法律协调措施。

欧盟关于银行审慎监管方面的法律协调相关措施在很久以前就已经存在，目前银行指令体系正是以当初的法律协调体系为基石的。

5）欧洲主要国家在电子银行业务方面的审慎监管措施。

英国电子银行业务方面的监管由英国金融服务管理局采用对核心风险定性的方法来进行管理和监督，这就需要监管机构在促进金融体系的安全与稳定的同时鼓励企业的技术创新。

此外，法国和德国的审慎措施也对欧洲整体具有重要意义。

（2）欧盟法律协调的主要措施包括异地金融服务、电子商务、数据保护、银行合同和投资者保护。

在讨论了审慎监管标准之后，我们将对相关国家法律和与电子银行业务有关的法规进行协同性分析。包括：

1）电子商务和金融服务的跨地运营。

对电子银行和在线金融服务实施保护措施在一定程度上还受到国家法律在电子跨境商务营销政策的影响。包括：

第一，电子商务政策。

第二，现阶段以和谐发展为主题的政策。

第三，国内在相关法规方面的政策实施水平。

第四，跨地商务营销政策。

第五，法律协调的主题。

2）数据保护。

电子银行是一个数据密集型活动，其基于持续处理金融和个人内部数据及外部的银行、客户、监管当局、信用参考机构、清算和结算系统和证券市场。

3）银行合同方面的国家法律协调。

法律在限制金融服务的自由流动上主要属于"公法"的领域，因此欧洲政策为了实现金融一体化必须实现共同认可的合同形式和经济监管法律方面的法律协调。

原文链接： http：//www.cambridge.org/9780521860710

作者单位： 剑桥大学（University of Cambridge）

17. 跨境电子银行活动的适用法律和监管责任

作者：**Apostolos Ath.Gkoutzinis**，孙帆编译

导读：本文提出了大量原先的法规授权，如允许对银行和信贷机构等组织内部事务的审慎监管被认为是给达成相互承认的国家法律、让成员国国内有关机关监督某些国际活跃的金融机构的具体任务是否具有归属感（"祖国"控制）提供一个强大的基础。我们还发现这种做法并不会剥夺金融服务目的地国家机关的一切权力，而是起到了互补的作用。

本文调查了单一欧洲市场的跨国电子银行业务受制于法律和"祖国"银行的监控的程度，以及作为接受者的成员国是否可能针对提供在线服务的另一个欧盟国家加强自己国家的法律。我们研究了银行指令和"祖国"控制的原则，以及这种制度安排如何影响"主"、"客"国家之间在跨境银行服务上的重要事件的立法和监管管辖权的分配问题。我们还研究了在多大程度上，电子商务指令的"原产国"原则会扩大关于网上银行服务的"祖国"控制的应用范围。最后我们研究了关于跨境消费者银行合同法一直没有受到银行和电子商务指令的"祖国"规则的影响的问题。综上所述，英国国家法律和相关跨境电子银行经济法规的冲突，以及欧盟指令引起的机构改革会在多大程度上影响单一市场上金融服务中电子商务的法律透明性和确定性。

（1）无"祖国"监管和监督利益下的跨境网上银行。

相互承认的法律和"祖国"控制原则在单一欧洲市场上的自由化效果是巨大的。它充分显示了欧盟（EEA）成员国可承受的对非欧盟（或 non-EEA）银行提供的跨境服务的程度。此外，相关监管措施的出台也显示了在不受限于"祖国"法律和监管框架条件下，单一市场计划对允许金融机构提供服务给非居民的程度

提高了多少。在欧盟金融服务指令框架外，金融机构提供的跨境服务的适用的法律框架表明，在"祖国控制"原则不适用的情况下，欧盟国家的制度选择总是依据国内居民对网上金融服务的接受程度，而不管金融机构的位置设立在国内或国外。

（2）无"祖国"控制利益下的英国监管法律。

我们发现，英国公司没有通过网络或其他途径为那些境外英国居民提供金融服务的情况。FSA 认为那些英国以外的公司即使在英国没有营业地点，也可能被视为在英国进行活动。FSA 一直不愿建立和应用一个单一的标准来识别某些电子活动的发生位置。然而，在大多数情况下，它会考虑该公司所从事业务是否满足 FiSMA 在 2000 年设立的"商业测试"。此外，它还会考虑公司是否可以依靠某些"海外的人"享有的免税权。换句话说，FSA 建议英国外的金融机构被视为在英国进行活动，因为它的相关活动满足"商业测试"，与此同时，某些适用范围之外的"海外人员"的行为也被视为在英国进行活动。

根据 FiSMA 在 2000 年的商业测试，作为一个规定的活动，它必须是"通过商业的方式"进行的，它明确了商业活动的类型。对于网上银行的活动，决定因素在于是否存在接受存款的活动。接受存款的活动将不会被视为通过商业方式进行的，如果一个人是在日常生活中接受的存款，那么他接受的存款就只在特定的情况下。在决定是否接受存款只在特定的情况下，情况发生的频率和特殊特征必须考虑。因此看来，如果他们在日常定期的基础上保持接受英国人的存款的话，在英国国外的网上银行将被视为在英国进行活动。

非欧洲经济区的银行从事网上银行活动仍将在"一般禁止"（General Prohibition）的适用范围以外，如果这些活动是"海外人员"的话将被排除在外。事实证明，关于海外人员的有关规定不适用于公司从事核心银行活动，因此非欧洲经济区国家的金融机构需要获得许可才能从事电子银行操作，如果他们通过互联网或其他途径保持日常定期接受英国人的存款。

原文链接：http://www.cambridge.org/9780521860710
作者单位：剑桥大学（University of Cambridge）

7. 众 筹

——快速增长的新生行业

作者：国际证监会组织，陈锦宏编译

导读： 众筹，翻译自 Crowd Funding 一词。众筹通过互联网有效匹配了资金供给与需求，为初创企业提供了一种全新且低成本的融资方式。近年来，众筹在全球范围内发展迅速。本文对目前国际上众筹行业的发展和监管状况进行了介绍。

众筹，翻译自 Crowd Funding 一词，即大众筹资或者群众筹资，是指以互联网为平台、发动众人的力量、用团购加预购的方式集中多笔小额资金来支持某个项目或者组织。目前众筹的类型主要有以下 4 种：

（1）债权众筹（Lending-based Crowd-funding）：投资者对项目或公司进行投资，获得其一定比例的债权，未来获取利息收益并收回本金。

（2）股权众筹（Equity-based Crowd-funding）：投资者对项目或公司进行投资，获得其一定比例的股权。

（3）回报众筹（Reward-based Crowd-funding）：投资者对项目或公司进行投资，获得产品或服务。

（4）捐赠众筹（Donate-based Crowd-funding）：投资者对项目或公司进行无偿捐赠。

本文主要介绍债权众筹和股权众筹，这两类众筹又被称为财务回报类众筹（Financial Return Crowd-funding）。财务回报类众筹在过去 5 年发展十分迅速，2011 年众筹规模约 15 亿美元，2013 年全球财务回报类众筹规模达到 64 亿美元，其中美国占 51%，中国占 28%，英国占 17%，这三个国家合计占比为全球财务回报类众筹规模的 96%。2011~2013 年众筹规模每年增速超过 80%。世界银

行预测到 2025 年，全球发展中国家的众筹投资将达到 960 亿美元，中国有望达
到 460 亿~500 亿美元。

财务回报类众筹可以为募资方提供资金支持，而且在一般情况下，募资方都
不需要放弃太多的股权价值。财务回报类众筹不仅可以为募资方分担项目风险，
而且还可以为社会闲散资金提供投资渠道，更好地帮助中小企业发展，从而促进
整体经济的健康发展。另外，众筹也存在很多风险。首先，众筹项目的信息披露
程度通常较低，存在一定的欺诈风险。其次，众筹类项目本身的失败概率很高，
据统计，2009 年债务类众筹的违约率竟高达 30%。而且，众筹平台本身也存在
关闭的风险，目前已经出现了不少众筹平台关闭导致投资人亏损全部资金的恶性
事件。另外，众筹类投资的流动性很差，现在还没有针对众筹项目的二级市场，
投资人很难出售已投资的众筹项目，无法获得流动性。

目前在很多国家，众筹的监管机构和监管政策都还不明确。我们对现有的监
管方式进行了总结，针对贷款众筹的监管主要有以下五类：

（1）监管缺失。在还没有贷款众筹以及贷款众筹规模还很小的国家，针对该
行业的监管基本处于缺失状态。例如，英国、突尼斯、中国、韩国和埃及。

（2）将众筹平台当作中介，进行监管。贷款众筹平台需要满足相关要求，并
注册成为提供金融服务的中介机构。例如，澳大利亚、巴西、阿根廷、加拿大和
新西兰。

（3）类银行监管。监管机构将贷款众筹平台当作银行进行监管。例如，法
国、德国和意大利。

（4）美国模式：贷款众筹平台需要在美国证券交易委员会注册，并向各州政
府申请相应的执照，再获得这两级监管机构批准之后才能开展业务。

（5）完全禁止。在日本和以色列，股权众筹和贷款众筹都被完全禁止。

股权众筹的监管主要有三类：

（1）完全禁止股权众筹。

（2）股权众筹是合法的，但进入该行业需要面对很高的门槛。

（3）股权众筹是合法的，但监管机构对众筹项目的投资人有严格要求，通常
只有专业投资人士才能进行投资。

众筹通过互联网有效匹配了资金供给与需求，为初创企业提供了一种全新且
低成本的融资方式，是传统风险投资的一种重要补充。但与众筹这种新兴互联网

金融业态高速发展不相匹配的是对其监管的缺失，这不利于其健康发展及可能风险的规避。

为进一步规范众筹的发展，许多国家政府监管机构都对众筹采取了开放的态度，在鼓励众筹发展的同时也研究出台了相应的法规来保护投资人的合法利益。例如，美国证券交易委员会（SEC）在 JOBS 法案基础上于 2013 年 10 月发布了一项针对众筹的监管新规提案。该提案的出台旨在用新的规则和形式来进一步完善《证券法》和《证券交易法》的相关条款，在允许投资创新与保护投资者之间达到了一个平衡。

原文链接：http：//www.arraydev.com/commerce/jibc/
作者单位：国际证监会组织（IOSCO）